Die überschießende Umsetzung von Richtlinien

Europäische Hochschulschriften

Publications Universitaires Européennes
European University Studies

Reihe II
Rechtswissenschaft

Série II Series II
Droit
Law

Bd./Vol. 3741

PETER LANG
Frankfurt am Main · Berlin · Bern · Bruxelles · New York · Oxford · Wien

Gert Brandner

Die überschießende Umsetzung von Richtlinien

Tatbestand und Rechtsfolgen der autonomen Erstreckung des Regelungsgehalts einer Richtlinie auf Sachverhalte außerhalb ihres Anwendungsbereichs durch den nationalen Gesetzgeber

PETER LANG
Europäischer Verlag der Wissenschaften

Bibliografische Information Der Deutschen Bibliothek
Die Deutsche Bibliothek verzeichnet diese Publikation in der Deutschen Nationalbibliografie; detaillierte bibliografische Daten sind im Internet über <http://dnb.ddb.de> abrufbar.

Zugl.: Freiburg (Breisgau), Univ., Diss., 2003

D 25
ISSN 0531-7312
ISBN 3-631-51243-0

www.peterlang.de

Meinen Eltern

Vorwort

Die vorliegende Arbeit wurde von der Rechtswissenschaftlichen Fakultät der Albert-Ludwigs-Universität Freiburg im Wintersemester 2002/03 als Dissertation angenommen. Rechtsprechung und Literatur sind bis August 2002 berücksichtigt.

Meinem Doktorvater Herrn Prof. Dr. *Uwe Blaurock* danke ich für die schöne und lehrreiche Zeit am Institut für Wirtschaftsrecht in Freiburg. Danken möchte ich auch Herrn Prof. Dr. *Jürgen Schwarze* für die zügige Erstellung des Zweitgutachtens.

Meine Lehrstuhlkollegen *Jürgen Adam, Georg Kauffeld, Tobias Kuck* und *Joachim Schelm* haben - jeder auf seine Weise - wesentlichen Anteil am Gelingen der Doktorarbeit. Nicht zuletzt die gemeinsam verbrachten Abende bei Apfelwein, Badesalz und Jürgens bescheidener Plattensammlung haben über manchen Tiefpunkt und die quälend lange Suche nach einem Thema hinweggeholfen. Die gemeinsam unternommene Wienfahrt hat nicht nur viel Spaß gemacht, sondern auch letztlich zu der vorliegenden Arbeit geführt. Mein Dank gebührt hier Herrn Dr. *Martin Gebauer,* der in Wien durch seinen exzellenten Vortrag über die „interne Harmonisierung durch autonome Rechtsangleichung" den Anstoß für das vorliegende Thema gegeben hat.

Daneben danke ich meinen Freunden *Philip Edel, Jürgen Göggerle* und *Guido Meinhardt,* die mir über lange Jahre trotz räumlicher Distanz immer den Rücken gestärkt haben. Von der gemeinsamen Zeit in den Bergen - sommers wie winters - habe ich oft noch monatelang gezehrt. Ansporn und stete Gesprächspartner waren mir auch meine Studienfreunde *Martin Buntscheck* und *Dominik Roters,* die mir nicht nur bei der Doktorarbeit stets einen Schritt voraus waren.

Last but not least danke ich meinen Eltern, die mir alles ermöglicht und gleichzeitig fast jede Freiheit gelassen haben, sowie *Andrea* für das Korrekturlesen und Formatieren der Arbeit und dafür, daß sie mir in der Endphase den nötigen Druck gemacht hat.

Stuttgart, im April 2003   Gert Brandner

Inhaltsverzeichnis

1. Teil: Die Tatbestände der Erstreckung des Regelungsgehalts einer Richtlinie auf Sachverhalte außerhalb ihres Anwendungsbereichs im deutschen Unternehmens- und Verbraucherschutzrecht 15

Abkürzungsverzeichnis

A.C.	Appeal Cases
AcP	Archiv für die civilistische Praxis
AG	Aktiengesellschaft
AktG	Aktiengesetz
All E.R.	All England Reports
AöR	Archiv des öffentlichen Rechts
BayObLG	Bayerisches Oberstes Landesgericht
BB	Der Betriebs-Berater
Beschl.	Beschluß
BFH	Bundesfinanzhof
BFHE	Entscheidungen des Bundesfinanzhofs
BFuP	Betriebswirtschaftliche Forschung und Praxis
BGBl	Bundesgesetzblatt
BGH	Bundesgerichtshof
BGHZ	Entscheidungen des Bundesgerichtshofs
BiRiLi	Bilanzrichtlinie
BR-Drucks.	Bundesratsdrucksache
BStBl	Bundessteuerblatt
BT-Drucks.	Bundestagsdrucksache
BVerfG	Bundesverfassungsgericht
BVerfGE	Entscheidungen des Bundesverfassungsgerichts
DB	Der Betrieb
DStR	Deutsches Steuerrecht
DStZ	Deutsche Steuerzeitung
EFG	Entscheidungen der Finanzgerichte
EG	EG-Vertrag in der nach dem 1.5.1999 geltenden Fassung
EG-Vertrag	EG-Vertrag in der vor dem 1.5.1999 geltenden Fassung
EStG	Einkommensteuergesetz
EuGH	Europäischer Gerichtshof

EuGVÜ	Brüsseler EWG-Übereinkommen über die gerichtliche Zuständigkeit und die Vollstreckung gerichtlicher Entscheidungen in Zivil- und Handelssachen
EuR	Europarecht
EuZW	Europäische Zeitschrift für Wirtschaftsrecht
EWiR	Entscheidungen zum Wirtschaftsrecht
FAZ	Frankfurter Allgemeine Zeitung
FG	Finanzgericht
FR	Finanzrundschau
FS	Festschrift
GmbHG	GmbH-Gesetz
GmbHR	GmbH Rundschau
GS	Gedenkschrift
HaustürWG	Haustürwiderrufsgesetz
IStR	Internationales Steuerrecht
JbFStR	Jahrbuch für Steuerrecht
JbJungZRwiss	Jahrbuch Junger Zivilrechtswissenschaftler
JBL	Journal of Business Law
JZ	Juristenzeitung
KoordG	Koordinierungsgesetz
KStG	Körperschaftsteuergesetz
MDR	Monatsschrift für Deutsches Recht
NJW	Neue Juristische Wochenschrift
NZA	Neue Zeitschrift für Arbeitsrecht
NZG	Neue Zeitschrift für Gesellschaftsrecht
ÖJZ	Österreichische Juristenzeitung
RabelsZ	Zeitschrift für ausländisches und internationales Privatrecht, begründet von *Rabel*
RIW	Recht der Internationalen Wirtschaft
Rs.	Rechtssache
RTDE	Revue trimestrielle de droit européen
Slg.	Sammlung
Stbg	Steuerberatung

StbJb	Steuerberaterhandbuch
StuW	Steuer und Wirtschaft
Tz.	Textziffer
UmwG	Umwandlungsgesetz
Urt.	Urteil
verb. Rs.	verbundene Rechtssachen
VerbrKrG	Verbraucherkreditgesetz
WM	Wertpapier-Mitteilungen
WPg	Wirtschaftsprüfung
ZEuP	Zeitschrift für Europäisches Privatrecht
ZfbF	Zeitschrift für betriebswirtschaftliche Forschung
ZGR	Zeitschrift für Unternehmens- und Gesellschaftsrecht
ZIP	Zeitschrift für Wirtschaftsrecht und Insolvenzpraxis
ZRP	Zeitschrift für Rechtspolitik

Im übrigen vgl. *Kirchner, Hildebert,* Abkürzungsverzeichnis der Rechtssprache, 5. Aufl., Berlin, 2002.

§ 1 Einleitung

A. Europäisierung des Privatrechts

I. Beschreibung des Phänomens

Das Privatrecht der Mitgliedstaaten der Europäischen Union ist in zunehmendem Maße europäischem Einfluß ausgesetzt. Die Schätzungen gehen dahin, daß 80 % der neueren deutschen Gesetze im Bereich des Wirtschaftsrechts in Umsetzung von EU-Richtlinien ergehen[1]. Besondere Schwerpunkte der europäischen Rechtsangleichung sind dabei das Gesellschaftsrecht, hier vor allem das Aktien- und Bilanzrecht, und das Verbraucherschutzrecht[2]. Trotz dieser intensiven Tätigkeit auf der Ebene der Europäischen Union stellt das Gemeinschaftsprivatrecht[3], also diejenigen Rechtsnormen des Privatrechts, die auf EU-Richtlinien zurückgehen, zum momentanen Zeitpunkt lediglich einen kleinen Teilbereich innerhalb des autonomen nationalen Privatrechts der Mitgliedstaaten dar. KÖTZ spricht hier von Inseln angeglichenen Rechts in einem Meer von nationalem Recht[4].

Aber nicht nur der Inhalt des Privatrechts folgt europäischen Vorgaben. Die Teilnahme an der Europäischen Union hat auch Auswirkungen auf die privatrechtliche Auslegungsmethode. Besonders spürbar ist dieser Einfluß auf die Gesetzesauslegung im Vereinigten Königreich. Hier ist die Hinwendung von einer buchstabengetreuen zu einer mehr teleologischen Auslegung zu beobachten[5]. Ein Grund dafür ist, daß eine Auslegung, die sich ausschließlich am Wortlaut orientiert, dem kontinentaleuropäisch geprägten Gesetzesstil von Richtlinien und internationalen Übereinkommen nicht gerecht werden kann[6]. Würde man hier am Wortlaut kleben und bei jeder vermeintlichen Lücke auf das nationale Recht zurückfallen, wäre eine Angleichung oder Vereinheitlichung von vornherein zum Scheitern verurteilt. Aber auch im romanischen

---

1 So die Schätzung des Kommissionspräsidenten *Delors*, Rede im Europäischen Parlament am 4.7.1988, Bulletin EG 1988, Nr. 7/8, S. 124. Gleiche Zahlenangabe bei *Blaurock*, JZ 1994, 270 (270) und *Hirsch*, ZGR 2002, 1 (7).

2 *Ulmer*, JZ 1992, 1 (3). Die auf dem Gebiet des Gesellschaftsrechts erlassenen Richtlinien sind abgedruckt in *Lutter*, Europäisches Unternehmensrecht, 4. Aufl. 1996, S. 101 ff.; eine Zusammenstellung der Richtlinien in Bezug auf das Vertragsrecht findet sich im Anhang der Mitteilung der Kommission an den Rat und das Europäische Parlament zum europäischen Vertragsrecht vom 11.7.2001, KOM (2001) 398 endgültig.

3 *Müller-Graff*, NJW 1993, 13 (13).

4 *Kötz* in: Müller-Graff, Gemeinsames Privatrecht in der europäischen Gemeinschaft, 2. Aufl. 1999, S. 95 (97). Ähnlich schon *Rittner*, JZ 1995, 849 (849).

5 Siehe dazu *Lord Diplock* in *Carter v. Bradbeer* [1975] 1 W.L. R. 1204 (1206): „If one looks back to the actual decisions on questions of statutory construction over the past 30 years one cannot fail to be struck by the evidence of a trend away from the purely literal towards the purposive construction of statutory provisions."

6 Das gleiche gilt auch für Einheitsrecht im klassischen Sinne, also völkerrechtliche Übereinkommen.

und deutschen Rechtskreis kommt es zu einer Europäisierung hinsichtlich der Methode. Mag die Forderung nach „Schaffung eines europäischen Gemeinrechts der Methode" auch noch Zukunftsmusik sein[7], eine Europäisierung der Methode findet schon heute dadurch statt, daß der EuGH das Primär- und Sekundärrecht autonom, d. h. losgelöst von den nationalen Rechtsordnungen, in rechtsvergleichender Schau auslegt. Auf der Ebene der nationalen Gerichte bewirkt das Gebot zur richtlinienkonformen Auslegung[8] einen starken Einschnitt in die privatrechtliche Auslegungsmethode.

Die Europäisierung des Privatrechts zeigt sich auch in prozessualer Hinsicht. Gem. Art. 234 EG[9] ist der EuGH unter anderem für die Auslegung von Richtlinien zuständig. Ist die Auslegung einer Richtlinie zweifelhaft[10] und für den Rechtsstreit entscheidungserheblich, so kann auch ein Zivilgericht dem EuGH vorlegen; ein letztinstanzliches Gericht ist dazu sogar verpflichtet.

II. Schwierigkeiten und Herausforderungen aufgrund des fragmentarischen Charakters der Rechtsangleichung

1. Friktionen zwischen den einzelnen Richtlinien

Bisher hat man immer nur bestimmte Teilbereiche angeglichen, bei denen ein besonders starker Bedarf nach Harmonisierung bestand. Dieser punktuelle Ansatz führt zwangsläufig zu gewissen Unstimmigkeiten zwischen den einzelnen Richtlinien untereinander. So ist es beispielsweise möglich, daß bestimmte Geschäfte sowohl unter die Haustürgeschäftsrichtlinie[11] als auch unter die Timesharingrichtlinie[12] fallen. Beide Richtlinien gewähren dem

---

7 *Berger*, ZEuP 2001, 4 (6, 28).

8 EuGH, Urt. v. 10.4.1984, Rs. 14/83, *Von Colson und Kamann/Land Nordrhein-Westfalen*, Slg. 1984, 1891, Tz. 26; EuGH, Urt. v. 13.11.1990, Rs. C-106/89, *Marleasing SA/La Comercial Internacional de Alimentación SA*, Slg. 1990, I-4135 ff.

9 Zitiert wird hier nach der vom EuGH vorgeschlagenen Zitierweise, vgl. EuZW 2000, 14 f. Für den EG-Vertrag in der nach dem 1.5.1999 geltenden Fassung werden die Artikel mit „EG" zitiert, wird auf Artikel des EG-Vertrages in der Fassung vor dem 1.5.1999 verwiesen, werden die Artikel mit „EG-Vertrag" zitiert.

10 Nach dem EuGH ist ein letztinstanzliches Gericht nur dann von seiner Vorlagepflicht entpflichtet, wenn die gestellte Frage bereits in einem gleichgelagerten Fall Gegenstand einer Vorabentscheidung gewesen ist oder wenn bereits eine gesicherte Rechtsprechung des EuGH vorliegt, durch die die betreffende Rechtsfrage gelöst ist, oder wenn die richtige Anwendung des Gemeinschaftsrechts derart offenkundig ist, daß keinerlei Raum für einen vernünftigen Zweifel besteht, EuGH, Urt. v. 6.10.1982, Rs. 283/81, *Srl C. I. L. F. I. T. und Lanificio di Gavardo SpA/Ministero della sanità*, Slg. 1982, 3415, Tz. 13, 14, 16.

11 Richtlinie 85/577/EWG des Rates vom 20. Dezember 1985 betreffend den Verbraucherschutz im Falle von außerhalb von Geschäftsräumen geschlossenen Verträgen, ABl. EG Nr. L 372 vom 31.12.1985, S. 31; auch abgedruckt in *Schulze/Zimmermann* (Hrsg.), Basistexte zum Europäischen Privatrecht, 2000, unter I.15.

12 Richtlinie 94/47/EG des Europäischen Parlaments und des Rates vom 26. Oktober 1994 zum Schutz der Erwerber im Hinblick auf bestimmte Aspekte von Verträgen über den Erwerb von Teilzeitnutzungsrechten an Immobilien, ABl. EG Nr. L 280 vom 29.10.1994,

Verbraucher ein Rücktrittsrecht[13]. Allerdings sind die Fristen für die Ausübung unterschiedlich lang. Diese Friktionen sind vom EuGH wieder aufzulösen[14]. Dieser punktuelle Ansatz wird immer wieder kritisiert[15]. Von wissenschaftlicher Seite werden zur Zeit die größten Anstrengungen für eine Systembildung auf europäischer Ebene unternommen[16]. Die Kommission selbst überlegt für den Bereich des Vertragsrechts, ob sie von dieser immer nur bruchstückhaften Regelung bestimmter Teilbereiche Abschied nehmen soll[17]. Sicher ist allerdings, daß sich auch bei umfassender Kodifikation solche Friktionen nicht werden vermeiden lassen.

2. Die Überlagerung des nationalen Rechts durch das Gemeinschaftsrecht

a. Die Gefahr von Systembrüchen

Gravierender als die Friktionen zwischen den einzelnen Richtlinien ist ein anderes Problem: die Überlagerung des Privatrechts durch fremde europäische Rechtsschichten[18]. Begreift man das Privatrecht als ein System, ein Zusammenspiel von Prinzipien, die sich wechselseitig ergänzen und beschränken[19], dann stellt sich das Problem, wie man diese fremden Rechtsschichten in die nationale Rechtsordnung integriert[20]. Zwar sind sie durch die Umsetzung nationales Recht geworden. Es stellt sich aber immer noch die Schwierigkeit, die

---

S. 3; auch abgedruckt in *Schulze/Zimmermann* (Hrsg.), Basistexte zum Europäischen Privatrecht, 2000, unter I.70.

13 Siehe Art. 5 der Haustürgeschäftsrichtlinie und Art. 5 der Timesharingrichtlinie.

14 Siehe dazu EuGH, Urt. v. 22.4.1999, Rs. C-423/97, *Travel-Vac S. IL. und Manuel José Antelm Sanchís*, Slg. 1999, I-2195 ff.

15 *Kötz*, RabelsZ 50 (1986), 1 (5); *Müller-Graff*, NJW 1993, 13 (19).

16 Siehe hierzu vor allem *Lando/Beale* (Hrsg.), Principles of European Contract Law, Part I, 1995; außerdem den Titel des von *Grundmann* herausgegebenen Buches: „Systembildung und Systemlücken in Kerngebieten des Europäischen Privatrechts", 2000; *von Bar*, Gemeineuropäisches Deliktsrecht, Bd. 1, Die Kernbereiche des Deliktsrechts, seine Angleichung in Europa und seine Einbettung in Gesamtrechtsordnungen, 1996; *Kötz*, Europäisches Vertragsrecht, Bd. 1, 1996; Akademie Europäischer Privatrechtswissenschaftler koordiniert von *Gandolfi*, abgedruckt in ZEuP 2002, 139 ff., 365 ff., dazu *Gandolfi*, ZEuP 2002, 1.

17 Siehe dazu die Mitteilung der Kommission an den Rat und das Europäische Parlament zum europäischen Vertragsrecht vom 11.7.2001, KOM (2001) 398 endgültig.

18 Nach *Herbert Roth*, JZ 1999, 529 (529), lagert sich das Sonderrecht für Verbraucher dem BGB als privatrechtsfremde Rechtsschicht an.

19 Das ist heute nahezu unbestritten. Grundlegend *Canaris*, Systemdenken und Systembegriff in der Jurisprudenz, 2. Aufl. 1983, S. 55. Er definiert das System als eine teleologische Ordnung allgemeiner Rechtsprinzipien, *ibid.*, S. 47. Die Aufgabe des teleologischen Systems sei es dabei, formale Folgerichtigkeit zu gewährleisten, d. h. eine einmal gesetzte Wertung in allen ihren Konsequenzen zu Ende zu denken, sie auf vergleichbare Fälle zu übertragen, Widersprüche mit anderen gesetzten Wertungen zu beseitigen und Widersprüche bei der Setzung neuer Wertungen zu verhüten, *ibid.*, S. 46.

20 *Gebauer*, Grundfragen der Europäisierung des Privatrechts, 1998, S. 4.

zugrundeliegenden Prinzipien in das nationale System einzubetten[21]. Dies ist im Grunde nichts Neues. Denn dieses Problem stellt sich auch, wenn der nationale Gesetzgeber autonom tätig wird. Jedes nationale System ist nämlich insofern offen, als es neue Wertungsmaßstäbe aufnehmen kann[22]. Es stellen sich aber besondere Probleme bei der Integration europäischen Rechts. Eine besondere Schwierigkeit besteht zunächst einmal darin, daß der europäische Richtliniengeber auf das System einer bestimmten nationalen Rechtsordnung nur begrenzt Rücksicht nehmen kann. Dies kann dazu führen, daß dem nationalen Recht völlig fremde Rechtsgedanken verarbeitet werden müssen. In diesem Zusammenhang hat GEBAUER zutreffend auf das paradoxe Phänomen aufmerksam gemacht, daß durch die Privatrechtsharmonisierung auf europäischer Ebene nationale Rechtszersplitterung entstehen kann[23]. Der fragmentarische Charakter der Rechtsangleichung führt nämlich typischerweise nicht zu einer Vereinfachung innerhalb der einzelnen Rechtsordnung, sondern aufgrund des beschränkten Anwendungsbereichs der Richtlinie zu einer zusätzlichen Differenzierung.

Der oft nicht deckungsgleiche Anwendungsbereich einer Richtlinie und der bisherigen Regelungen im nationalen Recht ergibt sich aus den unterschiedlichen Kompetenznormen im europäischen und nationalen Recht. Während erstere funktional, d. h. auf Ziele wie die Errichtung und das Funktionieren eines Gemeinsamen Marktes gerichtet sind (Art. 94 EG), ist beispielsweise die grundgesetzliche Kompetenzordnung nach Sachbereichen geordnet[24]. Während der Binnenmarktbezug im nationalen Recht keine Rolle spielt, ist dieser im Gemeinschaftsrecht oft der entscheidende Gesichtspunkt. So sieht die Verschmelzungsrichtlinie[25] Regelungen nur für Aktiengesellschaften vor. Die Beschränkung beruht hier darauf, daß aufgrund der häufigeren grenzüberschreitenden Tätigkeit ein größerer Binnenmarktbezug gegeben ist[26]. Eine Be-

---

21 *Rittner*, JZ 1995, 849 (851).

22 Siehe dazu *Canaris*, Systemdenken und Systembegriff in der Jurisprudenz, 2. Aufl. 1983, S. 63, *Larenz*, Methodenlehre, 6. Aufl. 1991, S. 486.

23 *Gebauer* in: Jahrbuch Junger Zivilrechtswissenschaftler 11 (2000), S. 201 (201 f.).

24 *Rittner*, JZ 1995, 849 (850); *Schoch*, JZ 1995, 109 (115).

25 Dritte Richtlinie 78/855/EWG vom 9. Oktober 1978 betreffend die Verschmelzung von Aktiengesellschaften, ABl. EG Nr. L 295 v. 20.10.1978, S. 36 ff., geändert durch Beitrittsvertrag vom 19.11.1979, ABl. EG Nr. L 291, S. 9 ff., durch Beitrittsvertrag vom 12.6.1985, ABl. EG Nr. L 302, S. 9 ff., durch Beitrittsvertrag vom 24.6.1994, ABl. EG Nr. C 241, S. 194 ff., durch Beschluß vom 1.1.1995, ABl. EG Nr. L 1, S. 142; aktuelle Fassung abgedruckt bei *Habersack*, Europäisches Gesellschafts-recht, 1999, Rn. 258.

26 Eine Rechtfertigung für die Beschränkung auf Aktiengesellschaften findet sich in den Erwägungsgründen nicht, wohl aber findet sich in der Publizitätsrichtlinie (Erste Richtlinie 68/151/EWG vom 9. März 1968 zur Koordinierung der Schutzbestimmungen, die in den Mitgliedstaaten den Gesellschaften im Sinne des Art. 58 Abs. 2 des Vertrages im Interesse der Gesellschafter sowie Dritter vorgeschrieben sind, um diese Bestimmungen gleichwertig zu gestalten, ABl. EG Nr. L 65 v. 14.3.1968, S. 8 ff., geändert durch Beitrittsvertrag vom 27.3.1972, ABl. EG Nr. L. 73, S. 5 ff., durch Beschluß 101/73/EWG, ABl. EG Nr. L 2 , S. 19 ff., durch Beitrittsvertrag vom 19.11.1979, ABl. EG Nr. L 291, S. 9 ff., Beitrittsvertrag

schränkung des Anwendungsbereichs einer Richtlinie ergibt sich teilweise auch daraus, daß eine weitergehende Einigung nicht erzielt werden konnte[27]. Auch ist oft nicht klar, was sich hinter manchen Prinzipien verbirgt, weil nur vordergründig ein Kompromiß gefunden wurde[28]. Folge des beschränkten Anwendungsbereiches der Richtlinie und der mangelnden Rücksichtnahme auf das nationale Recht sind Systembrüche, d. h. Wertungswidersprüche, die die innere Folgerichtigkeit und Einheit der Rechtsordnung stören[29].

b. Schwierigkeiten bei Auflösung des Spannungsverhältnisses

Besonderheiten ergeben sich auch bei der Auflösung des Spannungsverhältnisses. Wie bereits erwähnt, hat der EuGH die Auslegungskompetenz in bezug auf Primär- und Sekundärrecht. Bei der Auslegung von Begriffen in einer Richtlinie kann der EuGH aber auf das System der nationalen Privatrechtsordnung keine Rücksicht nehmen[30]. Beispielsweise kann der EuGH bei der Auslegung des Begriffs des „Betriebsübergangs" nicht berücksichtigen, daß sich eine weite Auslegung in Deutschland, das einen starken Kündigungsschutz besitzt, für den Betriebserwerber viel gravierender auswirkt als in anderen Ländern[31]. Die Auflösung eines Spannungsverhältnisses durch Auslegung kann also nur bei Auslegung der anderen nationalen Normen erfolgen oder unterbleibt völlig. JUNKER hat auch noch auf ein anderes Phänomen in diesem Zusammenhang hingewiesen, das er als Eindimensionalität der Betrachtungsweise kennzeichnet[32]. Das vorherrschende zielorientierte Verständnis europäischer Akte führe dazu, nicht in die Zielvorgaben eingeschlossene, gegenläufige, aber gleichwohl schutzwürdige Interessen auszublenden. Die Warnung vor dem EuGH als Superrevisionsinstanz[33] und der Versuch, den Einfluß des EuGH nach Möglichkeit zurückzudrängen, indem ihm die Konkretisierungsbefugnis für Generalklauseln abgesprochen wird[34], erfolgt aus eben dieser Analyse heraus, daß der EuGH dem nationalen System nicht Rechnung tragen kann.

---

vom 12.6.1985, ABl. Nr. L 302, S. 9 ff., durch Beitrittsvertrag vom 24.6.1994, ABl. EG Nr. C 241, S. 194 ff., durch Beschluß vom 1.1.1995, ABl. Nr. L 1, S. 142; aktuelle Fassung abgedruckt bei *Habersack*, Europäisches Gesellschaftsrecht, 1999, Rn. 133) als erster Erwägungsgrund eine Erklärung für die Beschränkung auf Kapitalgesellschaften. Eine Koordinierung sei bei diesen Gesellschaftsformen aufgrund der häufig grenzüberschreitenden Tätigkeit besonders dringlich.

27 *Schwarz*, Europäisches Gesellschaftsrecht, 1999, Rn. 293.

28 Ein Beispiel dafür ist das True and fair view-Prinzip im Bilanzrecht. Siehe dazu unten § 2 C.II.1, S. 25 ff.

29 *Canaris*, Systemdenken und Systembegriff in der Jurisprudenz, 2. Aufl. 1983, S. 116.

30 Sehr anschaulich *Junker*, NZA 1999, 2 (11), hinsichtlich der Betriebsübergangsrichtlinie.

31 *Ibid.*

32 *Ibid.*, S. 10. Für das Verwaltungsrecht früher schon *Schoch*, JZ 1995, 109 (117). Er spricht von „struktureller Eindimensionalität des EG-Rechts".

33 *Canaris*, EuZW 1994, 417 (417).

34 *Herbert Roth*, JZ 1999, 529 (536).

c. Herausforderungen für den Rechtsanwender

Eine weitere Herausforderung für den Rechtsanwender ist es, zu erkennen, ob es sich bei einer Vorschrift um rein nationales Recht handelt oder um angeglichenes Recht[35]. Den einzelnen Rechtsvorschriften sieht man nämlich nicht an, ob sie, um das Bild von KÖTZ wieder aufzugreifen, zu den Inseln europäischen Gemeinschaftsprivatrechts gehören oder dem Meer nationalen Rechts zuzurechnen sind.

B. Autonome Harmonisierung durch Erstreckung des Regelungsgehalts einer Richtlinie auf Sachverhalte außerhalb ihres Anwendungsbereichs

I. Motivation

Bei Umsetzung einer Richtlinie in das nationale Recht sieht sich der Gesetzgeber vor die Frage gestellt, ob er den Regelungsgehalt der Richtlinie nur in ihrem Anwendungsbereich umsetzt oder ob er den Regelungsgehalt auch auf Sachverhalte außerhalb des Anwendungsbereichs erstreckt. Bestimmte Erwägungen, wie beispielsweise der Binnenmarktbezug, die für einen nur begrenzten Anwendungsbereich der Richtlinie sprechen, greifen auf nationaler Ebene nicht. Unter Umständen kann der nationale Gesetzgeber sogar aus Art. 3 GG verpflichtet sein, den Regelungsgehalt auf Sachverhalte außerhalb des Anwendungsbereichs der Richtlinie zu erstrecken, wenn sich unter nationalen Gesichtspunkten kein Grund für eine Differenzierung findet. Allerdings wird Willkür dann ausscheiden, wenn der nationale Gesetzgeber an bewährten Rechtsprinzipien außerhalb des Anwendungsbereichs festhalten will[36]. Folge davon sind aber die gerade erwähnten Systembrüche, bei denen sich dann auf judikativer Ebene die Frage stellt, ob diese hinzunehmen oder aufzulösen sind. Unabhängig von der verfassungsrechtlichen Pflicht zur Gleichbehandlung nimmt der Gesetzgeber jedenfalls die Umsetzung häufig zum Anlaß, einen weiteren Anwendungsbereich als in der Richtlinie zu regeln, um solche Systembrüche von vornherein zu vermeiden[37]. So hat der deutsche Gesetzgeber die Verschmelzung umfassend für fast alle Gesellschaftsformen geregelt, und nicht nur für die Aktiengesellschaft wie von der Verschmelzungsrichtlinie vorgegeben. Dieselbe Motivation lag beispielsweise dem niederländischen Gesetzgeber bei der Umsetzung der Fusionsbesteuerungsrichtlinie[38] zugrunde. Obwohl die Fusionsbesteuerungsrichtlinie nur Vorgaben für grenzüberschreitende Fusionen machte, erstreckte der niederländische Gesetzgeber diesen Regelungsgehalt auch auf rein inländische Fusionen, weil er

---

[35] *Lutter*, JZ 1992, 593 (594).

[36] *Canaris*, Systemdenken und Systembegriff in der Jurisprudenz, 2. Aufl. 1983, S. 127.

[37] *Wulf-Henning Roth*, FS BGH, 2000, S. 847 (881).

[38] Richtlinie 90/434/EWG des Rates vom 23. Juli 1990 über das gemeinsame Steuersystem für Fusionen, Spaltungen, die Einbringung von Unternehmensteilen und den Austausch von Anteilen, die Gesellschaften verschiedener Mitgliedstaaten betreffen, ABl. EG 1990, Nr. L 225 v. 25.8.1990, S. 1 ff.

diese steuerlich nicht schlechter stellen wollte als grenzüberschreitende[39]. Ähnlich stellte sich die Sachlage auch bei der Umsetzung der Verbrauchsgüterkaufrichtlinie dar[40].

Ein weiteres Motiv für die überobligationsmäßige Anpassung des nationalen Rechts an das Gemeinschaftsrecht kann darin liegen, die eigene Rechtsordnung für ausländische Investoren, die mit dem Gemeinschaftsrecht eher vertraut sein dürften, attraktiver zu machen[41].

II. Die unterschiedlichen Möglichkeiten autonomer Harmonisierung

Der Regelungsgehalt einer Richtlinie kann vom nationalen Gesetzgeber auf unterschiedliche Weise auf Sachverhalte außerhalb des Anwendungsbereichs einer Richtlinie erstreckt werden. Eine Norm kann von vornherein weiter gefaßt sein. Das ist der Fall, wenn beispielsweise eine Norm, die nach einer Richtlinie nur auf Kapitalgesellschaften anwendbar ist, im nationalen Recht diese Begrenzung nicht kennt, also auf alle Gesellschaftsformen anwendbar ist. Dies kann dadurch geschehen, daß die Norm nicht danach differenziert, ob eine Kapitalgesellschaft oder eine Personengesellschaft vorliegt. So spricht im Bilanzrecht eine erste Vermutung dafür, daß der Regelungsgehalt der Jahresabschlußrichtlinie auch auf Einzelkaufleute und Personenhandelsgesellschaften erstreckt worden ist. Erreicht werden kann eine Erstreckung des Regelungsgehalts einer Richtlinie auf Sachverhalte außerhalb des Anwendungsbereichs der Richtlinie auch durch eine Verweisung auf den umgesetzten Regelungsgehalt, wie möglicherweise in § 5 Abs. 1 S. 1 EStG geschehen. Möglich ist eine autonome Harmonisierung aber auch dadurch, daß man gleichlautende Vorschriften schafft. So hat der Gerechtshof Amsterdam den EuGH zur Auslegung des Begriffes „Austausch von Anteilen" in Art. 2 lit. b der Fusionsbesteuerungsrichtlinie ersucht, weil er der Meinung war, daß nach dem Willen des niederländischen Gesetzgebers Art. 14b Abs. 2 lit. a des niederländischen Einkommenssteuergesetzes von 1964, der sich auf *innerstaatliche* Fusionen, und Art. 14b Abs. 2 lit. b, der sich auf *innergemeinschaftliche* Fusionen bezog, gleich auszulegen sei[42]. In der hier verwandten Terminologie nahm der Gerechtshof Amsterdam an, daß der niederländische Gesetzgeber

---

[39] Näheres dazu siehe unten § 1 B.II, S. 7 f.

[40] Vgl. nur die Arbeitshilfe zum Entwurf eines Schuldrechtsmodernisierungsgesetzes v. 4.8.2000, S. 3: „Diese Rechtsänderungen [*diejenigen, die durch die Verbrauchsgüterkaufrichtlinie (Richtlinie 1999/44/EG des Europäischen Parlaments und des Rates vom 25. Mai 1999 zu bestimmten Aspekten des Verbrauchsgüterkaufs und der Garantien für Verbrauchsgüter, ABl. EG Nr. L 171, S. 12) bedingt sind*] lassen sich durch ein Sonderkaufrecht für Kaufverträge über Verbrauchsgüter nicht darstellen, weil das Kaufrecht sonst völlig unübersichtlich und unsystematisch würde." Erläuternde Erklärung in eckiger Klammer vom Verfasser.

[41] *Schulze* in: ders., Auslegung europäischen Privatrechts und angeglichenen Rechts, 1999, S. 9 (18).

[42] EuGH, Urt. v. 17.7.1997, Rs. C-28/95, *Leur Bloem/Inspecteur der Belastingdienst/Ondernemingen Amsterdam* 2, Slg. 1997, I-4161 (4167).

den Regelungsgehalt der Fusionsbesteuerungsrichtlinie, der nur grenzüberschreitende Fusionen betraf, auf rein innerstaatliche Sachverhalte erstreckt hatte. Er stützte sich dabei auf den gleichlautenden Wortlaut der Vorschriften und auf die Entstehungsgeschichte. In der Begründung des Gesetzesentwurfs hatte der niederländische Finanzminister nämlich ausdrücklich darauf hingewiesen, daß es nach dem Gemeinschaftsrecht zwar formal nicht erforderlich sei, auch innerstaatliche Fusionen zu begünstigen, daß es zur Verwirklichung des Binnenmarktes aber wünschenswert sei, beide Sachverhalte gleich zu behandeln. Es ist dem niederländischen Gericht beizupflichten, daß autonome Harmonisierung auch durch die Schaffung gleichlautender Vorschriften erreicht werden kann. Letztlich ist es eine Frage der Gesetzestechnik, ob man zwei gleichlautende Vorschriften für grenzüberschreitende und rein innerstaatliche Sachverhalte schafft, oder ob man eine Norm schafft, die auf die Grenzüberschreitung gar keinen Bezug nimmt.

III. Pflicht zur richtlinienkonformen Auslegung und Zuständigkeit des EuGH auch bei Sachverhalten außerhalb des Anwendungsbereichs einer Richtlinie

Im Anwendungsbereich einer Richtlinie kann die Pflicht zur richtlinienkonformen Auslegung und die Zuständigkeit des EuGH im Vorlageverfahren nicht mehr in Frage gestellt werden[43]. Auch wenn die Richtlinie nur einen Rahmen vorgibt, ist der EuGH zuständig. Er muß dann nämlich zumindest über den Rahmen, den die Richtlinie setzt, verbindlich entscheiden. Zweifelhaft ist aber, ob eine Pflicht zur richtlinienkonformen Auslegung und eine Zuständigkeit des EuGH auch außerhalb des Anwendungsbereichs einer Richtlinie bestehen kann, wenn der nationale Gesetzgeber bei Umsetzung der Richtlinie deren Regelungsgehalt auch auf andere Sachverhalte erstreckt, die nicht in den Anwendungsbereich der Richtlinie fallen. Der EuGH hat jüngst seine Zuständigkeit in einem solchen Fall entgegen dem Votum des Generalanwalts bejaht[44]. Der EuGH sah sich nicht daran gehindert, den Begriff „Austausch von Anteilen" der Fusionsbesteuerungsrichtlinie auszulegen, obwohl der zugrunde liegende Fall außerhalb des Anwendungsbereichs der Richtlinie lag, da er nur eine inländische Fusion betraf.

IV. Fallgruppen im deutschen Recht und praktische Relevanz

Auch im deutschen Recht finden sich Fälle, in denen der Gesetzgeber autonom den Regelungsgehalt einer Richtlinie auf Sachverhalte erstreckt hat, die außerhalb des Anwendungsbereichs der Richtlinie liegen. Die vorliegende Arbeit strebt eine erschöpfende Darstellung nur im Bereich des Unternehmensrechts

---

[43] EuGH, Urt. v. 10.4.1984, Rs. 14/83, *Von Colson und Kamann/Land Nordrhein-Westfalen*, Slg. 1984, 1891, Tz. 26; EuGH, Urt. v. 13.11.1990, Rs. C-106/89, *Marleasing SA/La Comercial Internacional de Alimentación SA*, Slg. 1990, I-4135 ff.

[44] EuGH, Urt. v. 17.7.1997, Rs. C-28/95, *A. Leur-Bloem/Inspecteur der Belastingdienst/Ondernemingen Amsterdam 2*, Slg. 1997, I-4161 ff.

und des Verbraucherschutzrechts an. Eine erschöpfende Darstellung aller Fälle im Privatrecht ist aufgrund der Vielzahl der Richtlinien gar nicht mehr zu leisten. Sie wäre aber auch deswegen nicht sinnvoll, weil sich die Problematik eher auf der Rechtsfolgenseite stellt, die abstrakt, d. h. losgelöst von den einzelnen Fallgruppen gelöst werden kann: nämlich, ob die Pflicht zur richtlinienkonformen Auslegung auch außerhalb des Anwendungsbereichs einer Richtlinie besteht und ob der EuGH auch außerhalb des Anwendungsbereichs zuständig sein kann. Im Unternehmensrecht kommen vor allem das Handels- und Steuerbilanzrecht, das Umwandlungsrecht und § 15 Abs. 3 HGB in Betracht. Im Verbraucherschutzrecht scheint der deutsche Gesetzgeber in vielen Fällen den Regelungsgehalt einer verbraucherschützenden Richtlinie auf Sachverhalte außerhalb der Richtlinie erstreckt zu haben.

Besonders ins Blickfeld geraten ist das Problem im Steuerbilanzrecht. Dort verweist der Maßgeblichkeitsgrundsatz in § 5 Abs. 1 EStG für den Ansatz des Betriebsvermögens auf die handelsrechtlichen Grundsätze ordnungsgemäßer Buchführung. Durch den Verweis wird nach h. M. auf das gesamte Normensystem des HGB Bezug genommen, soweit dieses die Gewinnermittlung regelt[45]. Da dieses seinerseits insoweit europäisiert ist, als seine Vorschriften in Umsetzung der Jahresabschlußrichtlinie[46] ergangen sind, könnte hier der Regelungsgehalt der Jahresabschlußrichtlinie auf Sachverhalte außerhalb ihres Anwendungsbereichs erstreckt worden sein. Der BFH hat in mehreren Urteilen eine Vorlage an den EuGH erwogen, im konkreten Fall aber immer verneint[47]. Zwischenzeitlich gab es sogar eine Vorlage an den Großen Senat zur Frage, ob in Steuerbilanzfragen eine Vorlagepflicht an den EuGH besteht[48]. Diese wurde aber wieder zurückgenommen. Auch haben mehrere

---

[45] Siehe dazu unten § 3 B.I.1, S. 38 f.

[46] Vierte Richtlinie 78/660/EWG des Rates vom 25. Juli 1978 aufgrund von Artikel 54 Absatz 3 Buchstabe g des Vertrages über den Jahresabschluß von Gesellschaften bestimmter Rechtsformen, ABl. EG Nr. L 222 v. 14.8.1978, S. 11 ff., geändert durch Beitrittsvertrag v. 19.11.1979, ABl. Nr. L 291/9, durch Verordnung (EWG) Nr. 3308/80 des Rates vom 16. Dezember 1980 zur Änderung der Vierten Richtlinie 78/660/EWG, ABl. EG Nr. L 345 v. 20.12.1980, S. 1 ff., durch Richtlinie 83/349/EWG vom 13. Juni 1983, ABl. Nr. L 193, S. 1 ff, durch Richtlinie 84/569/EWG des Rates vom 27. November 1984 zur Änderung der in ECU ausgedrückten Beträge der Richtlinie 78/660/EWG, ABl. EG Nr. L 314 v. 4.12.1984, S. 28, durch Beitrittsvertrag vom 12.6.1985, ABl. Nr. L 302, S. 9 ff., durch Richtlinie 89/666/EWG vom 21. Dezember 1989, ABl. Nr. L 395, S. 36 ff., durch Richtlinie 90/604/EWG vom 8. November 1990, ABL. Nr. L 317, S. 57 ff., durch Richtlinie 90/605/EWG vom 8. November 1990, ABl. L 317, S. 60 ff., durch Richtlinie 94/8/EG des Rates vom 21. März 1994 zur Änderung der in ECU ausgedrückten Beträge der Richtlinie 78/660/EWG, ABl. EG Nr. L 82 v. 25.3.1994, S. 33 ff., durch Richtlinie 1999/60 EG des Rates vom 17. Juni 1999 zur Änderung hinsichtlich der in ECU ausgedrückten Beträge der Richtlinie 78/660/EWG, ABl. EG Nr. 162 v. 26.6.1999, S. 65 ff.; in der aktuellen Fassung abgedruckt bei *Habersack*, Europäisches Gesellschaftsrecht, 1999, Rn. 315.

[47] BFH, Urt. v. 9.5.1995, IX R 116/92, BStBl. II 1996, 632; Urt. v. 21.10.1993, IV R 87/92, BStBL. II 1994, 176; Urt. v. 15.7.1998, I R 24/96, BStBl. II 1998, 728, DStR 1998, 1461.

[48] BFH, Beschl. v. 9.9.1998, I R 6/96: „Ist der BFH verpflichtet, Fragen nach dem Inhalt von Vorschriften der Vierten Richtlinie des Rates über den Jahresabschluß von Gesellschaften

Finanzgerichte dem EuGH vorgelegt[49] und eine Antwort erhalten[50]. Der Umfang der Diskussion in der Literatur in dieser prestigeträchtigen Frage ist beträchtlich[51]; sie wurde als eines der beherrschenden Themen der derzeitigen Diskussion im Steuerbilanzrecht bezeichnet[52].

Im Umwandlungsrecht hatten sich bisher drei Oberlandesgerichte damit auseinanderzusetzen, ob auch bei Verschmelzungen, an denen nicht nur Aktiengesellschaften beteiligt sind, richtlinienkonform auszulegen ist und ob eine Vorlage an den EuGH in Betracht kommt[53]. Wie oben schon erwähnt wurde, gilt nämlich die Verschmelzungsrichtlinie nur für Aktiengesellschaften.

Den spektakulärsten Fall stellt die *Heininger*-Entscheidung[54] des EuGH dar. Diese Entscheidung, die sich unter anderem damit befaßte, ob das durch die Haustürgeschäftsrichtlinie gewährte Widerrufsrecht befristet werden kann, erging nämlich anläßlich eines Sachverhaltes der außerhalb des Anwendungsbereichs der Haustürgeschäftsrichtlinie lag[55]. Hier fragt es sich, ob der BGH überhaupt vorlegen durfte und ob er nun an die Entscheidung des EuGH gebunden ist[56].

C. Gegenstand der Arbeit

I. Ziel der Arbeit

Die vorliegende Arbeit hat das Ziel, die Rechtsfolgen der autonomen Erstreckung des Regelungsgehalts einer Richtlinie auf Sachverhalte außerhalb deren Anwendungsbereichs zu bestimmen. Insbesondere soll untersucht werden, ob hier die Pflicht zu richtlinienkonformer Auslegung und eine Zuständigkeit des EuGH im Vorabentscheidungsverfahren besteht. KÖTZ hat mit dem erwähnten Bild von Inseln angeglichenen Rechts im Meer von nationalem Recht auch

---

in bestimmter Rechtsform vom 25.7.1978 (AblEG N. L 222) dem EuGH vorzulegen?", IStR 1999, 75.

49 FG Köln, Vorlagebeschl. v. 16.7.1997, 13 K 812/97, EFG 1997, 1166.

50 EuGH, Urt. v. 14.9.1999, Rs. C 275/97, *DE + ES Bauunternehmung GmbH/Finanzamt Bergheim*, Slg. 1999, I-3175 = GmbHR 1999, 1145.

51 Die wichtigsten Aufsätze sind: *Beisse*, DStZ 1998, 310 ff.; *Schulze-Osterloh*, DStZ 1997, 281 ff.; *Hennrichs*, StuW 1999, 138 ff.; *Schön*, FS Flick, S. 573 ff.; *Ahmann*, FS L. Schmidt 1993, 269 ff.; *Groh*, DStR 1996, 1206 ff.; *Meilicke*, BB 1992, 969 ff.; *Herzig/Rieck*, IStR 1998, 309 ff.; *Weber-Grellet*, StuW 1995, 336 ff.; *Hermanns*, GmbHR 1999, 1123 ff.; *Weber-Grellet*, DB 1996, 2089 ff.; *Meilicke*, BB 1999, 890 ff.; *Dziadkowski*, IStR 1999, 636 ff.; *Kessler*, IStR 2000, 531 ff.; *Bärenz*, DStR 2001, 692 ff.

52 *Kessler*, IStR 2000, 531 (531).

53 OLG Stuttgart, Beschl. v. 4.12.1996 - 8 W 43/93, AG 1997, 136 (137); BayObLG, Beschl. v. 17.9.1998 - 3Z BR 37/98, ZIP 1998, 2002 (2005); OLG Naumburg, Beschl. v. 12.2.1997 - 10 Wx 1/97, GmbHR 1997, 1152 (1155).

54 EuGH, Urt. v. 13.12.2001, Rs. C-481/99, *Georg und Helga Heininger/Bayerische Hypo- und Vereinsbank AG*, EuZW 2002, 84 ff.

55 Siehe dazu unten § 6 C.III, S. 75 ff.

56 Der BGH, Urt. v. 9.4.2002, XI ZR 91/99, NJW 2002, 1881, hielt sich an die Entscheidung des EuGH gebunden. Näher dazu unten § 7 B.II.3.c, S. 108 f.

auf „die breiten Zonen, von denen sich oft nur schwer ausmachen läßt, ob sie schon Küste oder noch Meer sind" und damit auf die Abgrenzungsprobleme als unvermeidliche Folgekosten jeglicher fragmentarischen Rechtsvereinheitlichung hingewiesen[57]. Für die Gemengelage europäischen und nationalen Rechts im Bereich der autonomen Erstreckung eines Regelungsgehalts einer Richtlinie auf Sachverhalte außerhalb deren Anwendungsbereichs soll also, um im Bild von KÖTZ zu bleiben, bestimmt werden, was Küste und was Meer ist.

Da die Fallgruppen der Erstreckung des Regelungsgehalts einer Richtlinie auf Sachverhalte außerhalb ihres Anwendungsbereichs in der gesamten Rechtsordnung vorkommen, wurde die Problematik bisher meist isoliert diskutiert[58]. Dem soll mit der vorliegenden Arbeit abgeholfen werden. Die verallgemeinerungsfähige Problematik der Rechtsfolgen der autonomen Erstreckung des Regelungsgehalts einer Richtlinie auf Sachverhalte außerhalb deren Anwendungsbereichs soll abstrakt gelöst werden. Die erschöpfende Darstellung der Fallgruppen im Unternehmens- und Verbraucherschutzrecht soll als Anschauungsmaterial dienen. Darüber hinaus wird sich zeigen, daß die Feststellung, daß der Gesetzgeber den Regelungsgehalt einer Richtlinie auf Sachverhalte außerhalb ihres Anwendungsbereichs erstreckt hat, in manchen Fällen nicht leicht fällt.

II. Abgrenzung

Wenn der nationale Gesetzgeber den Regelungsgehalt einer Richtlinie auf Sachverhalte erstreckt, die nicht vom Anwendungsbereich der Richtlinie erfaßt sind, geht er insoweit autonom über das hinaus, was die Richtlinie von ihm verlangt. Dieser Vorgang wird deshalb auch als „überschießende Umsetzung" bezeichnet[59]. Diese Bezeichnung ist insofern irreführend, als unter diesen Begriff auch die Fälle subsumiert werden können, in denen ein bestimmter Regelungsgehalt durch den nationalen Gesetzgeber im Hinblick auf das materielle Regelungsziel noch besser umgesetzt wird als von der Richtlinie gefordert; wenn also beispielsweise der Verbraucher noch besser geschützt wird. Ein Beispiel dafür ist die Einräumung eines Widerrufsrechts bei Verbraucherkrediten durch § 495 Abs. 1 BGB (früher § 7 VerbrKrG), das durch

[57] *Kötz* in: Müller-Graff, Gemeinsames Privatrecht in der Europäischen Gemeinschaft, 2. Aufl. 1999, S. 95 (97). *Kötz* verwendet die Begriffe Einheitsrecht und Rechtsvereinheitlichung im Sinne von angeglichenem Recht und Angleichung.

[58] Es gibt bisher nur zwei Aufsätze, die sich mit der Problematik abstrakt auseinandersetzen: *Habersack/Mayer*, Die überschießende Umsetzung von Richtlinien, JZ 1999, 913; *Schnorbus*, Autonome Harmonisierung in den Mitgliedstaaten durch Inkorporation von Gemeinschaftsrecht - Eine Untersuchung zur einheitlichen Anwendung und Auslegung europäischen und autonomen nationalen Rechts und zur entsprechenden Zuständigkeit des EuGH im Vorabentscheidungsverfahren, RabelsZ 2001, 654.

[59] So zuerst *Habersack/Mayer*, JZ 1999, 913.

die Verbraucherkreditrichtlinie[60] gar nicht vorgesehen ist[61]. Art. 15 der Verbraucherkreditrichtlinie erlaubt es den Mitgliedstaaten ausdrücklich, weitergehende Vorschriften zum Schutz der Verbraucher aufrechtzuerhalten oder zu erlassen. Überschießend ist eine solche Umsetzung hinsichtlich des materiellen Regelungsgehalts, es wird nämlich ein zusätzlicher Regelungsgehalt, der ebenfalls dem Verbraucherschutz dient, eingeführt. Von den Fällen der Erstreckung eines Regelungsgehalts einer Richtlinie auf Sachverhalte außerhalb ihres Anwendungsbereichs unterscheidet sich diese Umsetzung dadurch, daß nicht mehr Sachverhalte betroffen sind als in der Richtlinie vorgesehen.

Die Fälle der überschießenden Umsetzung hinsichtlich des materiellen Regelungsgehalts sind von den Fällen der Erstreckung des Regelungsgehalts einer Richtlinie auf Sachverhalte außerhalb ihres Anwendungsbereichs strikt zu trennen, da sich jeweils ganz andere Probleme stellen. Auf der einen Seite stellt sich in den Fällen der überschießenden Umsetzung hinsichtlich des materiellen Regelungsgehalts regelmäßig - außer in den Fällen, in denen es ausdrücklich erlaubt ist - die Auslegungsfrage, ob die Richtlinie nur bestimmte Mindestanforderungen aufstellt, über die der nationale Gesetzgeber hinausgehen kann, oder ob vorrangiges Ziel eine Angleichung in den Mitgliedstaaten war, die ein einheitliches Schutzniveau herstellen will. Diese Frage kann sich in den Fällen der Erstreckung des Regelungsgehalts einer Richtlinie auf Sachverhalte außerhalb des Anwendungsbereichs nicht stellen, da der nationale Gesetzgeber nicht gehindert sein kann, ein Regelungsmodell auch für Sachverhalte zu verwenden, in denen die Richtlinie nichts vorgibt. Auf der anderen Seite kann in den Fällen der überschießenden Umsetzung hinsichtlich des materiellen Regelungsgehalts eine richtlinienkonforme Auslegung und eine Zuständigkeit des EuGH nicht weiterhelfen. Zwar besteht eine solche Zuständigkeit, eine richtlinienkonforme Auslegung gibt aber hinsichtlich des Teils des nationalen Rechts, der über die von der Richtlinie geforderten Mindestanforderungen hinausgeht, nichts her. Der EuGH kann hier nur die Mindestanforderungen, die die Richtlinie statuiert, näher konkretisieren. Eine Auslegungskompetenz hinsichtlich des nationalen Rechts kommt dem EuGH jedoch nicht zu. Zum Widerrufsrecht bei Verbraucherkrediten kann der EuGH somit nichts sagen. Das spezifische Problem, ob deshalb, weil die Norm zwischen Sachverhalten innerhalb und außerhalb des Anwendungsbereichs der Richtlinie nicht differenziert, eine Gleichbehandlung beider Sachverhalte geboten ist, stellt sich bei der überschießenden Umsetzung in Form der Verschärfung des materiellen Regelungsgehalts nicht, da hier ja nicht mehrere Sachverhalte betroffen sind.

---

60 Richtlinie 87/102/EWG des Rates vom 22. Dezember 1986 zur Angleichung der Rechts- und Verwaltungsvorschriften der Mitgliedstaaten über den Verbraucherkredit, ABl. EG Nr. L 42 v. 12.2.1987, S. 48; auch abgedruckt bei *Schulze/Zimmermann* (Hrsg.), Basistexte zum Europäischen Privatrecht, 2000, unter I.20.

61 Näheres dazu siehe unten § 6 B.I, S. 68 f.

In manchen Fällen kann die Unterscheidung zwischen der Erstreckung des Regelungsgehalts einer Richtlinie auf Sachverhalte außerhalb ihres Anwendungsbereichs und der Verschärfung ihres materiellen Regelungsgehalts schwierig sein. Sie soll danach getroffen werden, ob die Tatbestandsseite betroffen ist oder die Rechtsfolgenseite. Wird der Tatbestand weiter gefaßt und werden danach mehr Sachverhalte erfaßt, handelt es sich um eine Erstreckung des Regelungsgehalts einer Richtlinie auf Sachverhalte außerhalb ihres Anwendungsbereichs. Wird dagegen ein zusätzlicher Regelungsgehalt eingeführt oder noch verschärft, handelt es sich um eine Verschärfung des materiellen Regelungsgehalts. Diese Unterscheidung soll hier anhand von § 241a BGB, der in Umsetzung von Art. 9 der Fernabsatzrichtlinie[62] ergangen ist, verdeutlicht werden. Art. 9, 2. Spiegelstrich der Fernabsatzrichtlinie verpflichtet die Mitgliedstaaten, das Behalten unbestellter Ware nicht als Vertragsschluß anzusehen. Dies galt im deutschen Recht bereits vor der Umsetzung. Eine ausdrückliche Vorschrift fehlte zwar, dieses Ergebnis wurde aber im Wege der Auslegung von Parteiverhalten erreicht, indem das Behalten nicht als Annahme gewertet wurde[63]. § 241a BGB geht aber über den Regelungsgehalt von Art. 9 der Fernabsatzrichtlinie insofern hinaus, als er sämtliche Ansprüche, also auch gesetzliche Ansprüche, ausschließt. Der Tatbestand, das unbestellte Zusenden von Waren, bleibt hier unverändert. Es werden nicht etwa mehr Sachverhalte dadurch erfaßt. Das deutsche Recht knüpft an diesen Tatbestand nur einen über Art. 9 hinausgehenden Regelungsgehalt. Der Regelungsgehalt von Art. 9 - keine Begründung von Ansprüchen auf die Gegenleistung - wird hier um den darüber hinausgehenden Regelungsgehalt - Ausschluß auch der gesetzlichen Ansprüche - verschärft. Damit ist die Rechtsfolgenseite betroffen. Es handelt sich somit um eine Verschärfung des materiellen Regelungsgehalts.

In der vorliegenden Arbeit wird der Begriff der „überschießenden Umsetzung", der damit sowohl die Erstreckung des Regelungsgehalts auf Sachverhalte außerhalb des Anwendungsbereichs einer Richtlinie als auch die Verschärfung des materiellen Regelungsgehalts erfaßt, nur unter der genauen Bezeichnung, welche Form der überschießenden Umsetzung gemeint ist, verwendet werden. Mit der überschießenden Umsetzung hinsichtlich des materiellen Regelungsgehalts beschäftigt sich diese Arbeit nicht, da sich dort, wie gezeigt, ganz andere Fragen stellen.

Die Erstreckung einer Regelung für bestimmte Sachverhalte auf andere Sachverhalte ist nicht nur im Zusammenhang mit der Umsetzung von Richtlinien möglich. Eine derartige autonome Harmonisierung kommt etwa auch im Hinblick auf europäisches Primärrecht oder auf Verordnungen in Betracht. So hat beispielsweise der italienische Gesetzgeber den Regelungsgehalt der Art. 81

---

62 Richtlinie 97/7/EG des Europäischen Parlaments und des Rates vom 20. Mai 1997 über den Verbraucherschutz bei Vertragsabschlüssen im Fernabsatz, ABl. EG Nr. L 144 v. 4.6.1997, S. 19 ff.; auch abgedruckt bei *Schulze/Zimmermann* (Hrsg.), Basistexte zum Europäischen Privatrecht, 2000, unter I.25.

63 Siehe nur *Heinrichs* in: Palandt, Bürgerliches Gesetzbuch, 61. Aufl. 2002, § 241a Rn. 1.

und 82 EG vollständig auf rein nationale Sachverhalte übertragen. Die Frage der interlokalen Zuständigkeit im Vereinigten Königreich bestimmt sich in enger Anlehnung an das Europäische Gerichtsstands- und Vollstreckungsübereinkommen. In diesem Bereich stellt sich zwar nicht die Frage, ob eine richtlinienkonforme Auslegung geboten ist, vergleichbar ist aber die Problematik, ob der EuGH für die Auslegung auch dann zuständig ist, wenn das Primärrecht, ein völkerrechtlicher Vertrag oder eine Verordnung nicht unmittelbar auf den Sachverhalt Anwendung finden, sondern nur mittelbar von Bedeutung sind, weil der nationale Gesetzgeber autonom auf dieses Regelungsmodell Bezug genommen hat. Da sich bei dieser Frage keine sachlichen Unterschiede zur Problematik bei der Erstreckung des Regelungsgehalts einer Richtlinie auf Sachverhalte außerhalb des Anwendungsbereichs ergeben, wird diese Frage durch die Beantwortung der Frage nach der Zuständigkeit in letzterem Fall quasi als Abfallprodukt mitbeantwortet werden. Eine erschöpfende Untersuchung aller relevanten Fragen wird aber nur für die überschießende Richtlinienumsetzung in Form der Erstreckung des Regelungsgehalts einer Richtlinie auf Sachverhalte außerhalb ihres Anwendungsbereichs angestrebt.

III. Überblick über den Gang der Darstellung

Im ersten Teil soll herausgearbeitet werden, welche Fallgruppen der autonomen Harmonisierung durch Erstreckung des Regelungsgehalts einer Richtlinie auf Sachverhalte außerhalb ihres Anwendungsbereichs es auf dem Gebiet des Handels-, Gesellschafts- und Steuerrechts und im Bereich des Verbraucherschutzrechts gibt. Der zweite Teil beschäftigt sich mit den Rechtsfolgen einer solchen autonomen Harmonisierung. Hier soll zuerst untersucht werden, ob und welche materiellrechtlichen Auswirkungen eine Erstreckung des Regelungsgehalts einer Richtlinie auf Sachverhalte außerhalb ihres Anwendungsbereichs hat. Insbesondere soll geklärt werden, ob das Gebot der richtlinienkonformen Auslegung auch außerhalb des Anwendungsbereichs der Richtlinie gilt. Daran schließt sich die prozessuale Frage, ob der EuGH auch in einem solchen Fall zuständig ist. Das Urteil des EuGH, in dem dies bejaht wurde, soll hier einer kritischen Würdigung unterzogen werden. Zum Abschluß soll schließlich untersucht werden, ob mit der Zuständigkeit des EuGH, wie er sie momentan in den Fällen autonomer Bezugnahme auf Gemeinschaftsrecht in Anspruch nimmt, eine Vorlagepflicht letztinstanzlicher Gerichte einhergeht.

1. Teil: Die Tatbestände der Erstreckung des Regelungsgehalts einer Richtlinie auf Sachverhalte außerhalb ihres Anwendungsbereichs im deutschen Unternehmens- und Verbraucherschutzrecht

§ 2 Bilanzrecht

Im Bilanzrecht kommt eine Erstreckung des Regelungsgehalts der Jahresabschlußrichtlinie[64] deshalb in Betracht, weil der deutsche Gesetzgeber einen Großteil ihres Regelungsgehalts in einem ersten Abschnitt umgesetzt hat, der, insofern über die Jahresabschlußrichtlinie hinausgehend, für alle Kaufleute gilt. Da die Jahresabschlußrichtlinie typische Personenhandelsgesellschaften und Einzelkaufleute nicht einbezieht, könnte hier deshalb eine überschießende Umsetzung in Form der Erstreckung des Regelungsgehalts einer Richtlinie auf Sachverhalte außerhalb ihres Anwendungsbereiches vorliegen. Ob dies tatsächlich der Fall ist, soll im folgenden untersucht werden.

A. Regelungsgegenstand der Jahresabschlußrichtlinie

I. Regelungsziel, wesentlicher Inhalt und Entstehungsgeschichte

Nach dem ersten Erwägungsgrund ist das Regelungsziel der Jahresabschlußrichtlinie die Koordinierung der einzelstaatlichen Vorschriften über die Gliederung und den Inhalt des Jahresabschlusses und des Lageberichts sowie über die Bewertungsmethoden und die Offenlegung dieser Unterlagen[65]. Diese Koordinierung sei im Hinblick auf den Schutz der Gesellschafter sowie Dritter erforderlich. Unter anderem schreibt die Jahresabschlußrichtlinie vor, nach welchen Grundsätzen der Jahresabschluß, der aus der Bilanz, der Gewinn- und Verlustrechnung und dem Anhang besteht, zu erstellen ist. In bezug auf die Gliederungen der Bilanz und der Gewinn- und Verlustrechnung stellt die Richtlinie den Mitgliedstaaten zwei Möglichkeiten zur Auswahl: die Kontoform und die Staffelform. Für die Bewertung der Posten stellt die Richtlinie bestimmte allgemeine Grundsätze auf. So soll unter anderem vorsichtig und stetig bewertet werden. Außerdem sind die Herstellungs- und Anschaffungskosten für die Bewertung der Posten maßgebend. Insgesamt eröffnet die Richtlinie eine Vielzahl von Wahlrechten[66]. Leitlinie ist Art. 2 Abs. 3 der Jahresabschlußrichtlinie. Danach hat der Jahresabschluß ein den tatsächlichen Verhältnissen entsprechendes Bild der Vermögens-, Finanz- und Ertragslage der Gesellschaft zu vermitteln.

---

[64] Vierte Richtlinie 78/660/EWG des Rates vom 25. Juli 1978 aufgrund von Artikel 54 Absatz 3 Buchstabe g über den Jahresabschluß von Gesellschaften bestimmter Rechtsformen, ABl. EG Nr. L 222 v. 14.8.1978, S. 11 ff., zu den Änderungen siehe Fn. 46.

[65] *Ibid.*, Präambel, 1. Erwägungsgrund.

[66] Siehe dazu *Hennrichs*, Wahlrechte im Bilanzrecht der Kapitalgesellschaften – unter besonderer Berücksichtigung der EG-Bilanz-Richtlinie, 1999, S. 421 ff.

Dem Erlaß der Jahresabschlußrichtlinie am 25. Juli 1978 durch den Rat waren langwierige und zähe Verhandlungen vorausgegangen[67]. Diese waren vor allem in den unterschiedlichen Auffassungen Deutschlands und des Vereinigten Königreichs von der Funktion einer Bilanz begründet. Während nach der deutschen Auffassung der Bilanz eine Ausschüttungsbemessungsfunktion zukommt, die Gläubiger also durch eine vorsichtige Bewertung vor der Ausschüttung des noch nicht realisierten Gewinns an die Gesellschafter geschützt werden sollen, wird das britische Bilanzrecht vom Gebot des *„true and fair view"* beherrscht[68]. Danach soll die Bilanz einen wahren und zutreffenden Einblick gewähren, um aktuellen und potentiellen Kapitalanlegern eine zutreffende Entscheidungsbasis zu geben. Die Jahresabschlußrichtlinie hat es vermieden, ausdrücklich einem bestimmten Bilanzverständnis den Vorzug zu geben. Dieser Kompromißcharakter zeigt sich darin, daß einerseits das Vorsichtsprinzip in Art. 31 Abs. 1 lit. c als allgemeiner Grundsatz aufgenommen wurde und andererseits das True and fair view-Prinzip als Leitlinie in die Jahresabschlußrichtlinie aufgenommen wurde.

II. Persönlicher Anwendungsbereich

Die Jahresabschlußrichtlinie gilt gem. Art. 1 Abs. 1 Unterabs. 1, 1. Spiegelstrich in der Bundesrepublik Deutschland für Aktiengesellschaften, Kommanditgesellschaften auf Aktien und Gesellschaften mit beschränkter Haftung. Gem. Art. 1 Abs. 1 Unterabs. 2 lit. a der Jahresabschlußrichtlinie gilt selbige ferner für offene Handelsgesellschaften und Kommanditgesellschaften, sofern alle unbeschränkt haftenden Gesellschafter Gesellschaften im Sinne von Unterabs. 1 sind. Der persönliche Anwendungsbereich der Jahresabschlußrichtlinie ist also auf Kapitalgesellschaften und atypische Personengesellschaften, wie die GmbH & Co KG beschränkt[69]. Ausgeklammert sind Einzelkaufleute und solche Personenhandelsgesellschaften, bei denen auch natürliche Personen als Gesellschafter unbeschränkt haften. Die Beschränkung auf die genannten Gesellschaftsformen ergibt sich ausweislich der Erwägungsgründe daraus, daß bei Kapitalgesellschaften und atypischen Personengesellschaften eine Koordinierung aufgrund der häufigen grenzüberschreitenden

---

[67] Der Vorschlag der Kommission stammte aus dem Jahre 1971, ABl. Nr. C 7 v. 28.1.1972, S. 11 ff. = BT-Drucks. VI/2875. Zur Entstehungsgeschichte *Schruff* (Hrsg.), Entwicklung der 4. EG-Richtlinie (Bilanzrichtlinie) - Synoptische Darstellung der Bilanzrichtlinie unter Berücksichtigung der Vorfassungen mit amtlichen Begründungen und weiteren Materialien, 1986.

[68] Vgl. sec. 226 (2) Companies Act 1985: „The balance sheet shall give a true and fair view of the state of affairs of the company as at the end of the financial year; and the profit and loss account shall give a true and fair view of the profit or loss of the company for the financial year." Die Ausschüttung wird davon abgekoppelt in den sec. 263 ff. Companies Act 1985 geregelt. Eingehend zu den unterschiedlichen Bilanztraditionen *Kübler*, ZHR 159 (1995) 550 (552 ff.).

[69] Die KGaA wird vom HGB als Kapitalgesellschaft eingeordnet, siehe Überschrift Drittes Buch, Zweiter Abschnitt.

Tätigkeit dieser Gesellschaftsformen besonders dringlich erscheint[70]. Auch sei eine Koordinierung dieser Gesellschaftsformen deswegen angebracht, weil hier nur mit dem Gesellschaftsvermögen gehaftet wird[71].

III. Regelungsdichte der Jahresabschlußrichtlinie

1. Die Auffassung MOXTERS hinsichtlich der Konkretisierungsbefugnis des EuGH

Für Fragen der Gewinnermittlung hat MOXTER die Zuständigkeit des EuGH bestritten[72]. Er begründet dies damit, daß zwischen Gewinnermittlungsvorschriften und Informationsvorschriften zu trennen sei[73]. Regelungszweck der Richtlinie sei allein die Information der Adressaten, denen durch Offenlegung von Jahresabschluß und Lagebericht interessengerechtere Entscheidungen ermöglicht werden sollen[74]. In bezug auf die Gewinnermittlung beschränke sich die Richtlinie auf eine bloße Rahmenvorgabe. Das Gewinnermittlungsrecht sei allein vom nationalen Gesetzgeber zu konkretisieren[75]. Für Fragen der Gewinnermittlung sei der EuGH daher selbst für Kapitalgesellschaften, also im Anwendungsbereich der Richtlinie, nicht zuständig[76]. Wäre dies richtig, dann würde sich im Bereich der Gewinnermittlung, dem wesentlichsten Teil des Bilanzrechts, die Frage, ob das Gebot der richtlinienkonformen Auslegung auch außerhalb des Anwendungsbereichs gilt und dort eine Zuständigkeit des EuGH gegeben ist, auch dann nicht stellen, wenn eine Erstreckung des Regelungsgehalts der Jahresabschlußrichtlinie auf Personenhandelsgesellschaften und Einzelkaufleute anzunehmen wäre. Deshalb ist eine eingehende Auseinandersetzung mit dieser These erforderlich.

2. Kritik an der Auffassung MOXTERS

a. Der Schluß von der Rahmenregelung auf die Unzuständigkeit des EuGH

Richtlinien können einen bloßen Rahmen vorgeben, der vom nationalen Gesetzgeber unterschiedlich ausgefüllt werden kann. Gem. Art. 249 Abs. 3 EG ist

---

70 2. Erwägungsgrund der Jahresabschlußrichtlinie.

71 *Ibid.*; letzteres ist für die Kommanditgesellschaft auf Aktien nicht zutreffend, da hier gem. § 278 AktG im gesetzlich vorgesehenen Regelfall eine natürliche Person unbeschränkt haftet.

72 *Moxter*, BB 1995, 1463 (1466).

73 *Ibid.*, S. 1463.

74 *Ibid.*, S. 1464.

75 *Ibid.*, S. 1466. Ähnlich *Biener*, nach dem die Richtlinie „verdeckte Mitgliedstaaten-Wahlrechte" enthalte. Es sei auf die Umschreibung verwendeter Begriffe verzichtet worden, um den Mitgliedstaaten die Fortführung ihrer unterschiedlichen Bilanztraditionen zu ermöglichen, StbJb 1995/96, 29 (40 ff.). Ganz radikal auch *Euler*, StuW 1998, 15 (21, 23), nach dem die zahlreichen nationalen Wahlrechte bewirkten, daß nur ein Auslegungskorridor angegeben werden könne.

76 *Ibid.*

nur das Ziel einer Richtlinie für die Mitgliedstaaten verbindlich, während die Wahl der Form und Mittel den innerstaatlichen Stellen verbleibt. Wird Rechtsangleichung durch Richtlinien betrieben, dann wird von Art. 249 Abs. 3 EG im Grunde sogar vorausgesetzt, daß ein gewisser Spielraum bei der Umsetzung besteht. Die tatsächliche Praxis ist darüber aber hinweggegangen[77]. Meist sind die Richtlinienvorgaben so detailliert, daß sie vom nationalen Gesetzgeber wörtlich übernommen werden können. Trotzdem besteht selbstverständlich weiterhin die Möglichkeit, daß der Richtliniengeber, wie hier von MOXTER für die Gewinnermittlung angenommen, sich auf eine bloße Rahmenvorgabe beschränkt. MOXTERS Schluß von einer bloßen Rahmenregelung auf die Unzuständigkeit des EuGH ist allerdings falsch. Auch bei einer bloßen Rahmenvorgabe bleibt der EuGH zur Bestimmung dieses Rahmens zuständig[78].

b. Regelungsdichte der Gewinnermittlungsvorschriften

i) Differenzierung zwischen Informationsvorschriften und Gewinnermittlungsvorschriften

Auch die Differenzierung MOXTERS zwischen den Informationsvorschriften, die präzise geregelt seien, und den Gewinnermittlungsvorschriften, die eine bloße Rahmenregelung darstellten, überzeugt nicht[79]. Schon im ersten Erwägungsgrund wird neben der Koordinierung der einzelstaatlichen Vorschriften über die Gliederung und den Inhalt des Jahresabschlusses als Ziel die Koordinierung der Vorschriften über die Bewertungsmethoden genannt[80]. Auch ist der neben dem Schutz Dritter bezweckte Schutz der Gesellschafter[81] nur über den Inhalt der Gewinnermittlungsvorschriften erreichbar. Der Schutz der Gesellschafter wird nämlich nicht nur durch die Information der Kapitalgeber, sondern auch durch die Ausschüttungsbemessungsfunktion der Bilanz hergestellt[82]. Die Verwendungsmasse für die Gesellschafter hängt dabei vom auszuweisenden Gewinn ab. Soll eine Koordinierung auch zum Schutz der Gesellschafter beitragen, dann reichen bloße Rahmenvorschriften nicht aus.

---

77 Es wird im europarechtlichen Schrifttum nicht (mehr) beanstandet, daß die Ziele im Einzelfall so detailliert sind, daß den Mitgliedstaaten kein Handlungsspielraum verbleibt. Vgl. nur *G. Schmidt* in: Groeben/Thiesing/Ehlermann (Hrsg.), Kommentar zum EU-/EG-Vertrag, Bd. 4, 5. Aufl. 1997, Art. 189, Rn. 37; *Bievert* in: Schwarze (Hrsg.), EU-Kommentar, 2000, Art. 249, Rn. 26.

78 *Hennrichs*, ZGR 1997, 66 (72); *Herlinghaus*, IStR 1997, 529 (531).

79 So auch *Meilicke*, DB 1996, 513 (513); *Großfeld*, Bilanzrecht: Jahresabschluß, Konzernabschluß, Internationale Standards, 3. Aufl. 1997, Rn. 53; *Hennrichs*, Wahlrechte im Bilanzrecht der Kapitalgesellschaften – unter besonderer Berücksichtigung der EG-Bilanz-Richtlinie, 1999, S. 95.

80 Darauf nimmt der EuGH ausdrücklich Bezug, Urt. v. 4.12.1997, Rs. C-97/96, *Daihatsu*, Slg. 1997, I-6843 = ZIP 1997, 2155, Tz. 15.

81 Daß neben dem Schutz Dritter auch die Gesellschafter selbst geschützt werden sollen, ergibt sich neben dem Erwägungsgrund auch aus der Ermächtigungsgrundlage des Art. 54 Abs. 3 lit. g EG-Vertrag (jetzt Art. 44 Abs. 2 lit. g EG).

82 *Schön*, ZHR 161 (1997), 133 (148).

Nur, wenn dem Jahresabschluß eine bloße Informationsfunktion zukäme, könnte man sich bei den Gewinnermittlungsvorschriften auf eine bloße Rahmenvorgabe beschränken. Durch die Offenlegung der Bewertungsvorschriften im Anhang könnte ein Einblick in die Vermögenslage gewährt werden, auch wenn keine Angleichung bei den Gewinnermittlungsvorschriften bestünde. Daß sich die Funktion des Jahresabschlusses jedoch nicht in der bloßen Information Dritter erschöpft, zeigt zum einen der von der Richtlinie erstrebte Schutz der Gesellschafter und zum anderen das zum Leitprinzip erhobene Gebot eines *„true and fair view"* in Art. 2 Abs. 3 der Jahresabschlußrichtlinie.

Gegen eine bloße Rahmenregelung bei den Gewinnermittlungsvorschriften spricht außerdem die gleiche Regelungsdichte der Richtlinie und des umgesetzten nationalen Rechts. Vergleicht man etwa Art. 31 Abs. 1 lit. c Unterabs. aa der Jahresabschlußrichtlinie mit § 252 Abs. 1 Nr. 4 HGB, dann ergeben sich hinsichtlich der Regelungsdichte keine Unterschiede. Auch ist die Konkretisierungsbedürftigkeit der einzelnen Vorschriften unterschiedlich. Es kann somit nicht pauschal für die Gewinnermittlungsvorschriften von einer bloßen Rahmenvorgabe ausgegangen werden, sondern die Regelungsdichte muß für jede einzelne Norm bestimmt werden[83].

ii) Die *Tomberger*-Entscheidung

Näheren Aufschluß über die Auffassung des EuGH zur Regelungsdichte der Gewinnermittlungsvorschriften gibt die *Tomberger*-Entscheidung[84]. Hier hatte der EuGH über die Vereinbarkeit phasengleicher Aktivierung von Dividendenansprüchen mit dem in Art. 31 Abs. 1 lit. c Unterabs. aa enthaltenen Realisationsprinzip zu befinden. Im zugrundeliegenden Fall hatte eine GmbH den an sie ausgeschütteten Gewinn des Jahres 1989 ihrer Tochter, an der sie zu 100 % beteiligt war, in ihrem Jahresabschluß zum 31.12.1989 nicht aktiviert, obwohl zum Zeitpunkt der Feststellung des Jahresabschlusses der Mutter, der Gewinnverwendungsbeschluß der Tochter schon vorlag. Da Gesellschafter der Muttergesellschaft die Feststellung des Jahresabschlusses anfochten und dem BGH die Vereinbarkeit phasengleicher Aktivierung von Dividendenansprüchen mit der Jahresabschlußrichtlinie zweifelhaft erschien, hatte der BGH dem EuGH diese Frage vorgelegt[85].

Hier soll diese Entscheidung nur unter dem Blickwinkel der Regelungsdichte näher betrachtet werden. Generalanwalt TESAURO hat in seinen Schlußanträgen der von der Bundesregierung vorgebrachten These, Art. 31 stelle nur den Rahmen dar, den die nationalen Gesetzgeber ausfüllen dürften,

[83] So zutreffend *Schön*, JbFStR 1996/1997, 61 (67); *Herlinghaus*, IStR 1997, 527 (531).

[84] EuGH, Urt. v. 27.6.1996, Rs. C-234/94, *Tomberger/Gebrüder von der Wettern GmbH*, Slg. 1996, I-3133 ff. = DB 1996, 1400 ff.

[85] Noch detaillierter zum Sachverhalt *Schulze-Osterloh*, ZGR 1995, 170 (170 f.).

eine Absage erteilt[86]. Der EuGH beantwortete die Vorlagefrage des BGH und ließ sie nicht etwa mit dem Hinweis unbeantwortet, hier bestehe ein Entscheidungsspielraum der nationalen Gerichte. Allerdings hat er sich darauf beschränkt, die vom nationalen Gericht vorgeschlagene Auslegung nicht zu beanstanden[87]. Aufgrund der kryptischen Begründung des EuGH bestehen hinsichtlich der Frage, ob Art. 31 der Jahresabschlußrichtlinie nach dem EuGH eine bloße Rahmenregelung darstellt, unterschiedliche Auffassungen. SCHULZE-OSTERLOH[88], WEBER-GRELLET[89] und THEILE[90] deuten das Urteil als kluge Selbstbeschränkung des EuGH, der nur eine beschränkte Prüfungskompetenz für sich in Anspruch nehme. Die Auslegung des Realisationsprinzips bleibe Sache des bilanzrechtlichen Verständnisses der einzelnen Mitgliedstaaten[91]. Nach GROH, der ursprünglich anderer Auffassung war[92], besteht kein vom Gemeinschaftsrecht unabhängiger Spielraum[93]. Nach HERLINGHAUS läßt die *Tomberger*-Entscheidung die Frage, ob eine Rahmenregelung vorliegt oder nicht, offen[94].

iii) Eigene Bewertung

Der Wortlaut des Leitsatzes („... verstößt es nicht gegen Art. 31 Abs. 1 lit. c Unterabs. aa der Vierten Richtlinie, wenn das nationale Gericht befindet, daß ...") spricht zunächst dafür, daß der EuGH seine Prüfungskompetenz im vorliegenden Fall beschränkt hat. GROH hat aber zutreffend darauf hingewiesen, daß der EuGH den Wortlaut des Leitsatzes vom BGH übernommen hat. Die Entscheidungsformulierung folgt also sprachlich dem BGH. Dies schwächt das Wortlautargument für eine beschränkte Prüfungskompetenz etwas ab, wenn es auch dadurch nicht ganz entkräftet wird, da der EuGH im Umformulieren von Vorlagefragen sonst nicht immer zurückhaltend war.

Gegen eine beschränkte Prüfungskompetenz des EuGH spricht entscheidend etwas anderes. Oben wurde schon gezeigt, daß auch bei einer bloßen Rahmenvorgabe der EuGH zur Bestimmung dieses Rahmens zuständig bleibt. Wie soll nun aber das in Art. 31 Abs. 1 lit. c Unterabs. aa der Jahresabschlußrichtlinie niedergelegte Gebot, daß nur die am Bilanzstichtag realisierten Gewinne ausgewiesen werden dürfen, als Rahmenregelung verstanden werden?

---

86 Schlußanträge des Generalanwalts *Guiseppe Tesauro* v. 25.1.1996, Rs. C 234/94, *Tomberger/Gebrüder von der Wettern GmbH*, Slg. 1996, I-3133 = DB 1996, 316, Tz. 22 f.

87 EuGH, Urt. v. 27.6.1996, Rs. C-234/94, *Tomberger/Gebrüder von der Wettern GmbH*, Slg. 1996, I-3133 = DB 1996, 1400, Leitsatz.

88 ZGR 1995, 170 (187 f).

89 DB 1996, 2089 (2089).

90 IStR 1996, 395 (397).

91 *Theile*, IStR 1996, 395 (400).

92 *Groh* deutete den EuGH ursprünglich dahin, daß er in Art. 31 der Jahresabschlußrichtlinie nur einen unbestimmten Rechtsbegriff sehe, dessen Ausfüllung er unter Einräumung von Entscheidungsspielraum auch den nationalen Gerichten überlasse, DStR 1996, 1206 (1210).

93 DStR 1998, 813 (816).

94 IStR 1997, 529 (531).

Das würde für den EuGH doppelte Arbeit bedeuten, da auch eine Rahmenregelung einen gewissen materiellen Regelungsgehalt aufweisen muß. Der EuGH müßte dann die Grenzen nach beiden Seiten abstecken. Er müßte nämlich einerseits bestimmen, welche Bilanzierungen in jedem Fall gegen Art. 31 Abs. 1 lit. c Unterabs. aa verstoßen. Andererseits müßte er festlegen, welche auf jeden Fall zulässig sind. Damit hätte er dann gleichzeitig diejenigen Fälle bestimmt, welche - abhängig von der jeweiligen nationalen Konkretisierung - dagegen verstoßen können, aber nicht müssen. Daß eine solche Vorgehensweise völlig unpraktikabel ist, liegt auf der Hand. In Betracht kommt höchstens, den Begriffshof den nationalen Gerichten und den Begriffskern und das, was evidenterweise nicht mehr darunter fällt, dem EuGH zuzuweisen. Gerade weil dieses Prinzip national geprägt ist, dürfte ihm das aber schwer fallen.

iv) Abschließende Bewertung

In Wahrheit bedeuten die Plädoyers für eine bloße Rahmenregelung und eine beschränkte Prüfungskompetenz eine völlige Aufgabe der Prüfungskompetenz, weil die Bestimmung der genauen Grenze der beschränkten Prüfungskompetenz nicht geleistet werden kann. Weil eine völlige Aufgabe der Prüfungskompetenz aber, wie oben gezeigt wurde, nicht haltbar ist, muß dann, wenn sich keine Anhaltspunkte für einen Rahmen finden lassen, von einer vollen Prüfungskompetenz und Konkretisierungsbefugnis des EuGH ausgegangen werden. Die Kompetenz, zu beurteilen, ob es sich um eine bloße Rahmenregelung handelt oder nicht, liegt ohnehin wieder beim EuGH[95]. Auf eine Vorlage, die danach fragt, ob es sich bei einer Richtlinienbestimmung um eine bloße Rahmenregelung handelt oder um eine vom EuGH voll nachprüfbare Norm, kann in keinem Fall verzichtet werden.

Im Zusammenhang mit der Regelungsdichte der Gewinnermittlungsvorschriften ist allerdings noch eine weitere Problematik angesprochen. Zuzugeben ist MOXTER nämlich, daß manche Vorschriften generalklauselartigen Charakter haben. Hier stellt sich das Problem, daß der EuGH einerseits die Generalklausel konkretisieren soll, andererseits aber nicht den zugrundeliegenden Fall entscheiden darf, sondern sich auf die Auslegung der Richtlinie beschränken muß. Da die Konkretisierung von Generalklauseln und unbestimmten Rechtsbegriffen oft eine Gesamtabwägung aller Umstände des Einzelfalles erfordert, die Entscheidung des konkreten Falles dem EuGH aber verwehrt ist, erfordert die Auslegung der Richtlinie vom EuGH viel Fingerspitzengefühl. In diesem Zusammenhang ist dem EuGH zu raten, sich darauf zu beschränken, Leitlinien vorzugeben. Vor diesem Hintergrund befriedigt die *Tomberger*-Entscheidung nicht. Hier wäre es ohne weiteres möglich gewesen, darauf einzugehen, ob bei der phasengleichen Aktivierung von Dividenden eine mehr rechtliche oder mehr wirtschaftliche Betrachtungsweise geboten ist. Dies war um so eher angebracht, als der Generalanwalt ausdrück-

---

[95] *Wassermeyer*, FS Lutter 2000, S. 1633 (1640).

lich sowohl auf die rechtliche als auch auf die wirtschaftliche Betrachtungsweise einging[96]. Dagegen stellte der EuGH ganz auf den spezifischen Zusammenhang des Falles ab.

In einer anderen Entscheidung konkretisierte der EuGH die Ausnahmefälle des Art. 31 Abs. 2 der Jahresabschlußrichtlinie hinsichtlich des Einzelbewertungsprinzips von Art. 31 Abs. 1 lit. e anhand der Leitlinie des True and fair view-Prinzips jedoch vorbildlich[97]. Hier hatte das FG Köln dem EuGH die Frage vorgelegt, ob Pauschalrückstellungen mit dem in Art. 31 Abs. 1 lit. e enthaltenen Einzelbewertungsprinzip vereinbar sind. Der EuGH wies hier darauf hin, daß das Einzelbewertungsprinzip nicht absolut gelte, sondern gem. Art. 31 Abs. 2 Abweichungen in Ausnahmefällen zulässig seien. Diese Ausnahmefälle konkretisierte der EuGH anhand des Leitprinzips der Jahresabschlußrichtlinie in Art. 2 Abs. 3, wonach der Jahresabschluß ein den tatsächlichen Verhältnissen entsprechendes Bild der Vermögens-, Finanz- und Ertragslage der Gesellschaft zu vermitteln habe. Pauschalrückstellungen sind danach sogar geboten, wenn dadurch ein besserer Einblick in die Vermögenslage ermöglicht werde.

B. Umsetzung der Jahresabschlußrichtlinie durch den deutschen Gesetzgeber

I. Rechtslage vor Umsetzung der Jahresabschlußrichtlinie

Das Bilanzrecht war vor dem Bilanzrichtliniengesetz nicht umfassend gesetzlich geregelt[98]. § 38 Abs. 1 HGB verwies auf die Grundsätze ordnungsgemäßer Buchführung, bei denen lange Zeit nicht klar war, ob diese induktiv oder deduktiv zu ermitteln waren. Neben dieser Generalklausel gab es in den §§ 38, 40 und 43 HGB einige wenige Detailregelungen. Seit 1965 statuierten die §§ 148 bis 159 AktG Sonderregelungen für Aktiengesellschaften. Fraglich war hier, inwieweit die Bestimmungen des AktG allgemeines Bilanzrecht darstellten und damit auch für andere Gesellschaftsformen und Einzelkaufleute Anwendung finden konnten. Konfrontiert mit der Umsetzungsverpflichtung der Jahresabschlußrichtlinie hatte der Gesetzgeber im wesentlichen zwei Möglichkeiten: Er konnte entweder das Bilanzrecht umfassend regeln und dabei das Regelungsmodell der Jahresabschlußrichtlinie mit mehr oder weniger großen Ausnahmen auch für Einzelkaufleute und Personenhandelsgesellschaften zugrundelegen oder aber auf eine umfassende Kodifikation überhaupt verzichten. Im letzteren Fall hätte er aber damit das Problem nur an den Richter weitergegeben, da sich dann immer die Frage stellen würde, ob die

---

96 Schlußanträge des Generalanwalts *Guiseppe Tesauro* vom 25.1.1996, Rs. C-234/94, *Tomberger/Gebrüder von der Wettern GmbH*, Slg. 1996, I-3133 = DB 1996, 316, Tz. 18.

97 EuGH, Urt. v. 14.9.1999, Rs. C-275/97, *DE + ES Bauunternehmung GmbH/Finanzamt Bergheim*, Slg. 1999, I-3175 = DStR 1999, 1645, Tz. 31 ff.

98 Zur Geschichte des Handelsbilanzrechts siehe *Schön*, ZHR 161 (1997), 133 ff.

Sonderregelungen für Kapitalgesellschaften verallgemeinerungsfähige Regeln darstellen.

II. Umsetzung

Der deutsche Gesetzgeber entschloß sich im Bilanzrichtliniengesetz vom 19. Dezember 1985[99] zu einer umfassenden Kodifikation des Bilanzrechts. In einem ersten Abschnitt finden sich Vorschriften für alle Kaufleute. Der zweite Abschnitt sieht ergänzende Vorschriften für Kapitalgesellschaften (Aktiengesellschaften, Kommanditgesellschaften auf Aktien und Gesellschaften mit beschränkter Haftung) vor. Dabei wurde der Regelungsgehalt der Jahresabschlußrichtlinie sowohl im ersten Abschnitt als auch im zweiten Abschnitt umgesetzt. Im ersten Abschnitt wurde das Regelungsmodell der Richtlinie rechtsformübergreifend auch für Einzelkaufleute und Personenhandelsgesellschaften umgesetzt. So geht beispielsweise § 247 Abs. 2 HGB auf Art. 15 Abs. 2 der Jahresabschlußrichtlinie zurück. § 250 Abs. 1 S. 1 entspricht Art. 18 der Richtlinie. Der Regelungsgehalt von Art. 20 der Jahresabschlußrichtlinie findet sich in § 249 HGB wieder. Art. 21 wurde in § 250 Abs. 2 HGB umgesetzt.

Erst im zweiten Abschnitt umgesetzt wurde das Leitprinzip der Jahresabschlußrichtlinie, das True and fair view-Prinzip. Gem. Art. 2 Abs. 3 der Richtlinie hat der Jahresabschluß ein den tatsächlichen Verhältnissen entsprechendes Bild der Vermögens-, Finanz- und Ertragslage der Gesellschaft zu vermitteln. Dieses Prinzip, das gem. Art. 2 Abs. 5 sogar Vorrang vor den Einzelvorschriften hat, wurde vom deutschen Gesetzgeber nicht in den ersten Abschnitt der allgemeinen Vorschriften für alle Kaufleute gestellt, sondern erst im zweiten Abschnitt unter den ergänzenden Vorschriften für Kapitalgesellschaften verwirklicht: Gem. § 264 Abs. 2 HGB hat der Jahresabschluß der Kapitalgesellschaft unter Beachtung der Grundsätze ordnungsmäßiger Buchführung ein den tatsächlichen Verhältnissen entsprechendes Bild der Vermögens-, Finanz- und Ertragslage der Kapitalgesellschaft zu vermitteln. Dabei hatten die dem Bilanzrichtliniengesetz vorausgehenden Entwürfe das True and fair view-Prinzip noch für alle Gesellschaftsformen vorgesehen[100]. Davon war man wieder abgekommen, weil unklar war, wie das dem deutschen Recht fremde Konzept eines True and fair view-Prinzips zu handhaben war. Deshalb wurde sein Anwendungsbereich nicht auf Einzelkaufleute und Personenhandelsgesellschaften ausgeweitet, sondern blieb auf Kapitalgesellschaften beschränkt.

---

[99] BGBl. I 2355.

[100] Siehe RegE § 237 Abs. 2 HGB, BT-Drucks. 10/317 v. 26.8.1983; abgedruckt bei *Biener/Berneke*, Bilanzrichtliniengesetz, S. 135 ff.

C. Erstreckung des Regelungsgehalts der Jahresabschlußrichtlinie auf Einzelkaufleute und Personenhandelsgesellschaften

I. Der Einwand HENNRICHS

Blickt man nur auf die der Bilanzrichtlinie entsprechenden Vorschriften im ersten Abschnitt, die für alle Kaufleute gelten, scheint der Regelungsgehalt der Richtlinie auch auf Sachverhalte außerhalb des Anwendungsbereichs der Richtlinie erstreckt worden zu sein. Für eine Norm, die nicht nach verschiedenen Personengruppen differenziert - hier nicht danach, ob es sich um eine Kapitalgesellschaft, eine Personenhandelsgesellschaft oder einen Einzelkaufmann handelt - liegt die Vermutung nahe, daß sie einheitlich ausgelegt werden muß. Für BEISSE kommt deshalb eine gespaltene Auslegung nicht in Frage. Die richtlinienkonforme Auslegung, die für Kapitalgesellschaften gelte, greife deshalb auf alle Kaufleute über. Dies sei der „Preis, der dafür gezahlt werden muß, daß der Gesetzgeber, die Umsetzung der Richtlinie zum Anlaß genommen habe, ein Bilanzrecht für alle Kaufleute zu kodifizieren"[101]. An dieser Stelle soll auf die Rechtsfolgen einer Erstreckung des Regelungsgehaltes einer Richtlinie auf Sachverhalte außerhalb ihres Anwendungsbereichs noch nicht eingegangen werden. Die Aussage von BEISSE soll hier nur insoweit untersucht werden, als sie unterstellt, daß der Tatbestand einer überschießenden Umsetzung in Form der Erstreckung des Regelungsgehalts der Jahresabschlußrichtlinie auf Sachverhalte außerhalb ihres Anwendungsbereichs vorliege.

Hiergegen hat sich HENNRICHS gewandt[102]. Zwar konzediert auch er, daß es naheliegend sei, die für alle Kaufleute geltenden Vorschriften ohne Rücksicht auf die im Einzelfall betroffene Rechtsform einheitlich auszulegen[103]. Dies sei aber keineswegs logisch zwingend. Vielmehr mache die besondere Umsetzung durch den deutschen Gesetzgeber, der das True and fair view-Prinzip nur für Kapitalgesellschaften vorsehe, eine gespaltene Auslegung, die nach der Rechtsform differenziere, erforderlich[104]. Da das True and fair view-Prinzip gem. Art. 2 Abs. 3 und 5 der Jahresabschlußrichtlinie interpretative Funktion erlange, indem es in die Auslegung der Einzelvorschriften einstrahle, eine solche Einstrahlungswirkung aber bei den Nicht-Kapitalgesellschaften gegen die gesetzliche Systematik des Dritten Buches des HGB verstoße, komme eine einheitliche Auslegung nicht in Betracht[105]. HENNRICHS

---

[101] *Beisse*, BB 1990, 2007 (2011); dem zustimmend: *Meyer-Arndt*, BB 1993, 1623 (1625); *Spetzler*, DB 1993, 553 (558); *Basedow*, FS Brandner, 1996, S. 651 (663); *Schulze-Osterloh*, ZGR 1995, 170 (176 f.); *Groh*, DStR 1996, 1206 (1208); *Kropff*, ZGR 1997, 115 (127 f.). *Beisse* hat seine Meinung inzwischen geändert, ohne dies ausdrücklich zu sagen, DStZ 1998, 310 (315). Er nimmt jetzt eine gespaltene Auslegung in Kauf. Auch *Schulze-Osterloh* hat seine Meinung inzwischen geändert, DStZ 1997, 281 (281 ff.).

[102] *Hennrichs*, ZGR 1997, 66 (74 ff.).

[103] *Ibid.*, S. 78.

[104] *Ibid.*, S. 78 f.

[105] *Ibid.*, S. 80 ff.

verneint also in der hier verwandten Terminologie eine Erstreckung des Regelungsgehalts der Jahresabschlußrichtlinie auf Einzelkaufleute und Personenhandelsgesellschaften durch den deutschen Gesetzgeber. Die Frage nach den Rechtsfolgen würde sich damit schon gar nicht stellen. Ein mögliches Gebot zur richtlinienkonformen Auslegung und eine mögliche Zuständigkeit des EuGH für Nicht-Kapitalgesellschaften schieden von vornherein aus.

II. Überprüfung der Prämissen

Der Einwand von HENNRICHS ist nur dann berechtigt, wenn das True and fair view-Prinzip tatsächlich eine solche „Einstrahlungswirkung" besitzt, d. h., wenn ihm bei Kapitalgesellschaften in bezug auf die Einzelvorschriften eine interpretative und in Einzelfällen sogar korrektive Funktion zukommt und es auf Nicht-Kapitalgesellschaften nicht angewandt werden kann.

1. Das True and fair view-Prinzip nach der Jahresabschlußrichtlinie

a. Herkunft

Das True and fair view-Prinzip stammt aus dem englischen Recht. Auch dort ist anerkannt, daß es einen unbestimmten Rechtsbegriff darstellt. Selbst englische Vertreter geben zu, daß der Begriff des *„true and fair view"* nicht definiert werden kann[106]. Allerdings ist es eine Fehlvorstellung, wenn man glaubt, diese Generalklausel erlaube nur ein Abstellen auf den Einzelfall. EDEY konkretisiert den Begriff folgendermaßen: „'True and fair view' is a legal term of art meaning nothing more than that all the specific legal requirements and usual accounting conventions have been followed."[107] NIEHUS hat versucht zu zeigen, daß sich dahinter nur die allgemeinen Bilanzierungsgrundsätze verbergen[108]. Mag das auch ein bißchen weit gehen, da vom englischen Recht her bekannt ist, daß Rechtssicherheit und Einzelfallgerechtigkeit etwas anders austariert werden als in kontinental-europäischen Ländern[109]; die deutsche Befürchtung, Bilanzen würden nur noch an einer „wachsweichen" Generalklausel gemessen, war jedenfalls übertrieben. Entscheidend ist, daß das True and fair view-Prinzip mit Aufnahme in die Jahresabschlußrichtlinie zu einem autonomen Prinzip geworden ist, das europäisch auszulegen ist[110]. Die Auslegung in dem Mitgliedstaat, der den Begriff exportiert hat, kann lediglich ein Indiz darstellen. Für das Verhältnis zwischen Einzelvorschriften und Generalklausel, auf das es entscheidend ankommt, scheidet ein Rückgriff aber schon

---

[106] *Niehus,* DB 1979, 221 (222 f.).

[107] *Edey,* Accountancy, August 1971, S. 440, zitiert nach *Bird,* JBL 1984, 480 (481).

[108] *Niehus,* DB 1979, 221 (224 f.) m. w. N.

[109] Der einzelne Fall steht dort mehr im Vordergrund, Nachweis bei *Zweigert/Kötz,* Einführung in die Rechtsvergleichung, 3. Aufl. 1996, S. 253.

[110] *van Hulle,* FS Budde, 1995, S. 313 (317 f.); *Schulze-Osterloh,* DStZ 1997, 281 (285).

deswegen aus, weil im englischen Recht nur spärliche Einzelvorschriften bestanden hatten[111].

b. True and fair view-Prinzip als autonomer Begriff

Die Bestimmung dessen, was ein *„true and fair view"* darstellt, ist also autonom zu bestimmen[112]. Dies ist allerdings sehr schwierig, wenn nicht gar unmöglich, da es die Jahresabschlußrichtlinie an einer eindeutig formulierten Aufgabenstellung vermissen läßt[113]. Ohne eine solche läßt sich aber kaum sagen, wann ein Jahresabschluß ein der Vermögens-, Finanz-, und Ertragslage entsprechendes Bild vermittelt. Während im Vereinigten Königreich die Informationsfunktion für Kapitalanleger im Vordergrund steht, stellt die Berücksichtigung der Informationsinteressen der Jahresabschlußadressaten in Deutschland und Frankreich nur ein Ziel unter mehreren dar[114]. In Deutschland und Frankreich stehen vielmehr Gläubigerschutzfunktion und Ausschüttungsbemessungsfunktion im Vordergrund. Daneben ist die Handelsbilanz auch für die Steuerbilanz maßgeblich. Steht die Ausschüttungsbemessungsfunktion im Vordergrund, dann ist vorsichtig zu bewerten. Nach dem sog. Imparitätsprinzip sind nur die realisierten Gewinne auszuweisen, aber alle voraussehbaren Risiken und zu vermutenden Verluste. Hat man als Adressaten vor allem Investoren und Aktionäre im Blick, dann tritt das Neutralitätsprinzip an die Stelle des Imparitätsprinzips. Eine zusätzliche Verkomplizierung bringt das in Deutschland und Frankreich geltende Maßgeblichkeitsprinzip, nach dem für die Steuerbilanz die Handelsbilanz maßgeblich ist[115]. Der Grundsatz der Besteuerung nach der Leistungsfähigkeit[116] würde an sich eher für eine realistische und nicht durch das Vorsichtsprinzip und die Möglichkeit der Bildung stiller Reserven verminderte Gewinnermittlung sprechen[117]. Aufgrund der jahrelangen Zulassung der Bildung stiller Reserven

---

111 *Schildbach*, BFuP 1987, 1 (3). Völlig abwegig ist es, amerikanische Bilanzierungsgrundsätze ins Spiel zu bringen. Dort steht das Anlageinteresse des am Kapitalmarkt agierenden Publikums im Vordergrund. Das Statement of Financial Accounting Concepts No. 1: "Financial reporting should provide information that is useful to present shareholders and potential investors and creditors and other users in making rational investment, credit, and similar decisions", S. 16, zitiert nach *Kübler*, ZHR 159 (1995), 550 (554).

112 *Lutter*, JZ 1992, 593 (602); *Schön*, Die Auslegung europäischen Steuerrechts - Das nationale Steuerrecht zwischen nationalem Zivilrecht und europäischem Gemeinschaftsrecht, 1993, S. 53.

113 Dies die Hauptkritik von *Bolin*, Analyse der Transformationskonzeption der 4. EG-Richtlinie in der Bundesrepublik Deutschland, Frankreich und Großbritannien - dargestellt am Beispiel der Aktivierungsbestimmungen, 1990, S. 373.

114 *Ibid.*, S. 33. Die Zahlungsbemessungsfunktion hat in Großbritannien in sec. 263 -269 CA 1985 eine eigenständige Regelung erfahren.

115 Näheres dazu siehe unten § 3 B, S. 38 ff.

116 Zum Leistungsfähigkeitsprinzip als Fundamentalprinzip der Steuergerechtigkeit siehe näher *Tipke/Lang*, Steuerrecht, 16. Aufl., 1998, S. 85 ff. m. w. N.

117 *Weber-Grellet*, DB 1996, 2089 (2089), mit der Aussage, das Steuerrecht habe schon immer den Ausweis des vollen Gewinns verlangt.

und dem gesetzgeberischen Willen, die Jahresabschlußrichtlinie steuerneutral umzusetzen, wird das True and fair view-Prinzip aber als mit dem Maßgeblichkeitsgrundsatz unvereinbar abgelehnt[118]. Da man sich über eine Zielsetzung des Jahresabschlusses nicht geeinigt hat, wird die Auslegung des unbestimmten Rechtsbegriffs unsicher bleiben. Allein der EuGH könnte dem Abhilfe verschaffen[119]. Eindeutige Stellungnahmen zum Ziel des Jahresabschlusses hat er bis jetzt vermieden. Von Bedeutung ist in dieser Hinsicht die Aussage des Generalanwalts TESAURO, der auch den Grundsatz der Vorsicht als eine Konkretisierung des True and fair view-Prinzips begreift[120]. Das könnte darauf hindeuten, daß der Ausschüttungsbemessungsfunktion im Jahresabschluß doch beträchtliches Gewicht zukommt.

Nach der Richtlinie stellt das True and fair view-Prinzip das Leitprinzip dar. Die Einzelvorschriften sind also mit Blick auf Art. 2 Abs. 3 auszulegen. Oben wurde schon auf die vorbildliche Konkretisierung der Ausnahmefälle des Art. 31 Abs. 2 der Jahresabschlußrichtlinie hingewiesen[121]. Nach Art. 2 Abs. 5 muß von den betreffenden Vorschriften der Richtlinie sogar abgewichen werden, wenn ansonsten kein den tatsächlichen Verhältnissen entsprechendes Bild vermittelt wird. Hier hat die Generalklausel sogar korrektive Funktion[122]. Das wirft die Frage nach dem Verhältnis zwischen dem True and fair view-Prinzip und den Einzelvorschriften auf.

c. Verhältnis zu den Einzelvorschriften

Die Bestimmung des Verhältnisses zwischen der Generalklausel eines *„true and fair view"* und den Einzelvorschriften fällt schwer. Klar ist nur, daß man dabei jede extreme Bevorzugung vermeiden muß. Einerseits kann das True and fair view-Prinzip nicht völlig losgelöst von den Einzelvorschriften verstanden werden, da ansonsten die durch die Einzelvorschriften geschaffene Rechtssicherheit wieder verloren ginge. Die Einzelvorschriften wären dann strenggenommen sogar sinnlos. Andererseits kann das True and fair view-Prinzip nicht ganz in den Einzelvorschriften aufgehen, da man ansonsten Art. 2 Abs. 5 der Jahresabschlußrichtlinie seiner korrektiven Funktion berauben würde. In Betracht kommt daher nur eine simultane und wechselseitige Interpretation von Leitlinie und Einzelvorschriften[123]. Das genaue Verhältnis zwischen Generalnorm und Einzelvorschriften bleibt letztlich aber unklar. Es ist auch zweifelhaft, ob dem EuGH eine solche Bestimmung gelingen wird.

---

118 *Beisse*, DStZ 1998, 310 (311).

119 *Hennrichs*, Wahlrechte im Bilanzrecht der Kapitalgesellschaften - unter besonderer Berücksichtigung der EG-Bilanzrichtlinie, 1999, 141 ff.

120 Schlußanträge v. 25.1.1996, Rs. C-234/94, *Tomberger/Gebrüder von der Wettern GmbH*, Slg. 1996, I-3133 = DB 1996, 316, Tz. 21.

121 Siehe oben § 2 A.III.2.b.iv), S. 21 ff.

122 *Herlinghaus*, IStR 1997, 529 (533).

123 *Großfeld*, Bilanzrecht, Rn. 64: „Generalnorm und Einzelregel stehen in einem wechselseitigen Wertungs- und damit Auslegungszusammenhang." *Ibid.*, Rn. 47: „Generalnorm und Einzelregel befruchten einander." So schon früh *Moxter*, AG 1979, 141 (143).

Jedenfalls scheint der EuGH eher von den Einzelvorschriften auszugehen, wenn er formuliert: „Die Anwendung des Grundsatzes der Bilanzwahrheit hat sich *möglichst weitgehend* an den in Art. 31 der Vierten Richtlinie enthaltenen allgemeinen Grundsätzen zu orientieren."[124]

Für die Praxis heißt das, daß man von den Einzelvorschriften auszugehen hat und nur in Ausnahmefällen zu korrigieren hat, wenn die Anwendung der Einzelvorschriften kein den tatsächlichen Verhältnissen entsprechendes Bild der Vermögens-, Finanz- und Ertragslage vermittelt. Letzteres wird nur selten der Fall sein, da sich dieses Bild wiederum aus den Einzelvorschriften ergibt. Ein Beispiel mag dieses komplizierte Verhältnis verdeutlichen: Art. 35 der Jahresabschlußrichtlinie bestimmt, daß die Gegenstände des Anlagevermögens grundsätzlich, d. h. unbeschadet der Buchstaben b) und c), zu den Anschaffungs- oder Herstellungskosten zu bewerten sind. Dem Anschaffungsprinzip kann man nicht mit dem Argument entgehen, das Anschaffungsprinzip vermittle grundsätzlich nicht ein den tatsächlichen Verhältnissen entsprechendes Bild der Vermögens-, Finanz- und Ertragslage. Dieses Argument geht fehl, weil auch die Einzelvorschrift dem allgemeinen Ziel, der Vermittlung eines *„true and fair view"*, dienen soll und es damit bereits konkretisiert. Die Anschaffungskosten hat man deshalb als maßgebliche Größe genommen, weil sie im Gegensatz zu anderen Bewertungsmethoden leicht bestimmbar und intersubjektiv nachprüfbar sind. Das True and fair view-Prinzip kann auf diese intersubjektive Nachprüfbarkeit auch nicht verzichten. Es wird somit durch das Anschaffungsprinzip näher konkretisiert. Nur bei starkem Abweichen vom Normalfall sollte man daher dieses Anschaffungsprinzip mittels Art. 2 Abs. 5 S. 1 korrigieren[125].

2. Umsetzung des True and fair view-Prinzips im deutschen Recht

a. Richtlinienkonformität der Umsetzung

An der richtlinienkonformen Umsetzung von Art. 2 Abs. 3 bis 5 der Jahresabschlußrichtlinie im deutschen Recht kann man aus zwei Gründen zweifeln. Zum einen wurde Abs. 5 S. 1 nicht ausdrücklich umgesetzt, d. h. es findet sich keine Bestimmung diesen Inhalts im Dritten Buch des HGB. Zum anderen wurde die Art. 2 Abs. 3 der Jahresabschlußrichtlinie entsprechende Vorschrift

---

[124] EuGH, Urt. 27.6.1996, Rs. C-234/94, *W. Tomberger/Gebr. von der Wettern GmbH*, Slg. 1996, I-3133 = DB 1996, 1400, Tz. 18, Hervorh. durch Verf. Ähnlich auch die Protokollerklärung des Rates zu Art. 2 Abs. 4: „Der Rat und die Kommission stellen fest, daß es normalerweise ausreicht, die Richtlinie anzuwenden, damit das gewünschte, den tatsächlichen Verhältnissen entsprechende Bild entsteht." Abgedruckt bei *Schruff*, Entwicklung der 4. EG-Richtlinie (Bilanzrichtlinie) - Synoptische Darstellung der Bilanzrichtlinie unter Berücksichtigung der Vorfassungen mit amtlichen Begründungen und weiteren Materialien, 1986, S. 30/31.

[125] So auch *Großfeld* in: Leffson (Hrsg.), Handwörterbuch der unbestimmten Rechtsbegriffe im Bilanzrecht des HGB, 1986, S. 201.

§ 264 Abs. 2 S. 1 HGB mit dem Zusatz „unter Beachtung der Grundsätze ordnungsmäßiger Buchführung" versehen.

i) Die fehlende Umsetzung von Art. 2 Abs. 5 S. 1 der Jahresabschlußrichtlinie

Die Aufnahme einer ausdrücklichen Vorschrift, die bestimmt, daß dann, wenn die Anwendung einer Einzelvorschrift in Ausnahmefällen nicht zur Vermittlung eines den tatsächlichen Verhältnissen entsprechenden Bildes der Vermögens-, Finanz- und Ertragslage führt, von dieser abgewichen werden muß, wurde vom deutschen Gesetzgeber als entbehrlich angesehen. Er verwies dabei auf die am Wortlaut haftende englische Gesetzesauslegung, für die eine solche Ermächtigung zur teleologischen Gesetzesauslegung notwendig gewesen sei[126]. Nach deutschem Methodenverständnis bedürfe es keiner ausdrücklichen Ermächtigung[127]. Daß eine solche Sichtweise nicht unproblematisch ist, zeigt ein Blick in die Kommentarliteratur. Nach dort überwiegender Meinung ist das True and fair view-Prinzip nämlich nicht als *overriding principle* in das deutsche Recht umgesetzt worden[128].

Dem kann allerdings nicht gefolgt werden[129]. In richtlinienkonformer Auslegung kann und muß ein solches *overriding principle* in das HGB hineingelesen werden. Die Grenzen, die das nationale Recht einer solchen richtlinienkonformen Auslegung setzt, sind zwar umstritten[130], eine genauere Bestimmung dieser Grenzen kann aber späterer Stelle vorbehalten bleiben. Der Wille des Gesetzgebers steht einer solchen richtlinienkonformen Auslegung jedenfalls nicht entgegen, da er sich ausweislich der Gesetzesmaterialien nicht der Umsetzungsverpflichtung entziehen wollte, sondern nur fälschlicherweise glaubte, eine ausdrückliche Bestimmung nicht aufnehmen zu müssen. Selbst wenn man die Richtlinie, die in unzweifelhafter Weise dem True and fair view-Prinzip eine solche korrektive Funktion zuweist, zunächst außer Betracht läßt, bleibt der Sinn von § 264 Abs. 2 S. 1 HGB unklar. Das Verhältnis zwischen der Generalklausel und den Einzelvorschriften ist nämlich in jedem Fall klärungsbedürftig. Diese Auslegungszweifel können anhand der Richtlinie beseitigt werden.

---

126 BT-Drucks. 10/317, S. 77.

127 *Beine*, WPg 1995, 467 (470), hält den gesetzgeberischen Verzicht für richtig.

128 Nach *Adler/Düring/Schmalz*, Tb. 5, 1997, § 264 Rn. 51, 93; *Crezelius* in: Scholz, GmbHG, 9. Aufl. 2000, Anh. § 42 a Rn. 73; *Budde/Karig*, Beck'scher Bilanzkommentar, 4. Aufl. 1999, § 264 Rn. 25, wurde das True and fair view-Prinzip nicht in deutsches Recht transformiert. Ebenso *Knobbe-Keuk*, Bilanz- und Unternehmenssteuerrecht, 9. Aufl. 1993, S. 44; *Hartung*, RIW 1988, 52 (56); *Streim*, FS Moxter, 1994, S. 391 (396, 401). Zweifelnd *Hommelhoff* in: Lutter/Hommelhoff, GmbHG, 15. Aufl. 2000, § 42 Rn. 17; *Claussen*, ZHR 158 (1994), 336 (337).

129 So auch *Habersack*, Europäisches Gesellschaftsrecht, 1998, S. 181 f.; *Hennrichs*, ZGR 1997, 66 (79); *Großfeld*, Bilanzrecht, 3. Aufl. 1997, Rn. 62.

130 Vgl. dazu unten § 7 A.II.2, S. 96 ff.

Nicht zutreffend ist das Argument, daß § 264 Abs. 2 S. 2 HGB bei Bejahung von § 264 Abs. 2 S. 1 HGB als *overriding principle* seinerseits seine Bedeutung verlöre[131]. § 264 Abs. 2 S. 2 HGB entspricht Art. 2 Abs. 4 der Jahresabschlußrichtlinie, der neben Abs. 5 der Richtlinie einen eigenständigen Anwendungsbereich hat. Dem Vorwurf der verfassungswidrigen Unbestimmtheit, der mit der Generalklausel einherginge[132], ist entgegenzuhalten, daß diese Unbestimmtheit dadurch gemildert wird, daß Einzelvorschriften und Generalklausel simultan zu interpretieren sind. Außerdem sind dem Zivilrecht Generalklauseln, die auch korrektive Funktion haben können, keineswegs fremd[133].

ii) Der Zusatz in § 264 Abs. 2 S. 1 HGB

Auch der Zusatz „unter Beachtung der Grundsätze ordnungsgemäßer Buchführung" in § 264 Abs. 2 S. 1 HGB schränkt die Bedeutung der Generalklausel (*true and fair view*) etwas ein, indem er die Einzelvorschriften stärker ins Licht rückt. Auch hier mag man an der völlig korrekten Umsetzung zweifeln. Aber auch hier bestehen keine unüberwindbaren Hindernisse, die von der Jahresabschlußrichtlinie leicht abweichende Akzentuierung des Verhältnisses zwischen Generalklausel und Einzelvorschriften im Wege der richtlinienkonformen Auslegung wieder zu korrigieren.

iii) Ergebnis

Die ablehnende Haltung der Kommentarliteratur entpuppt sich somit als ergebnisorientiert. Dies ist aufgrund der Unsicherheit, die das autonome True and fair view-Prinzip in das nationale Bilanzrecht hineinträgt, verständlich. Man mag sogar zweifeln, ob dem deutschen Gesetzgeber das Ergebnis, das er durch die nicht ausdrückliche Aufnahme der korrektiven Funktion des True and fair view-Prinzips „produziert" hat, so unliebsam ist, wie die Gesetzesmaterialien glauben machen möchten. Letztlich kann man sich aber nur daran halten, daß der Gesetzgeber das True and fair view-Prinzip - wenn vielleicht auch widerwillig - umsetzen wollte und die damit verbundene Rechtsunsicherheit in Kauf genommen hat. Ansonsten hätte er auf die Umsetzung des True and fair view-Prinzips ganz verzichten müssen. Da er dies nicht getan hat, ist das True and fair view-Prinzip auch im nationalen Recht zumindest für Kapitalgesellschaften als Leitlinie anzuerkennen.

---

[131] So aber *Budde/Karig*, Beck'scher Bilanzkommentar, 4. Aufl. 1999, § 264, Rn. 26.

[132] *Budde/Karig*, Beck'scher Bilanzkommentar, 4. Aufl. 1999, § 264, Rn. 27.

[133] *Gernhuber*, Bürgerliches Recht, 3. Aufl. 1991, § 18 IV, S. 171 ff., zu der Kontroll- und Korrekturfunktion von § 242 BGB; *Larenz*, Lehrbuch des Schuldrechts, I. Bd.: Allgemeiner Teil, 14. Aufl. 1987, § 10 I, S. 128 ff.

b. Abkopplungsthese MOXTERS

Nach MOXTER betrifft das True and fair view-Prinzip nur Fragen der Gliederung und des Anhangs, nicht aber der Gewinnermittlung[134]. Diese sog. Abkopplungsthese wird zumeist mit der Auffassung vertreten, Art. 2 Abs. 5 der Richtlinie sei nicht umgesetzt worden. MOXTER kommt zu dieser These allerdings aufgrund seiner neuen Lehre in bezug auf die Aufgaben einer Bilanz. MOXTER unterscheidet streng zwischen der Ausschüttungsbemessungsfunktion des Bilanzrechts und seiner reinen Informationsfunktion. Diesen unterschiedlichen Rechnungslegungsaufgaben soll die Bilanz durch unterschiedliche Instrumente gerecht werden. Die Bilanz soll dem Gläubigerschutzprinzip Rechnung tragen. Damit sollen vorsichtige Ansätze möglich sein. Die hierdurch entstehenden Informationsbeeinträchtigungen sollen durch Ergänzungen und Erläuterungen im Anhang ausgeglichen werden. Das True and fair view-Prinzip verweist MOXTER deshalb in den Anhang[135]. Mag dieser Ansatz *de lege ferenda* durchaus etwas für sich haben, da dann die teilweise gegenläufigen Funktionen - Ausschüttungsbemessungsfunktion einerseits und Informationsfunktion andererseits - nicht vermengt werden, *de lege lata* ist die Abkopplungsthese jedenfalls nicht haltbar[136]. Der EuGH hat die Abkopplungsthese in der *Tomberger*-Entscheidung nicht einmal diskutiert. Nach seiner Ansicht stellt der Grundsatz der Bilanzwahrheit - so die deutsche Übersetzung des Urteils für *„true and fair view"* - die Hauptzielsetzung der 4. Richtlinie dar[137]. Er folgt darin dem Generalanwalt TESAURO, der das True and fair view-Prinzip als die wahre Richtschnur der gesamten Gemeinschaftsregelung begreift[138]. Die Grundsätze der Vorsicht und der periodengerechten Zuordnung ihrerseits seien Ausprägungen des allgemeineren Grundsatzes der Bilanzwahrheit. Daraus wird deutlich, daß das True and fair view-Prinzip auch und gerade für die Gewinnermittlungsvorschriften gilt. MOXTERS Abkopplungsthese wird vom EuGH also nicht geteilt und ist angesichts von Art. 2 Abs. 5 S. 1 der Jahresabschlußrichtlinie auch unhaltbar[139]. KLEINDIEK beschreibt die Abkopplungsthese treffend als den Versuch einer „Domesti-

---

134 *Moxter*, FS Budde, 1995, S. 419 (426 f.). Ihm folgend *Beisse*, FS Clemm 1996, S. 27 (39 ff.).

135 *Moxter*, FS Helmrich, 1994, S. 709 (717 f.).

136 *Habersack*, Europäisches Gesellschaftsrecht, 1998, S. 181 f.; *Großfeld*, Bilanzrecht, Rn. 65; *Kleindiek*, ZGR 1998, 466 (475 ff.); *Herlinghaus*, IStR 1997, 529 (533); *Beine*, WPg 1995, 467 (475); *Herzig/Rieck*, IStR 1998, 309 (315); *Hennrichs*, Wahlrechte im Bilanzrecht der Kapitalgesellschaften - unter besonderer Berücksichtigung der EG-Bilanzrichtlinie, 1999, S. 137.

137 EuGH, Urt. v. 27.6.1996, Rs. C-234/94, *W. Tomberger/Gebr. von der Wettern GmbH*, Slg. 1996, I-3133 = DB 1996, 1400, Tz. 17. Auch *Weber-Grellet*, DB 1996, 2089 (2089), deutet das so, daß die Verbannung des Grundsatzes der Bilanzwahrheit in den Anhang nicht länger beibehalten werden kann. An der Abkopplungsthese zweifelnd *Kropff*, ZGR 1997, 115 (128). *Herlinghaus*, IStR 1997, 529 (531), weist zutreffend darauf hin, daß das Urteil an dieser Stelle knapp ist.

138 Schlußanträge des Generalanwalts *Tesauro* vom 25.1.1996, EuGH, Rs. C-234/94, *W. Tomberger/Gebr. Wettern GmbH*, Slg. 1996, I-3133 = DB 1996, 316, Tz. 4 und 21.

139 *Moxter*, FS Budde, 1995, S. 419 (426 f.) argumentiert allein vom deutschen Recht her, eine richtlinienkonforme Auslegung diskutiert er nicht.

zierung eines als systemfremd empfundenen True and fair view-Gebots", das in den Anhang verbannt wurde[140]. Auch dieser Versuch muß als gescheitert betrachtet werden.

Für die vorliegende Arbeit bedeutet dies, daß das True and fair view-Prinzip eine „Einstrahlungswirkung" besitzt, d. h., ihm kommt bei der Auslegung der Einzelvorschriften interpretative und in Ausnahmefällen auch korrektive Funktion zu. Diese sollte aber auch nicht überschätzt werden. Ob diese Einstrahlungswirkung ein größeres Abweichen von den Einzelregelungen erlaubt als das, was nach einer teleologisch orientierten Auslegung nach deutschem Recht sowieso möglich ist, kann bezweifelt werden.

3. Anwendbarkeit des True and fair view-Prinzips auf Nicht-Kapitalgesellschaften

Wie oben schon dargelegt wurde, entspricht es einer bewußten Entscheidung des deutschen Gesetzgebers, das True and fair view-Prinzip auf Kapitalgesellschaften zu beschränken. Das ergibt sich einmal aufgrund der systematischen Stellung von § 264 Abs. 2 HGB, zum anderen aus der Entstehungsgeschichte, die den aus dem früheren Recht bekannten Rückschlag vom Besonderen auf das Allgemeine nicht mehr zulassen will[141]. Trotzdem fehlt es nicht an Versuchen, das True and fair view-Prinzip auch für Nicht-Kapitalgesellschaften anwendbar zu machen[142]. Nach WEBER-GRELLET stellt das True and fair view-Prinzip einen - den obersten - Grundsatz ordnungsmäßiger Buchführung dar[143]. LEFFSON stellt zur Untermauerung seiner These, daß der Grundsatz eines *„true and fair view"* für alle Rechtsformen gelten müsse, die - seiner Meinung nach - rhetorische Frage: „Könnte es einen Sinn haben, mit einem Bild Rechnung zu legen, das der tatsächlichen Lage nicht entspricht?"[144] Auch könnte man versucht sein, das True and fair view-Prinzip mit dem aus früherem Recht bekannten Grundsatz der Bilanzwahrheit gleich zu setzen. Dies um so eher, als das „True and fair view-Prinzip" in den einschlägigen Entscheidungen des EuGH mit „Grundsatz der Bilanzwahrheit" übersetzt

---

140 ZGR 1998, 466 (476).

141 Nach *Helmrich*, FS Döllerer, 1988, S. 219 (221), wollte man die Unsicherheit, ob die neuen Vorschriften auch für die Unternehmen anderer Rechtsformen Anwendung finden könnten, vermeiden. Vgl. BT-Drucks. 10/4268, S. 88 f. Nach *Großfeld* heißt jetzt das Motto: „Schotten dicht zwischen dem Allgemeinen und dem Besonderen Teil", NJW 1986, 955 (956).

142 So bestreitet *Weber-Grellet*, daß die §§ 264 ff. HGB nicht für die Auslegung des § 243 HGB bedeutsam sein könnten, DB 1996, 2089 (2090). Zwar dürfe dies nicht pauschal und ohne nähere Begründung geschehen, gänzlich ausgeschlossen sei das aber nicht.

143 Steuerbilanzrecht, 6. Aufl. 2000, S. 54 ff. m. w. N. So früher schon *Claussen*, FS Goerdeler, 1987, S. 81 (89); so auch *Karsten Schmidt*, Handelsrecht, 4. Aufl. 1994, S. 439, Fn. 46; *Baumbach/Hopt*, Komm. zum HGB, Einleitung vor § 238 HGB, Rn. 20.

144 FS Goerdeler, 1987, S. 315 (322).

wurde[145]. Eine solche Gleichsetzung ist aber nicht zutreffend. Das, was traditionell unter dem Grundsatz der Bilanzwahrheit verstanden wurde[146], hatte einen äußerst spärlichen Inhalt. Der Bilanzierende durfte in bezug auf die einzelnen Bilanzpositionen lediglich nichts hinzuerfinden oder weglassen. Auf die Bilanz als ganze bezog sich dieser Grundsatz nicht. Ganz anders das True and fair view-Prinzip. Dieses bezieht sich gem. Art. 2 Abs. 3 der Jahresabschlußrichtlinie auf die gesamte Vermögens-, Finanz- und Ertragslage. LEFFSON ist trotz der Rhetorik der Frage zu antworten, daß es eine der tatsächlichen Lage entsprechende Bilanz nicht gibt. Vielmehr ist es eine Frage der Bewertung, ob eine Bilanz ein solches Bild vermittelt. Ob dies allein über Einzelvorschriften oder über eine Generalnorm oder über eine Kombination von Generalklausel und Einzelvorschriften hergestellt wird, ist Sache des Gesetzgebers. Hat sich der Gesetzgeber für Einzelkaufleute und Personenhandelsgesellschaften gegen eine solche Generalklausel, die ihrerseits europäisch geprägt und daher autonom auszulegen ist, entschieden, ist dies zu respektieren. Das True and fair view-Prinzip ist somit kein Grundsatz ordnungsmäßiger Buchführung, der auf alle Rechtsformen Anwendung findet. Es bleibt auf Kapitalgesellschaften beschränkt.

III. Ergebnis

Die Frage, ob der deutsche Gesetzgeber den Regelungsgehalt der Jahresabschlußrichtlinie auch auf Einzelkaufleute und Personenhandelsgesellschaften erstreckt hat, kann nicht zweifelsfrei beantwortet werden. Die Umsetzung durch den deutschen Gesetzgeber ist ambivalent. Zum einen werden bestimmte Vorschriften vor die Klammer gezogen und gelten damit für alle Rechtsformen. Zum anderen wird das oberste Leitprinzip, das auf alle Einzelvorschriften einstrahlt, nur für Kapitalgesellschaften vorgesehen. Letztlich wiegt schwerer, daß der Gesetzgeber eine absolute Gleichbehandlung von Kapitalgesellschaften und Personenhandelsgesellschaften eben nicht wollte. Zwar ist die interpretative und korrektive Funktion des True and fair view-Prinzips deshalb nicht so gravierend, weil Einzelvorschriften und Generalklausel in einem wechselseitigem Verhältnis stehen, d. h. simultan zu interpretieren sind. So will sich auch der EuGH bei Bestimmung des *„true and fair view"* möglichst weitgehend an den Einzelvorschriften orientieren[147]. Dabei wird das Vorsichtsprinzip sogar als konsequente Ausprägung des True and fair view-Prinzips gesehen[148]. Auch hat sich damit die Befürchtung, das True

---

145 EuGH, Urt. 27.6.1996, Rs. C-234/94, *W. Tomberger/Gebr. von der Wettern GmbH*, Slg. 1996, I-3133, = DB 1996, 1400, Tz. 18; EuGH, Urt. 14.9.1999, Rs. C-275/97, *DE + ES Bauunternehmung GmbH/Finanzamt Bergheim*, Slg. 1999, I-3175 = DStR 1999, 1645, Tz. 26. Um Verwechslungen zu vermeiden, wird hier immer vom True and fair view-Prinzip gesprochen.

146 Siehe dazu *Beisse*, DStZ 1998, 310 (313).

147 EuGH, Urt. 27.6.1996, Rs. C-234/94, *W. Tomberger/Gebr. von der Wettern GmbH*, Slg. 1996, I-3133, = DB 1996, 1400, Tz. 18.

148 Schlußanträge des Generalanwalts *Léger* v. 26.11.1998, Rs. C-275/97, *DE + ES Bauunternehmung/Finanzamt Bergheim*, Slg. 1999, I-3175 = DStR 1999, 1645, Tz. 38.

and fair view-Prinzip werde zu einem Einfallstor eines dem deutschen Recht fremden Bilanzverständnisses, vorerst nicht bestätigt[149]. Einzuräumen ist darüber hinaus auch, daß eine gespaltene Auslegung ein und derselben Norm eine äußerst mißliche Konsequenz ist. Aufgrund des letztlich doch eindeutigen Willens des Gesetzgebers, das True and fair view-Prinzip auf Kapitalgesellschaften zu beschränken, ist dies jedoch hinzunehmen. Eine autonome Harmonisierung durch Erstreckung des Regelungsgehalts der Jahresabschlußrichtlinie auf Nichtkapitalgesellschaften liegt somit nicht vor. Ein Gebot zur richtlinienkonformen Auslegung und eine Zuständigkeit des EuGH bei Nichtkapitalgesellschaften scheiden somit von vornherein aus.

149 *Weber-Grellet*, DB 1996, 2089 (2089), konstatiert allerdings einen Paradigmenwechsel weg vom Vorsichtsprinzip hin zum Prinzip der Bilanzwahrheit, verstanden im Sinne von *„true and fair view"*. Dagegen *Kessler*, DB 1997, 1 (1).

§ 3 Steuerbilanzrecht

A. Einführung in die Problematik

Ertragssteuerrecht ist bisher nicht durch EU-Richtlinien angeglichen worden. Alle diesbezüglichen Versuche sind bislang gescheitert. So ist auch ein Vorentwurf der Kommission zur Harmonisierung der steuerrechtlichen Gewinnermittlungsvorschriften aus dem Jahre 1988 nicht weiter verfolgt worden[150]. Das deutsche Steuerbilanzrecht könnte aber dadurch europäisiert sein, daß § 5 Abs. 1 S. 1 EStG für den Ansatz des Betriebsvermögens auf die handelsrechtlichen Grundsätze ordnungsmäßiger Buchführung verweist. Die Ermittlung der Grundsätze ordnungsmäßiger Buchführung ist zwar umstritten[151], jedenfalls ist aber anerkannt, daß zumindest manche von diesen im HGB kodifiziert sind. Wie im vorigen Paragraphen dargestellt, ist das Bilanzrecht in Umsetzung der Jahresabschlußrichtlinie ergangen. Es könnte daher durch das Maßgeblichkeitsprinzip auf gemeinschaftsrechtlich determinierte Regelungen verwiesen worden sein. Da die Jahresabschlußrichtlinie - wie sich schon aus der Ermächtigungsnorm ergibt[152] - nur die Koordinierung der einzelstaatlichen Vorschriften in bezug auf den *handelsrechtlichen* Jahresabschluß zum Ziel hatte, könnte durch den Verweis in § 5 Abs. 1 S. 1 EStG auf die handelsrechtlichen Grundsätze der Regelungsgehalt der Jahresabschlußrichtlinie autonom auf steuerbilanzrechtliche Sachverhalte erstreckt worden sein.

Der BFH hat in mehreren Urteilen eine Vorlagepflicht an den EuGH erwogen, im konkreten Fall aber immer verneint[153]. Zwischenzeitlich gab es sogar eine Vorlage an den Großen Senat zu der Frage, ob in Steuerbilanzfragen eine Vorlagepflicht an den EuGH besteht[154]. Diese Vorlagefrage wurde in einem Klarstellungsbeschluß dahingehend umformuliert, „ob sich die in § 5 Abs. 1 S. 1 EStG bestimmte Maßgeblichkeit auf die Vorschriften der Vierten Richtlinie des Rates über den Jahresabschluß von Gesellschaften in bestimmter Rechts-

---

[150] Abgedruckt bei *Lutter*, Europäisches Unternehmensrecht, 4. Aufl. 1996, S. 836 ff.

[151] Siehe dazu unten § 3 B.I.1, S. 38 f.

[152] Die Jahresabschlußrichtlinie wird auf Art. 54 Abs. 3 lit. g EG-Vertrag (jetzt Art. 44 Abs. 3 lit. g EG) gestützt. Steuerrechtliche Vorschriften sind nicht etwa „im Interesse der Gesellschafter sowie Dritter" vorgeschrieben, sondern ergehen im öffentlichen Interesse.

[153] BFH, Urt. v. 21.10.1993, IV R 87/92, BStBl. II 1994, 176 = BFHE 172, 462 = BB 1994, 113; BFH, Urt. v. 25.10.1994, VIII R 65/91, BStBl. II 1995, 312 = BFHE 176, 359 = BB 1995, 869 = DStR 1995, 561; BFH, Urt. v. 9.5.1995, IX R 116/92, BStBl. II 1996, 632 = BFHE 177, 454 = DB 1995, 1841; BFH, Urt. v. 15.7.1998, I R 24/96, BStBl. II 1998, 728 = BFHE 186, 388 = DStR 1998, 1461; BFH, Urt. v. 20.6.2000, VII R 32/98, BB 2000, 2297 = DB 2000, 2248; BFH, Urt. v. 8.11.2000, I R 6/96, DStR 2001, 290.

[154] Vorlagebeschl. v. 9.9.1998, I R 6/96, GmbHR 1999, 362. Dort hat der I. Senat des BFH dem Großen Senat folgende Rechtsfrage gestellt: „Ist der BFH verpflichtet, Fragen nach dem Inhalt von Vorschriften der 4. Richtlinie des Rates über den Jahreabschluß von Gesellschaften in bestimmter Rechtsform vom 25.7.1978 (ABl. EG Nr. L 222) dem EuGH vorzulegen?"

form vom 25. 7. 1978 erstreckt."[155] Zwischenzeitlich hat der I. Senat die Vorlage an den Großen Senat allerdings wieder zurückgenommen[156].

Die Haltung des BFH ist ambivalent. Einerseits konnten sich die einzelnen Senate des BFH noch nicht dazu durchringen, die Vorlagepflicht an den EuGH in steuerbilanziellen Fragen prinzipiell abzulehnen. Einzige Ausnahme ist hier das ablehnende Votum des I. Senats im Vorlagebeschluß an den Großen Senat[157]. Ihre mangelnde Vorlagefreudigkeit zeigt sich aber andererseits in den oft fadenscheinigen Gründen, mit denen eine Nichtvorlage an den EuGH begründet wird. Meist wird darauf abgestellt, daß die richtige Auslegung offenkundig sei[158]. In manchen Fällen wird unzutreffend darauf hingewiesen, daß die Jahresabschlußrichtlinie korrekt umgesetzt worden sei und eine Vorlage deshalb nicht in Betracht komme[159]. Die Frage, ob sich die Verweisung in § 5 Abs. 1 S. 1 EStG auch auf die europäische Dimension erstreckt und damit eine Vorlagepflicht für letztinstanzliche Gerichte in steuerbilanziellen Fragen einhergeht, ist somit höchstrichterlich noch nicht entschieden und angesichts von Äußerungen namhafter Mitglieder des Großen Senats des BFH durchaus noch offen[160]. Auch in der Literatur ist die Frage umstritten[161].

Während der BFH bisher noch in keinem Fall Fragen zur Jahresabschlußrichtlinie dem EuGH zur Vorabentscheidung vorgelegt hat, sind die Finanzgerichte vorlagefreudiger. So hat das FG Köln dem EuGH unter anderem die Frage vorgelegt, ob Pauschalrückstellungen mit dem in Art. 31 Abs. 1 Nr. e der Jahresabschlußrichtlinie enthaltenen Einzelbewertungsprinzip vereinbar sind[162]. Der EuGH hat diese Vorlagefrage, ohne seine Zuständigkeit auch nur

---

155 BFH, Beschl. v. 27.11.1999, I R 6/96, DB 2000, 25.

156 BFH, Urt. v. 8.11.2000, I R 6/96, DStR 2001, 290.

157 Vorlagebeschl. v. 9.9.1998, I R 6/96, GmbHR 1999, 362.

158 BFH, Urt. v. 21.10.1993, IV R 87/92, BStBl. II 1994, 176 = BFHE 172, 462 = BB 1994, 113; BFH, Urt. v. 9.5.1995, IX R 116/92, BStBl. II 1996, 632 = BFHE 177, 454 = DB 1995, 1841; BFH, Urt. v. 15.7.1998, I R 24/96, BStBl. II 1998, 728 = BFHE 186, 388 = DStR 1998, 1461.

159 BFH, Urt. v. 21.10.1993, IV R 87/92, BStBl. II 1994, 176 = BFHE 172, 462 = BB 1994, 113; BFH, Urt. v. 8.11.2000, I R 6/96, DStR 2001, 290.

160 *Wassermeyer*, DB 2001, 1053 (1057).

161 Eine Vorlagepflicht verneinend: *Ahmann*, FS Schmidt 1993, S. 269 (288 f.); *Weber-Grellet*, StuW 1995, 336 ff.; *Schulze-Osterloh*, DStZ 1997, 281 (286); *Beisse*, DStZ 1998, 310 ff.; *Hennrichs*, StuW 1999, 138 (148 ff.); *Kolb*, FS Rädler, 1999, S. 377 (401). Eine Vorlagepflicht bejahend: *Meyer-Arndt*, BB 1993, 1623 (1626 f.), der im Vorlagebeschluß unzutreffender Weise als Gegner einer Vorlagepflicht angeführt wird; *Groh*, DStR 1996, 1206 (1209); *Schön*, FS Flick 1997, S. 573 (580 f.); *Herlinghaus*, IStR 1997, 529 (537 f.); *Kropff*, ZGR 1997, 115; *Herzig/Dautzenberg*, BFuP 1998, 23 (27 f.); *Hirsch*, DStZ 1998, 489 (494); *Wassermeyer*, FS Lutter 2000, S. 1633 (1646); *Broer*, RIW 2001, 756 (761).

162 FG Köln, Vorabentscheidungsersuchen v. 16.7.1997, 13 K 812/97, EFG 1997, 1166 f.

zu thematisieren, beantwortet[163]. Inzwischen gibt es eine weitere Vorlage an den EuGH in Steuerbilanzfragen[164].

Eine autonome Harmonisierung durch Erstreckung des Regelungsgehalts einer Richtlinie auf Sachverhalte außerhalb ihres Anwendungsbereichs könnte sich im Steuerbilanzrecht noch an anderer Stelle ergeben. Sowohl in § 6 EStG als auch in § 253 HGB wird zur Bewertung der einzelnen Vermögensgegenstände auf die Anschaffungs- und Herstellungskosten abgestellt. Diese Begriffe werden überwiegend als deckungsgleich verstanden. So wird auch im Steuerrecht für Herstellungskosten auf die Legaldefinition in § 255 Abs. 2 HGB Bezug genommen[165]. Daneben gibt es im wesentlichen deckungsgleiche Ansatzvorschriften. So lassen sowohl § 5 Abs. 2 EStG als auch § 248 Abs. 2 HGB den Ansatz immaterieller Vermögensgegenstände des Anlagevermögens als Aktivposten nur bei entgeltlichem Erwerb zu. § 248 Abs. 2 HGB geht dabei auf Art. 10 C Nr. 1 - 3 der Jahresabschlußrichtlinie zurück. Fast gleichlautend sind auch § 5 Abs. 5 EStG und § 250 Abs. 1 und 2 HGB. § 250 Abs. 1 S. 1 setzt dabei Art. 18 der Richtlinie um, § 250 Abs. 2 Art. 21. Darüber hinaus gelten im Steuerbilanzrecht die allgemeinen Bewertungsgrundsätze der §§ 252 bis 256 HGB subsidiär, wenn keine speziellen steuerrechtlichen Bewertungsgrundsätze eingreifen. In all diesen Konstellationen stellt sich die Frage, ob die europäische Dimension der handelsrechtlichen Vorschriften auch die steuerbilanzrechtlichen Fragestellungen ergreift. Voraussetzung dafür wäre, daß der Regelungsgehalt der Jahresabschlußrichtlinie auf steuerbilanzrechtliche Sachverhalte erstreckt worden ist.

An dieser Stelle soll nochmals darauf hingewiesen werden, daß mit Bejahung der Frage, ob der Regelungsgehalt der Jahresabschlußrichtlinie auf steuerbilanzrechtliche Sachverhalte erstreckt worden ist, noch nicht feststeht, daß die Finanzgerichte ein Vorlagerecht beziehungsweise der BFH als letztinstanzliches Gericht sogar eine Vorlagepflicht an den EuGH haben. Die Rechtsfolgen einer autonomen Harmonisierung durch Erstreckung des Regelungsgehalts einer Richtlinie auf Sachverhalte außerhalb ihres Anwendungsbereichs sollen vielmehr abstrakt, d. h. losgelöst von den einzelnen Fallgruppen im deutschen Recht, erst im zweiten Teil der Arbeit bestimmt werden.

---

163 EuGH, Urt. v. 14.9.1999, Rs. C-275/97, *DE + ES Bauunternehmung GmbH/Finanzamt Bergheim*, Slg. 1999, I-3175 = DStR 1999, 1645 ff.

164 FG Hamburg, Vorabentscheidungsersuchen v. 22.4.1999, II 23/97, EFG 1999, 1022 ff. Siehe dazu *Kessler*, IStR 2000, 531 ff.

165 Exemplarisch BFH, Urt. v. 17.6.1997, IX R 30 /95, BStBl. 1997 II, 802 (803): „Ob Aufwendungen Herstellungsaufwand sind, richtet sich allein danach, ob und inwieweit die Voraussetzungen des § 255 Abs. 2 HGB erfüllt sind. Diese Vorschrift gilt auch für das Steuerecht, [...]." Zustimmend *Knobbe-Keuk*, Bilanz- und Unternehmenssteuerecht, 9. Aufl. 1993, S. 162: „Die Begriffe sind im Handels- und Steuerrecht im Prinzip inhaltsgleich."

B. Der Maßgeblichkeitsgrundsatz als bindender Verweis auf das gemeinschaftsrechtlich determinierte Handelsbilanzrecht

I. Der Maßgeblichkeitsgrundsatz

Gem. § 5 Abs. 1 S. 1 EStG ist bei Gewerbetreibenden, die aufgrund gesetzlicher Vorschriften verpflichtet sind, Bücher zu führen und regelmäßig Abschlüsse zu machen, das Betriebsvermögen anzusetzen, das nach den handelsrechtlichen Grundsätzen ordnungsmäßiger Buchführung auszuweisen ist. Für die Steuerbilanz ist also die Handelsbilanz maßgeblich. Das bedeutet zum einen, daß der Steuerpflichtige bei der steuerlichen Gewinnermittlung die abstrakten handelsrechtlichen Vorgaben einzuhalten hat (sog. materielle Maßgeblichkeit). Zum anderen ist der konkret gebildete handelsrechtliche Ansatz maßgeblich (sog. formelle Maßgeblichkeit)[166]. *De lege ferenda* kann man über die Sinnhaftigkeit des Maßgeblichkeitsgrundsatzes trefflich streiten[167], *de lege lata* soll er die Einheitsbilanz ermöglichen, die im Interesse des Steuerpflichtigen liegt, da dadurch Mehrarbeit vermieden wird, und Rechtssicherheit herstellen, weil an Bewährtes angeknüpft wird[168].

Mit Blick auf die Problematik, ob hierdurch auf gemeinschaftsrechtlich determiniertes Handelsbilanzrecht verwiesen wird und damit der Regelungsgehalt der Jahresabschlußrichtlinie autonom auch auf die steuerrechtliche Gewinnermittlung erstreckt wird, werden zunächst zwei Fragen aufgeworfen. Zum einen ist zu prüfen, ob mit dem Verweis auf die handelsrechtlichen Grundsätze ordnungsmäßiger Buchführung auf die im Dritten Buch des HGB statuierten Gewinnermittlungsvorschriften Bezug genommen ist. Davon zu unterscheiden ist die Frage, wie bindend ein solcher Verweis ist. Nur wenn beide Fragen zu bejahen sind, kommt eine Erstreckung des Regelungsgehalts der Richtlinie auf Sachverhalte außerhalb ihres Anwendungsbereichs in Betracht.

1. Die handelsrechtlichen Grundsätze ordnungsmäßiger Buchführung

Was unter den handelsrechtlichen Grundsätzen ordnungsmäßiger Buchführung zu verstehen ist, ist umstritten[169]. Der BFH definierte sie als „die Regeln, nach denen ein Kaufmann zu verfahren hat, um zu einer dem gesetzlichen Zweck entsprechenden Bilanz zu gelangen"[170]. Nach der Kodifizierung

---

166 Vgl. dazu näher *Knobbe-Keuk*, Bilanz- und Unternehmenssteuerrecht, 9. Aufl. 1993, S. 17 ff.

167 Zur Kritik *de lege ferenda* jüngst *Kort*, FR 2001, 53 ff. m. w. N.

168 *Mathiak* in: Kirchhof/Söhn, Einkommensteuergesetz, Kommentar, Stand 1992, § 5, Anm. 33.

169 Dazu umfassend *Kruse*, Grundsätze ordnungsmäßiger Buchführung, 3. Aufl. 1978, m. w. N.; *Leffson*, Die Grundsätze ordnungsmäßiger Buchführung, 7. Aufl. 1987. Früher war vor allem streitig, ob die Grundsätze induktiv oder deduktiv zu ermitteln sind. Zur Entstehungsgeschichte *Beisse*, GS Knobbe-Keuk, 1997, S. 385 ff.

170 BFH, Urt. 3.2.1969, GrS 2/68, BStBl. II 1969, 291 = BFHE 95, 31 = BB 1969, 477.

des Handelsbilanzrechts durch das Bilanzrichtliniengesetz[171] stellt sich nur noch die Frage, ob alle Normen im Dritten Buch des HGB, die die Gewinnermittlung regeln, solche Grundsätze ordnungsmäßiger Buchführung darstellen oder ob es ein gegen die Grundsätze ordnungsmäßiger Buchführung verstoßendes Bilanzrecht gibt.

Die naheliegende Annahme, daß der Gesetzgeber durch die Kodifizierung Grundsätze ordnungsmäßiger Buchführung geschaffen hat, wird vor allem durch WEBER-GRELLET bestritten. Nach ihm ist § 5 Abs. 1 S. 1 EStG wörtlich zu nehmen[172]. Durch den Verweis in § 5 Abs. 1 S. 1 EStG würden nur die Grundprinzipien, nicht aber jede einzelne handelsrechtliche Regelung und auch nicht die Vorschriften des HGB in ihrer Gesamtheit in Bezug genommen[173]. Daran ist richtig, daß man in der Rechtstheorie herkömmlicherweise zwischen Grundsätzen und Rechtssätzen unterscheidet. Während letztere unmittelbar subsumtionsfähig sind, bedürfen die Grundsätze erst der Konkretisierung und ergänzen und beschränken sich wechselseitig[174].

Das Wortlautargument kann hier allerdings überwunden werden. Der Verweis auf die *Grundsätze* ordnungsmäßiger Buchführung erklärt sich nämlich aus der Entstehungsgeschichte[175]. § 13 des EStG von 1925 nahm deshalb auf die Grundsätze ordnungsmäßiger Buchführung Bezug, weil das Handelsbilanzrecht zu diesem Zeitpunkt noch nicht kodifiziert war. Mit Inkrafttreten des Bilanzrichtliniengesetzes muß der Verweis auf die Grundsätze ordnungsmäßiger Buchführung als Verweis auf die bilanzrechtlichen Vorschriften des HGB verstanden werden[176]. Es wäre mit der Tatbestandsbestimmtheit des Steuerrechts[177] nicht zu vereinbaren, wenn in § 5 Abs. 1 S. 1 EStG nur auf Grundsätze im Sinne konkretisierungsbedürftiger Prinzipien verwiesen würde. Auch hat sich der Gesetzgeber im Bilanzrichtliniengesetz ausdrücklich eine steuerneutrale Umsetzung zum Ziel gesetzt[178]. Dies macht nur vor dem Hintergrund Sinn, daß er den Maßgeblichkeitsgrundsatz als einen Verweis auf die handelsrechtlichen Vorschriften versteht. Anderenfalls wäre die Steuerneutralität durch die Kodifizierung der handelsrechtlichen Bilanzierungs-

---

171 BGBl. 1985 I, 2355 ff.

172 *Weber-Grellet*, Bilanzsteuerrecht, 6. Aufl. 2000, S. 31; *Weber-Grellet* in: Schmidt, EStG, 20. Aufl. 2001, § 5 Rn. 27, 30.

173 *Ibid.*

174 Siehe dazu nur *Larenz*, Methodenlehre der Rechtswissenschaft, 6. Aufl. 1991, S. 474 ff. Diese Unterscheidung findet sich übrigens auch im angloamerikanischen Recht. Siehe nur *Dworkin*, Bürgerrechte ernstgenommen, 1 Aufl. 1984, S. 54 ff.

175 So auch *Hennrichs*, StuW 1999, 138 (140).

176 So die h. L., vgl. nur *Schön*, FS Flick, 1997, S. 573 (579); *Ahmann*, FS Schmidt, 1993, S. 269 (269); *Kolb*, FS Rädler, 1999, S. 377 (391); *Broer*, RIW 2001, 756 (757); *Crezelius* in: Kirchhof, EStG KompaktKommentar, 2000, § 5 Rn. 37; *Stobbe* in: Hermann/Heuer/Raupach, Einkommensteuer- und Körperschaftsteuergesetz, Bd. 4, 21. Aufl., Stand März 2000, § 5 EStG, Anm. 15; *Kort*, FR 2001, 53 (54).

177 Vgl. dazu näher *Tipke/Lang*, Steuerrecht, 16. Aufl. 1998, S. 104 ff. m. w. N.

178 BT-Drucks. 10/4268, S. 88.

vorschriften nie in Gefahr gewesen. Gegen die Begrenzung des Verweises in § 5 Abs. 1 S. 1 EStG spricht auch, daß § 141 AO auf die §§ 238, 240 bis 242 Abs. 1, 243 bis 256 HGB verweist. Es ist HENNRICHS darin zuzustimmen, daß es nicht überzeugend wäre, wenn Nicht-Kaufleute bei der steuerlichen Gewinnermittlung enger an das HGB gebunden wären als Kaufleute[179].

2. Die Absolutheit des Verweises in § 5 Abs. 1 S. 1 EStG

a. Rechtsprechung und Literatur bis zur Entscheidung des Großen Senats des BFH vom 7. August 2000

Die Rechtsprechung hat die Verweisung auf die Normen des HGB lange Zeit im Grundsatz als bindend verstanden. Einzige Ausnahme davon war, daß nach der Rechtsprechung des BFH handelsrechtliche Aktivierungswahlrechte zu steuer-rechtlichen Aktivierungsgeboten, handelsrechtliche Passivierungswahlrechte zu steuerrechtlichen Passivierungsverboten wurden[180]. Der Große Senat begründete diese Lockerung der Bindung folgendermaßen: „Da es dem Sinn und Zweck der steuerrechtlichen Gewinnermittlung entspricht, den vollen Gewinn zu erfassen, kann es nicht im Belieben des Kaufmanns stehen, sich durch Nichtaktivierung von Wirtschaftsgütern, die handelsrechtlich aktiviert werden dürfen, oder durch den Ansatz eines Passivpostens, der handelsrechtlich nicht geboten ist, ärmer zu machen als er ist."[181] Grundsätzlich sollte der Steuerbilanz aber danach die Handelsbilanz zugrundegelegt werden. Nur der Spielraum, den die Grundsätze ordnungsmäßiger Buchführung dem Kaufmann für die Gewinnberechnung gewähren, sollte steuer-rechtlich nicht anerkannt werden.

Diese grundsätzliche Bindung der Steuerbilanz an die Handelsbilanz war in der Literatur zwar nicht unbestritten. So plädierte etwa WEBER-GRELLET dafür, die Gewinnermittlungsvorschriften des HGB nach dem bilanzsteuerrechtlichen Bedeutungszusammenhang zu interpretieren. Er begründete dies damit, daß durch die Inbezugnahme der Grundsätze ordnungsmäßiger Buchführung in § 5 Abs. 1 S. 1 EStG diese unter Wechsel ihrer Rechtsqualität in das Steuerrecht transformiert würden und daher als nunmehr steuerrechtliche Grundsätze nach steuerrechtlichen Regeln auszulegen und anzuwenden seien[182]. Nach ganz herrschender Meinung in Rechtsprechung und Literatur wurden die handelsrechtlichen Gewinnermittlungsvorschriften durch die Verweisung in § 5 Abs. 1 S. 1 EStG aber nicht zu Steuerrecht[183]. Die

---

[179] *Hennrichs*, StuW 1999, 138 (140).

[180] Dies wurde erstmals im Beschluß des Großen Senat des BFH v. 2.3.1969, GrS 2/68, BStBl II 1969, 291 = BFHE 95, 31 = BB 1969, 477 so entschieden.

[181] *Ibid.*, unter II 3 a.

[182] *Weber-Grellet*, StuW 1995, 336 (349).

[183] *Groh*, DStR 1996, 1206 (1209); *Crezelius* in: Kirchhof (Hrsg.), EStG KompaktKommentar, 2000, § 5 Rn. 29. Nach *Knobbe-Keuk*, Bilanz- und Unternehmenssteuerrecht, 9. Aufl. 1993, S. 19, erfordert das Gesetz keine eigenständige Steuerbilanz. Wenn in diesem Zusammen-

bilanzrechtlichen Entscheidungen des BFH wurden vielmehr in der Meinung zitiert, es handle sich um Handelsrecht[184]. Diese strikte Bindung der Steuerbilanz an die Handelsbilanz wurde als Maßgeblichkeitsgrundsatz bezeichnet. Ob die Rechtsprechung allerdings an diesem strikten Verständnis des Maßgeblichkeitsgrundsatzes festhält, ist mit dem Beschluß des Großen Senats vom 7.8.2000 zweifelhaft geworden[185].

b. Entscheidung des Großen Senats des BFH zur phasengleichen Aktivierung von Dividenden

Die nähere Auseinandersetzung mit dieser Entscheidung ist deswegen besonders reizvoll, weil die dem Großen Senat des BFH vorgelegte Rechtsfrage eine Frage betrifft, zu der der EuGH bereits Stellung genommen hat[186]. In der schon mehrmals erwähnten *Tomberger*-Entscheidung hatte der EuGH die phasengleiche Dividendenaktivierung unter bestimmten Voraussetzungen für zulässig gehalten. Der Große Senat des BFH spricht sich jedoch grundsätzlich gegen eine phasengleiche Aktivierung von Dividendenansprüchen in der Steuerbilanz aus. Da es hier um den Ansatz einer Bilanzposition ging, nämlich darum, ob eine Kapitalgesellschaft, die am Bilanzstichtag an einer anderen Kapitalgesellschaft beteiligt ist, und diese kraft ihrer Stimmenmehrheit beherrscht, einen Dividendenanspruch schon zum Bilanzstichtag „phasengleich" aktivieren darf oder muß, wird die Frage aufgeworfen, inwiefern das vom BFH statuierte steuerrechtliche Aktivierungsverbot bei handelsrechtlicher Aktivierungszulässigkeit mit dem Maßgeblichkeitsgrundsatz zu vereinbaren ist. In der Literatur wird dieses Urteil deshalb auch teilweise als Abschied vom Maßgeblichkeitsgrundsatz gedeutet[187]. HOFFMANN geht sogar soweit, zu behaupten, die steuerliche Gewinnermittlung durch Vermögensvergleich habe eine geänderte Grundlage erhalten[188].

i) Sachverhalt

Die Klägerin und Revisionsklägerin war eine GmbH, deren Stammkapital in den Streitjahren 1985 und 1986 zu 100 % von einer *public limited company* mit Sitz in London gehalten wurde. Ihr Wirtschaftsjahr stimmte mit dem Ka-

---

hang von der Steuerbilanz die Rede sei, so sei damit die Handelsbilanz mit den Veränderungen, die das Steuerrecht verlangt, gemeint.

[184] *Schulze-Osterloh*, ZGR 2000, 594 (598).

[185] BFH, Beschl. v. 7.8.2000, GrS 2/99, DStR 2000, 1682. Das Urteil wird fortgeführt durch BFH, Urt. v. 31.10.2000, VIII R 85/94, NZG 2001, 382, mit Anmerkung *Luttermann*; BFH, Urt. v. 28.2.2001, I R 48/94, DB 2001, 1066 , mit Anmerkung *Hoffmann*.

[186] EuGH, Urt. v. 27.6.1996, Rs. C 234/94, *W. Tomberger/Gebrüder von der Wettern GmbH*, Slg. 1996, I-3133 = DB 1996, 1400.

[187] *Luttermann*, FR 2000, 1131 (1132). Als weitere Einschränkung wird das Urteil von *List*, WM 2001, 941 (946), als weitere Abkehr vom Maßgeblichkeitsprinzip von *Streck*, AG 2001, 128 charakterisiert. Nach *Herzig*, BB 2000, 2252 (2253), setzt sich die Tendenz fort, die Bastion der Maßgeblichkeit sturmreif zu schießen.

[188] *Hoffmann*, DStR 2000, 1809 (1812).

lenderjahr überein. Die Klägerin hatte 1985 letztmalig die Möglichkeit, einen vortragsfähigen Verlust aus dem Jahre 1980 in Höhe von rund 10 Millionen DM abzuziehen. Um den Verlustvortrag steuermindernd verwerten zu können, erwarb die Klägerin kurz vor Ablauf des Jahres von ihrer Mutter 84 v.H. an einer inländischen AG. Am 24. Juni 1986 beschloß die Hauptversammlung der AG, deren Wirtschaftsjahr ebenfalls mit dem Kalenderjahr übereinstimmte, die Feststellung des Jahresabschlusses auf den 31. Dezember 1985. Gleichzeitig wurde beschlossen, je Stammaktie eine Dividende von 29 DM auszuschütten. Für die Klägerin ergaben sich hieraus Einnahmen (Bruttodividende plus anrechenbare Körperschaftsteuer) von rund 9 Millionen DM. Der Jahresabschluß der Klägerin auf den 31. Dezember 1985 wurde am 25. Juni 1986 aufgestellt und testiert. In ihm wurde die Dividende der AG zuzüglich anrechenbarer Steuern als Ertrag des Geschäftsjahres 1985 erfaßt. Auf dieser Basis ermittelte die Klägerin für den Veranlagungszeitraum 1985 ein Einkommen vor Verlustabzug in Höhe von knapp über 10 Millionen, so daß sich nach Abzug des aus dem Jahre 1980 vorgetragenen Verlustes ein zu versteuerndes Einkommen von rund 100.000 DM ergab. Das Finanzamt erfaßte die Dividende der AG in einem geänderten Körperschaftsteuerbescheid erst im Jahr 1986. Einspruch und Anfechtungsklage blieben ohne Erfolg. Auf die Revision der Klägerin hat der erkennende I. Senat des BFH dem Großen Senat die Frage vorgelegt, ob die von der Klägerin praktizierte phasengleiche Aktivierung von Dividendenansprüchen mit dem Gesetz vereinbar ist[189].

ii) Analyse der Entscheidung

Die Entscheidung ist im vorliegenden Zusammenhang nicht unter materiellrechtlichen Gesichtspunkten zu betrachten[190], sondern unter verfahrensrechtlichen. Die Entscheidung des Großen Senats überrascht nämlich vor allem deshalb, weil dieser weder dem EuGH noch dem Gemeinsamen Senat vorlegte. Der BGH hatte nämlich durch Beschluß vom 21. Juli 1994[191] dem EuGH die Frage nach der Zulässigkeit der phasengleichen Aktivierung vorgelegt. Der EuGH hatte eine solche phasengleiche Aktivierung von Dividendenansprüchen „im ganz spezifischen Zusammenhang"[192] für zulässig gehalten. Der BGH war dem EuGH darin gefolgt[193].

---

[189] BFH, Beschl. v. 7.8.2000, GrS 2/99, DStR 2000, 1682.

[190] Siehe dazu *Schulze-Osterloh*, ZGR 2001, 497 (497 ff.).

[191] DB 1994, 1868.

[192] Siehe zu den Voraussetzungen EuGH, Urt. v. 27.6.1996, Rs. C 234/94, *W. Tomberger/Gebrüder von der Wettern GmbH*, Slg. 1996, I-3133, DB 1996, 1400 (1401), Tz. 15.

[193] BGH, Urt. v. 12.1.1998, II ZR 82/93, BGHZ 137, 378. Da die EuGH-Entscheidung den „ganz spezifischen Zusammenhang" betonte, hätte auch bei strikter Bindung der Steuerbilanz an die Handelsbilanz, die EuGH-Entscheidung die Vorlage an den Gemeinsamen Senat nicht notwendigerweise erübrigt. Es hätte sich aber die Frage gestellt, ob dies nicht ein überflüssiger Umweg gewesen wäre. Zutreffend deshalb der Hinweis bei *Groh*, DB 2000, 2444 (2444), daß die Bindung an eine EuGH-Entscheidung die Anrufung an den Gemeinsamen Senat erübrigen kann.

Der Große Senat des BFH begründet die Nichtvorlage an den EuGH damit, daß der vorliegende Streitfall aus dem Jahr 1985, d. h. also noch aus der Zeit vor dem Inkrafttreten des Bilanzrichtliniengesetzes stammte. Da er aber selber davon ausgeht, daß die zur phasengleichen Gewinnaktivierung entwickelten Grundsätze für spätere Bilanzstichtage gleichermaßen Anwendung finden, ist dies inkonsequent[194].

Seine Nichtvorlage an den Gemeinsamen Senat begründet der Große Senat des BFH damit, daß Handelsrecht und Steuerrecht in Fragen des Wertaufhellungsprinzips unterschiedlichen Sachgesetzlichkeiten folgten[195]. So werde das Handelsrecht wesentlich von Gläubigerschutzinteressen beeinflußt, während das Steuerrecht als öffentliches Recht wesentlich von dem verfassungsrechtlichen Grundsatz der Gleichheit der Besteuerung geprägt sei. Grund und Höhe der Besteuerung könnten daher, von gesetzlich normierten Ausnahmen abgesehen, nicht vom Willen des Steuerpflichtigen abhängig gemacht werden.

Unter dem hier interessierenden Gesichtspunkt der Absolutheit der Bindung der Steuerbilanz an die Handelsbilanz wird die Frage aufgeworfen, ob der BFH damit die Maßgeblichkeit der Handelsbilanz für die Steuerbilanz vollkommen aufgegeben hat[196] oder ob die Bindung nur gelockert worden ist. Ein ausdrückliche Aufgabe des Maßgeblichkeitsgrundsatzes findet sich an keiner Stelle des Urteils. Eine solche wäre auch dem Gesetzgeber vorbehalten. Im übrigen wäre eine Aufgabe des Maßgeblichkeitsgrundsatzes auch nicht ohne eine gleichzeitige gesetzliche Regelung der steuerrechtlichen Gewinnermittlung möglich[197]. Somit kann die Entscheidung des Großen Senats nur als Lockerung der Bindung der Steuerbilanz an die Handelsbilanz zu verstehen sein. Nach WASSERMEYER will der Große Senat den Maßgeblichkeitsgrundsatz nur dort zurücktreten lassen, wo er mit den spezifischen Zielen des Steuerrechts nicht in Einklang steht[198]. Dies scheint auf den ersten Blick eine völlig schwammige Formulierung zu sein. Auch scheinen sich die beiden Entscheidungen des Großen Senats, die jeweils Durchbrechungen vom Maßgeblichkeitsgrundsatz zulassen, diametral gegenüberzustehen. So hätte es auf den ersten Blick in der Konsequenz der Entscheidung vom 3. Februar 1969 gelegen, bei handelsrechtlicher Zulässigkeit einer phasengleichen Aktivierung von Dividendenansprüchen eine steuerrechtliche Aktivierungspflicht zu statuieren.

Was beiden Entscheidungen jedoch letztlich tragend zugrunde liegt, ist die Begrenzung von Gestaltungsoptionen des Steuerpflichtigen[199]. Insofern trifft die Grundsatzentscheidung des Großen Senats mit ihrem Hinweis, der

---

194 So auch *Luttermann*, NZG 2001, 383 (384). Im Urteil des VIII. Senats vom 31.10.2000, VIII R 85/94, NZG 2001, 382, wird auf die Vorlagepflicht gar nicht mehr eingegangen.

195 BFH, Beschl. v. 7.8.2000, GrS 2/99, DStR 2000, 1682 (1682 ff.).

196 So *Weber-Grellet*, BB 2001, 35 (35); *Hoffmann*, DStR 2000, 1809 (1812).

197 So zutreffend *Wassermeyer*, DB 2001, 1053 (1055).

198 *Ibid.*

199 *Drüen*, FR 2001, 992 (996).

Steuerpflichtige solle sich nicht ärmer machen dürfen als er ist, nicht ins Schwarze. Es geht nämlich gar nicht darum, sich ärmer zu rechnen als man ist. Wahlrechte sind mit der steuerrechtlichen Gewinnermittlung vielmehr deshalb unvereinbar, weil sie dem Steuerpflichtigen einen Spielraum geben, Bilanzpositionen anzusetzen oder nicht, je nachdem, ob der Zeitpunkt aufgrund der Gesamtsituation günstig ist oder nicht. Im zugrundeliegenden Fall der phasengleichen Aktivierung von Dividendenansprüchen kann man dem Steuerpflichtigen sicherlich nicht vorwerfen, sich in 1985 arm rechnen zu wollen. Der BFH will die phasengleiche Aktivierung deshalb nicht zulassen, weil man durch Gestaltung der Zeitfolge der Bilanzfeststellungen den Dividendenanspruch aktivieren kann oder auch nicht[200]. Diese Manipulierbarkeit der Bemessungsgrundlage zu verhindern, liegt beiden Beschlüssen tragend zugrunde. Nur dann, wenn handelsrechtlich ein Spielraum besteht, zwingen spezifische steuerrechtliche Sachgesetzlichkeiten dazu, die Bindung der Steuerbilanz an die Handelsbilanz zu lockern. Im Grundsatz bleibt also auch nach der Rechtsprechung die Bindung der Steuerbilanz an die Handelsbilanz bestehen.

Zu kritisieren ist der Beschluß des Großen Senats allerdings darin, daß er sich nicht auf die spezifischen steuerrechtlichen Sachgesetzlichkeiten beschränkt, sondern im Grunde auch zu erkennen gibt, daß er die phasengleiche Aktivierung von Dividendenansprüchen auch handelsrechtlich für verfehlt hält. So argumentiert er handelsrechtlich, wenn er unter dem Gesichtspunkt der Wertaufhellung weder aus einem später unterbreiteten Gewinnverwendungsvorschlag noch aus einer später beschlossenen Gewinnverwendung Rückschlüsse auf ein bereits zum Bilanzstichtag entstandenes Wirtschaftsgut bzw. einen Vermögensgegenstand „Dividendenforderung" ziehen will[201]. Es ist GROH darin zuzustimmen, daß der BFH in Wahrheit das handelsrechtliche Wertaufhellungsprinzip besser auszulegen glaubt als BGH und EuGH[202]. Im Grunde hätte sich der Große Senat diese Ausführungen besser verkniffen. Wenn es die tragenden Gründe wären, hätte der Große Senat dem Gemeinsamen Senat vorlegen müssen. Da es nicht die tragenden Gründe sind, sind diese Ausführungen zwar unschön, aber auch unschädlich.

c. Ergebnis

Es ist festzuhalten, daß auch nach dem Beschluß des Großen Senats vom 7.8.2000 davon ausgegangen werden muß, daß der BFH § 5 Abs. 1 S. 1 EStG als grundsätzlich bindende Verweisung versteht mit der einzigen Ausnahme,

---

[200] *Wassermeyer*, DB 2001, 1053 (1055). Will der BFH die Manipulierbarkeit der Bemessungsgrundlage verhindern, bleibt ihm nichts anderes übrig, als die phasengleiche Aktivierung überhaupt zu verbieten. Würde nämlich die Muttergesellschaft den Jahresabschluß vor der Tochter feststellen, käme eine phasengleiche Aktivierung von vornherein nicht in Betracht.

[201] BFH, Beschl. v. 7.8.2000, GrS 2/99, DStR 2000, 1682 (1686).

[202] *Groh*, DB 2000, 2444 (2446).

daß handelsrechtliche Spielräume beim Ansatz von Bilanzpositionen nicht anerkannt werden. Dem ist zuzustimmen. Würde man die Verweisung so verstehen, daß bei jeder handelsrechtlichen Vorschrift gefragt werden muß, ob nicht spezifische steuerrechtliche Gründe gegen eine Anwendung der handelsrechtlichen Gewinnermittlung sprechen, wäre die im Steuerrecht ebenfalls wichtige Tatbestandsbestimmtheit nicht mehr gewährleistet. HENNRICHS, nach dem die Verweisung des § 5 Abs. 1 S. 1 EStG eine ungeschriebene Grenze findet, wo die Übernahme handelsrechtlicher Regeln mit dem Zweck der steuerrechtlichen Gewinnermittlung unvereinbar ist[203], ist nur dann zuzustimmen, wenn der handelsrechtliche Ansatz der Grundsatz, das Abweichen der Steuerbilanz von der Handelsbilanz die Ausnahme bleibt. Würde das Abweichen der Steuerbilanz von der Handelsbilanz dagegen die Regel, verstieße dies gegen den Wortlaut von § 5 Abs. 1 S. 1 EStG[204]. Momentan sind, von den eben erwähnten Fällen abgesehen, keine weiteren Ausnahmen ersichtlich, in denen steuerrechtliche Sachgesetzlichkeiten zwingend ein Abweichen von der Handelsbilanz notwendig machen.

II. § 5 Abs. 1 S. 1 EStG als Verweis auf die europäische Dimension der handelsrechtlichen Vorschriften der Gewinnermittlung

Auch wenn man den Verweis des § 5 Abs. 1 S. 1 EStG als grundsätzlich bindenden Verweis auf die handelsrechtlichen Gewinnermittlungsvorschriften versteht, ist fraglich, ob damit auch die europäische Dimension der handelsrechtlichen Vorschriften zur Gewinnermittlung erfaßt ist. So stellt MEILICKE die Frage, „ob unter Maßgeblichkeit in § 5 Abs. 1 EStG eine Verweisung auf das wirkliche deutsche Handelsrecht gemeint ist, so daß die Auslegung des europäischen Gemeinschaftsrechts vorgreiflich ist, oder ob § 5 Abs. 1 EStG nur auf ein in Wahrheit gar nicht existierendes, weil um die europäische Komponente gekürztes Recht verweist, ..."[205]. Die Formulierung der Frage in dieser Form läßt seine Antwort allerdings schon erahnen. Wer würde denn schon auf etwas in Wahrheit gar nicht Existierendes verweisen wollen?

Die Frage ist aber äußerst umstritten. Insbesondere der I. Senat hat sich in seinem Vorlagebeschluß an den Großen Senat gegenüber einer Vorlagepflicht des BFH an den EuGH in steuerbilanziellen Fragen ablehnend geäußert[206]. Richtigerweise hat er allerdings dann seine Frage dahingehend geändert, „ob sich die in § 5 Abs. 1 S. 1 EStG bestimmte Maßgeblichkeit auf die Vorschriften der Vierten Richtlinie des Rates über den Jahresabschluß von Gesellschaften in bestimmter Rechtsform vom 25.7.1978 erstreckt."[207] Er kam damit einer möglichen Abweisung der Frage durch den Großen Senat als unzulässig zuvor. Über die Vorlagepflicht nationaler Gerichte in den Fällen, in denen der Bezug

---

[203] *Hennrichs*, StuW 1999, 138 (148).
[204] So auch *Meilicke*, BB 1999, 890 (891).
[205] *Meilicke*, BB 2001, 40 (41).
[206] BFH, Beschl. v. 9.9.1998, I R 6/96, GmbHR 1999, 362 ff.
[207] BFH, Beschl. v. 27.11.1999, I R 6/96, DB 2000, 25.

zum Gemeinschaftsrecht autonom durch den nationalen Gesetzgeber hergestellt wird, entscheidet nämlich der EuGH, da ihm die Kompetenz zur Auslegung des Art. 234 EG zukommt[208]. In die Kompetenz der nationalen Gerichte fällt aber die Entscheidung darüber, ob das deutsche Ertragsteuerrecht auf das gemeinschaftsrechtlich determinierte Handelsbilanzrecht so verweist, daß die richtige Auslegung der Jahresabschlußrichtlinie als Vorfrage maßgeblich ist[209]. Der Klarstellungsbeschluß hat aber an der ablehnenden Haltung des I. Senats nichts geändert. Seine Einwände dagegen, daß der Verweis in § 5 Abs. 1 S. 1 EStG auch die europäische Dimension ergreift, bestehen fort. Ihnen soll im folgenden nachgegangen werden.

1. Steuerbilanz der Einzelkaufleute und der Personenhandelsgesellschaften

MEILICKES These, daß der Verweis in § 5 Abs. 1 S. 1 EStG so zu verstehen ist, daß auf die handelsrechtliche Gewinnermittlung in ihrer tatsächlichen Anwendung verwiesen wird, hat einiges für sich[210]. Auch nach WASSERMEYER schreibt § 5 Abs. 1 S. 1 EStG die Anwendung der Grundsätze ordnungsmäßiger Buchführung so vor, wie sie im Handelsrecht anzuwenden sind[211]. Nur so ist eine Einheitsbilanz möglich[212]. Das spricht dann auch dafür, die europäische Dimension zu beachten. So trifft HIRSCH den Nagel auf den Kopf, wenn er § 5 Abs. 1 S. 1 EStG als eine Verweisungstechnik beschreibt, mit der eine gemeinschaftsrechtlich determinierte Regelung für anwendbar erklärt wird[213]. Für die Steuerbilanz der Einzelkaufleute und Personenhandelsgesellschaften hat dies aber nach der hier vertretenen Auffassung zur Folge, daß dort die richtige Auslegung der Jahresabschlußrichtlinie nicht vorgreiflich ist. Knüpft die Steuerbilanz streng an die Handelsbilanz an, dann kann die Jahresabschlußrichtlinie bei Einzelkaufleuten und Personenhandelsgesellschaften deshalb keine Rolle spielen, weil sie nach richtiger Ansicht schon im reinen Handelsbilanzrecht keine Rolle spielt. Im vorigen Kapitel wurde die Möglichkeit einer richtlinienkonformen Auslegung und die Zuständigkeit des EuGH schon deshalb abgelehnt, weil aufgrund der bewußten Beschränkung des True and fair view-Prinzips auf Kapitalgesellschaften, eine Erstreckung des Regelungsgehalts der Jahresabschlußrichtlinie auf Nicht-Kapitalgesellschaften abzulehnen war. Eine Erstreckung des Regelungsgehalt der Jahresabschlußrichtlinie auf die steuerrechtliche Gewinnermittlung von Einzelkaufleuten und Personenhandelsgesellschaften kann somit auch nicht durch § 5 Abs. 1 S. 1 EStG bewirkt worden sein. Dem Urteil des VIII. Senats ist deshalb im Ergebnis zuzustimmen, wenn bei Personengesellschaften und Einzelkaufleuten eine

---

208 Siehe dazu unten § 8 B, S. 121 ff.

209 Der Klarstellungsbeschluß kam insbesondere der zutreffenden Kritik von *Meilicke*, BB 1999, 890 (890), nach.

210 *Meilicke*, BB 2001, 40 (41).

211 *Wassermeyer*, FS Lutter, 2000, S. 1633 (1645).

212 Zum Zweck des Maßgeblichkeitsgrundsatzes *de lege lata* siehe oben § 3 B.I, S. 38.

213 *Hirsch*, DStZ 1998, 489 (494).

Vorlagepflicht an den EuGH verneint wird[214]. Ist schon im reinen Bilanzrecht keine europäische Dimension im Sinne eines Gebots zur richtlinienkonformen Auslegung vorhanden, wird eine solche auch nicht durch den Verweis in § 5 Abs. 1 S. 1 EStG bewirkt. Die Begründung des BFH überzeugt allerdings nicht. Dieser ging von einem Gleichlauf zwischen Anwendungsbereich der Jahresabschlußrichtlinie und Zuständigkeit des EuGH aus. Dies zu entscheiden ist aber Sache des EuGH. Und der ist, zumindest momentan, anderer Meinung[215].

2. Steuerbilanz der Kapitalgesellschaften

Anders stellt sich die Situation bei der Steuerbilanz der Kapitalgesellschaften dar. Auch hier gilt der Maßgeblichkeitsgrundsatz. § 5 Abs. 1 S. 1 EStG findet auf Kapitalgesellschaften kraft § 8 Abs. 1 KStG Anwendung, der hinsichtlich der Einkommensermittlung auf das EStG verweist. Da die handelsrechtlichen Gewinnermittlungsvorschriften die Jahresabschlußrichtlinie umsetzen und für Kapitalgesellschaften richtlinienkonform auszulegen sind, wird die Frage aufgeworfen, ob diese europäische Dimension gem. § 5 Abs. 1 S. 1 EStG auch die Steuerbilanz ergreift. Es wurde schon darauf hingewiesen, daß es naheliegt, die handelsrechtlichen Gewinnermittlungsvorschriften in der Steuerbilanz so anzuwenden, wie sie im Handelsrecht angewandt werden[216]. Dafür spricht auch, daß durch § 2 des Gesetzes zur Wahrung der Einheitlichkeit der Rechtsprechung der obersten Gerichtshöfe des Bundes[217] eine Entscheidungsdivergenz zwischen dem BGH und dem BFH in Fragen der Gewinnermittlung ausgeschlossen werden soll. Danach muß der BFH, wenn er von der Auslegung des BGH abweichen will, den Gemeinsamen Senat anrufen. Diese Vorlagepflicht an den Gemeinsamen Senat macht nur Sinn, wenn der BFH Handelsrecht so anwenden muß, wie der BGH es tut. Da dieser richtlinienkonform auslegen muß und zur Beachtung der EuGH-Rechtsprechung und zur Vorlage an den EuGH verpflichtet ist, könnte dies auch für den BFH gelten. Durch § 5 Abs. 1 S. 1 EStG könnte also der Regelungsgehalt der Jahresabschlußrichtlinie auf die steuerrechtliche Gewinnermittlung von Kapitalgesellschaften erstreckt worden sein.

Der Vorlagebeschluß des I. Senats hat dies anders gesehen[218]. Nach ihm hat der Gesetzgeber mit der Verweisung auf die handelsrechtlichen Grundsätze ordnungsmäßiger Buchführung keinen Bezug zu den gemeinschaftsrecht-

---

[214] BFH, Urt. v. 28.3.2000, VIII R 77/96, DStR 2000, 1176 (1178 f.). Dagegen *Meilicke*, BB 2001, 40 (40); *Broer*, RIW 2001, 756 (762), die allerdings beide der Meinung sind, die §§ 238 ff. HGB seien zwingend einheitlich und damit richtlinienkonform auszulegen.

[215] EuGH, Urt. v. 17.7.1997, Rs. C-28/95, *A. Leur-Bloem/Inspecteur der Belastingdienst/Ondernemingen Amsterdam* 2, Slg. 1997, I-4161 ff. Zur Auseinandersetzung mit dem EuGH siehe unten § 8 C, S. 125 ff.

[216] Dafür *Wassermeyer*, FS Lutter, 2000, S. 1633 (1645); *Hirsch*, DStZ 1998, 489 (494); *Meilicke*, BB 1999, 890 (891); *Groh*, DStR 1996, 1206 (1209); *Broer*, RIW 2001, 756 (762); *Schön*, FS Flick, 1997, S. 573 (580); *Herzig/Rieck*, IStR 1998, 309 (317).

[217] Gesetz vom 19.6.1968, BGBl. 1968 I, S. 661.

[218] BFH, Beschl. v. 9.9.1998, I R 6/96, BStBl. 1999 II, 129 = BFHE 187, 215 = GmbHR 1999, 362.

lichen Bilanzierungsvorschriften hergestellt. Dagegen sprächen die Entstehungsgeschichte des Maßgeblichkeitsgrundsatzes, die Systematik des Dritten Buches des HGB und die Gesetzesmaterialien, insbesondere die Absicht des Gesetzgebers einer steuerneutralen Umsetzung. Außerdem seien unterschiedliche Gewinnermittlungsgrundsätze, abhängig von der jeweiligen Rechtsform eines gewerblichen Unternehmens, dem deutschen Steuerrecht fremd. Von BEISSE wird darüber hinaus die im Steuerrecht unzulässige Unbestimmtheit der bilanzrechtlichen Leitlinie des *„true and fair view"* geltend gemacht[219]. Diese Gründe, die gegen die naheliegende Annahme einer Erstreckung des Regelungsgehalts der Jahresabschlußrichtlinie auf das steuerrechtliche Gewinnermittlungsrecht vorgebracht werden, sollen im folgenden näher untersucht werden.

a. Das historische Argument

Der Vorlagebeschluß weist zutreffend darauf hin, daß der Maßgeblichkeitsgrundsatz in der jetzigen Fassung bereits 1934 Eingang in das EStG gefunden hat, also aus einer Zeit stammt, in der durch nationales Recht noch kein Bezug zum Gemeinschaftsrecht hergestellt werden konnte[220]. Der Schluß, daß dann auch jetzt durch den Maßgeblichkeitsgrundsatz kein Bezug zum Gemeinschaftsrecht hergestellt werde, ist aber nicht zwingend. Vielmehr ist naheliegend, daß sich dann, wenn die handelsrechtlichen Vorschriften jetzt einen solchen Bezug aufweisen, auch die Verweisung darauf erstreckt. Der Gesetzgeber hätte die Kopplung der Steuerbilanz an die Handelsbilanz aufgrund des Bezuges zum Gemeinschaftsrecht nämlich auch aufgeben können. Daß er das bewußt nicht getan hat, spricht dafür, daß sich dieser Bezug auf das Gemeinschaftsrecht auch auf die steuerrechtliche Gewinnermittlung erstreckt[221].

b. Die steuerneutrale Umsetzung

Weiter führt der I. Senat die Absicht des Gesetzgebers zur steuerneutralen Umsetzung an[222]. Durch das ganze Gesetzgebungsverfahren habe sich der Gedanke der Maßgeblichkeit der handelsrechtlichen Grundsätze ordnungsmäßiger Buchführung für die steuerliche Gewinnermittlung und der steuerneutralen Anpassung des deutschen Rechts gezogen. Dies trifft zu[223]. Der I. Senat zieht daraus den Schluß, daß die Umsetzung der Jahresabschlußrichtlinie nur dann steuerneutral sein könne, wenn das Steuerrecht von der Umsetzung unberührt bliebe[224]. Dies ist zwar richtig, übersieht aber, daß der

---

[219] *Beisse*, DStZ 1998, 310 (311).

[220] BFH, Beschl. v. 9.9.1998, I R 6/96, BStBl. 1999 II, 129 = BFHE 187, 215 = GmbHR 1999, 362 (364).

[221] So auch *Groh*, DStR 1996, 1206 (1209).

[222] BFH, Beschl. v. 9.9.1998, I R 6/96, BStBl. 1999 II, 129 = BFHE 187, 215 = GmbHR 1999, 362, unter III 2 b dd).

[223] Siehe beispielsweise BT-Drucks. 10/4268, S. 88.

[224] Auch *Hennrichs*, StuW 1999, 138 (150), interpretiert den Gesetzgeber so, daß er sich von den europäischen Einflüssen (*true and fair view*) abschirmen wollte.

Gesetzgeber mit der Beibehaltung des Maßgeblichkeitsgrundsatzes bei gleichzeitig steuerneutraler Umsetzung nicht zu vereinbarende Dinge gewollt hat. Entscheidend muß dann sein, was letztlich geregelt wurde. Steuerneutralität wäre doch durch Aufgabe des Maßgeblichkeitsgrundsatz leicht zu haben gewesen. Diesen Weg hat der deutsche Gesetzgeber aber nicht gewählt. Vielmehr wurde die Steuerneutralität weitgehend dadurch erreicht, daß der deutsche Gesetzgeber die von der Richtlinie vorgesehenen Wahlrechte so ausgeübt hat, daß die Umsetzung der Jahresabschlußrichtlinie weitgehend steuerneutral ist[225]. Wäre der europäische Bezug von vornherein nicht gegeben gewesen, hätte sich der deutsche Gesetzgeber um die Steuerneutralität seiner Umsetzung gar keine Sorgen machen müssen. Auch das gesetzgeberische Anliegen, einerseits den Maßgeblichkeitsgrundsatz beizubehalten und andererseits Steuerneutralität zu gewährleisten, spricht dafür, die Maßgeblichkeit der vom EuGH auszulegenden Jahresabschlußrichtlinie für das steuerliche Gewinnermittlungsrecht der Kapitalgesellschaften zu bejahen.

c. Die Systematik des Dritten Buches des HGB

Die Ausführungen des I. Senats zur Systematik des Dritten Buches des HGB sind schlicht falsch. Unter III 2 aa) wird behauptet, daß eine Transformation des Gemeinschaftsrechts nur im Rahmen des Zweiten Abschnitts des Dritten Buches (§§ 264 ff.) stattfinden sollte. Dabei wird auf die Gesetzesmaterialien verwiesen. Unter III 2 bb) wird schon einschränkender formuliert: „Damit wird nochmals deutlich, daß das BiRiLiG im Ersten Abschnitt des Dritten Buches des HGB *vorrangig* auf schon bisher geltende nationale Grundsätze ordnungsmäßiger Buchführung Rückgriff nimmt und erst im Zweiten Abschnitt die *eigentliche* Transformation der BiRiLi stattfindet"[226]. Dabei mag der I. Senat durch das einschränkende Wörtchen „eigentlich" sein schlechtes Gewissen etwas beruhigt haben. Die Unhaltbarkeit seiner Aussage liegt jedoch auf der Hand, da, wie schon gezeigt wurde, zahlreiche Vorschriften im Ersten Abschnitt die Jahresabschlußrichtlinie wortgleich umsetzen[227]. Wenn der I. Senat unter III 2 cc) darauf abstellt, daß der Gesetzgeber das Leitprinzip des *„true and fair view"* erst im Zweiten Abschnitt umgesetzt hat, und dieses daher für die §§ 238 bis 263 HGB nicht gelte, unterstellt er dem Gesetzgeber eine richtlinienwidrige Umsetzung der Jahresabschlußrichtlinie. Es wurde oben schon gezeigt, daß das True and fair view-Prinzip, soweit Kapitalgesellschaften betroffen sind, auf die §§ 238 bis 263 HGB einwirkt[228].

---

225 *Meilicke*, BB 1999, 890 (891).
226 BFH, Beschl. v. 9.9.1998, I R 6/96, BStBl. 1999 II, 129 = BFHE 187, 215 = GmbHR 1999, 362, Hervorhebung durch den Verfasser.
227 *Meilicke*, BB 1999, 890 (893); *Broer*, RIW 2001, 756 (761).
228 Unter § 2 C.II.2.a.iii), S. 30.

d. Rechtsformunabhängigkeit der steuerlichen Gewinnermittlung

Nach dem Vorlagebeschluß des I. Senats sind unterschiedliche Gewinnermittlungsgrundsätze, die von der Rechtsform eines gewerblichen Unternehmens abhängig sind, dem deutschen Steuerrecht fremd und laufen dem steuerlichen Prinzip der gleichmäßigen steuerlichen Belastung zuwider[229]. Wendete man die handelsrechtlichen Gewinnermittlungsvorschriften in der Steuerbilanz so an wie im Handelsrecht, würde die unerwünschte, letztlich aber hinzunehmende gespaltene Auslegung der §§ 238 ff. HGB, je nachdem, ob eine Kapitalgesellschaft betroffen ist - dann richtlinienkonforme Auslegung - oder eine Nicht-Kapitalgesellschaft - dann keine richtlinienkonforme Auslegung - , bei der steuerlichen Gewinnermittlung fortgesetzt. Diese Konsequenz wird vom I. Senat und einem Teil der Literatur nicht gezogen. So stellen nach BEISSE die Vorschriften im Ersten Abschnitt des HGB nur in der nicht durch das True and fair view-Prinzip „getrübten" Auslegung Grundsätze ordnungsmäßiger Buchführung dar[230]. Nach HENNRICHS konfligieren rechtsformspezifische Rechnungslegungsvorschriften mit dem Zweck der steuerlichen Gewinnermittlung, den Gewinn gleichmäßig, d. h. unternehmensneutral zu ermitteln[231]. Hier wird übersehen, daß es rechtsformunabhängige Grundsätze ordnungsmäßiger Buchführung nicht mehr gibt. Selbst die Vorschriften im Ersten Abschnitt sind nicht mehr rechtsformunabhängig, da sie je nach Rechtsform unterschiedlich ausgelegt werden. Warum die Auslegung, die für Einzelkaufleute und Personenhandelsgesellschaften maßgeblich ist, nach Ansicht von BEISSE und HENNRICHS rechtsformunabhängig sein soll, die Auslegung für Kapitalgesellschaften aber rechtsformspezifisch, bleibt unerfindlich. Auch war die These, daß die Grundsätze ordnungsmäßiger Buchführung ihrer Natur nach rechtsformunabhängig sein sollen, nie unbestritten[232]. Auch sollte nicht vorschnell mit Art. 3 Abs. 1 GG argumentiert werden. Wenn man in der Steuerbilanz der Kapitalgesellschaften die Gewinnermittlungsvorschriften der §§ 238 ff. HGB nur in der Auslegung anwenden würde, die sie in Bezug auf Einzelkaufleute und Personenhandelsgesellschaften erfahren haben, käme es zu einer Abkopplung der Steuerbilanz von der Handelsbilanz, da in der Handelsbilanz die europäische Dimension bei Kapitalgesellschaften nicht ausgeblendet werden dürfte. Eine Einheitsbilanz wäre somit bei Kapitalgesellschaften nicht mehr möglich. Die Ermöglichung einer Einheitsbilanz stellt einen sachlichen Grund für die Ungleichbehandlung der Kapitalgesellschaften und der Nicht-Kapitalgesellschaften im steuerlichen Gewinnermittlungsrecht dar. Art. 3 Abs. 1 GG ist somit nicht verletzt.

---

229 BFH, Beschl. v. 9.9.1998, I R 6/96, BStBl. 1999 II, 129 = BFHE 187, 215 = GmbHR 1999, 362 unter III 2 c aa).

230 *Beisse*, DStZ 1998, 310 (314).

231 *Hennrichs*, StuW 1999, 138 (150); *Kolb*, FS Rädler, 1999, S. 377 (393).

232 *Mathiak*, BFuP 1990, 546 (548).

e. Die Unbestimmtheit der Generalklausel des True and fair view-Prinzips

Nach BEISSE ist die Generalklausel des *„true and fair view"* zu unbestimmt, um im Steuerrecht angewandt werden zu können[233]. Daran ist richtig, daß das True and fair view-Prinzip Leitlinie der Jahresabschlußrichtlinie ist und damit auch bei der Gewinnermittlung der Kapitalgesellschaften zu berücksichtigen ist. Generalklauseln sind dem Steuerrecht aber keineswegs fremd. In diesem Zusammenhang sei nur auf § 42 AO verwiesen. Außerdem wird das True and fair view-Prinzip durch die Einzelvorschriften konkretisiert. Es wurde schon gezeigt, daß Einzelvorschriften und Leitlinie simultan zu interpretieren sind[234]. Auch im Steuerbilanzrecht der Kapitalgesellschaften verstößt die Leitlinie des *„true and fair view"* daher nicht gegen die tatbestandsmäßige Bestimmtheit des Steuerrechts. Das True and fair view-Prinzip kommt dem Zweck des Steuerrechts, nämlich der Besteuerung nach der Leistungsfähigkeit, sogar eher entgegen als ein auf dem Gläubigerschutzprinzip basierendes Vorsichtsprinzip. Befürchtungen, daß die Informationsfunktion des Jahresabschlusses für den EuGH eindeutig im Vordergrund stehe, haben sich bislang nicht bestätigt. Ein Paradigmenwechsel hat somit auch im Steuerbilanzrecht bisher nicht stattgefunden. Außerdem kann der Gesetzgeber den Maßgeblichkeitsgrundsatz jederzeit einschränken oder sogar ganz aufgeben. Solange er das nicht tut, sollte man ihn ernst nehmen.

III. Ergebnis

Die vom I. Senat geäußerten Einwände gegen die Maßgeblichkeit der Jahresabschlußrichtlinie im Steuerbilanzrecht der Kapitalgesellschaften überzeugen nicht. § 5 Abs. 1 S. 1 EStG verweist auf die handelsrechtlichen Gewinnermittlungsvorschriften, und zwar so, wie sie tatsächlich angewendet werden. Für Einzelkaufleute und Personenhandelsgesellschaften bedeutet dies, da die Jahresabschlußrichtlinie schon bei der handelsrechtlichen Gewinnermittlung nicht zu berücksichtigen ist, daß auch im Steuerbilanzrecht eine Berücksichtigung der Jahresabschlußrichtlinie ausscheidet. Für Kapitalgesellschaften bedeutet der Verweis in § 5 Abs. 1 S. 1 EStG, daß die Jahresabschlußrichtlinie auch bei der steuerrechtlichen Gewinnermittlung zu beachten ist. Der deutsche Gesetzgeber hat somit bei Kapitalgesellschaften den Regelungsgehalt der Jahresabschlußrichtlinie durch den Maßgeblichkeitsgrundsatz auf steuerrechtliche Sachverhalte erstreckt. Welche Rechtsfolgen damit verbunden sind, insbesondere ob damit eine Pflicht zur richtlinienkonformen Auslegung einhergeht, und ob den BFH als letztinstanzliches Gericht eine Pflicht zur Vorlage an den EuGH trifft, soll dem abstrakten Teil vorbehalten bleiben.

---

[233] *Beisse*, DStZ 1998, 310 (311).
[234] Siehe oben § 2 C.II.1.c, S. 27 f.

C. Deckungsgleiche Ansatzvorschriften

I. Deckungsgleichheit von § 5 Abs. 5 S. 1 EStG mit §§ 250 Abs. 1 S. 1 und Abs. 2 HGB

§ 5 Abs. 5 S. 1 EStG und §§ 250 Abs. 1 und Abs. 2 HGB regeln den Ansatz von Rechnungsabgrenzungsposten[235]. Sie regeln gleichlautend, daß als Rechnungsabgrenzungsposten auf der Aktivseite Ausgaben vor dem Abschlußstichtag auszuweisen sind, soweit sie Aufwand für eine bestimmte Zeit nach diesem Tag darstellen. Ferner sind Einnahmen vor dem Abschlußstichtag auf der Passivseite als Rechnungsabgrenzungsposten anzusetzen, soweit sie Ertrag für eine bestimmte Zeit nach diesem Tag darstellen. § 250 Abs. 1 S. 1 HGB setzt dabei Art. 18 der Jahresabschlußrichtlinie um, § 250 Abs. 2 HGB Art. 21 der Jahresabschlußrichtlinie. Von dem Wahlrecht, nicht nur die transitorischen Rechnungsabgrenzungsposten (Ausgaben vor dem Abschlußstichtag, soweit sie Aufwendungen für eine bestimmte Zeit nach diesem Tag darstellen - ein Beispiel dafür wäre die Zahlung von Mieten für das folgende Jahr), sondern auch antizipative Rechnungsabgrenzungsposten (Erträge, die erst nach dem Abschlußstichtag fällig werden - ein Beispiel dafür wären noch nicht eingegangene Mietzinszahlungen für das abgelaufene Jahr) zuzulassen, hat der deutsche Gesetzgeber keinen Gebrauch gemacht. Antizipative Posten sind somit als Forderungen und Verbindlichkeiten auszuweisen.

Durch die mit §§ 250 Abs. 1 und 2 HGB deckungsgleiche Vorschrift in § 5 Abs. 5 S. 1 EStG könnte der deutsche Gesetzgeber den Regelungsgehalt von Art. 18 und 21 der Jahresabschlußrichtlinie auf die steuerrechtliche Regelung von Rechnungsabgrenzungsposten erstreckt haben. Der BFH verneinte allerdings eine Vorlagepflicht an den EuGH mit dem Hinweis auf den steuerrechtlichen Charakter der Vorschrift[236]. Die steuerrechtliche Gewinnermittlung sei jedenfalls dann nicht Gegenstand der gemeinschaftsrechtlichen Regelung, wenn sie auf eigenständigen steuerrechtlichen Bilanzierungsvorschriften beruhe. Nach der hier verwandten Terminologie lehnt er also eine Erstreckung des Regelungsgehalts der Jahresabschlußrichtlinie auf die steuerrechtliche Regelung der Rechnungsabgrenzungsposten ab, weil nicht auf die handelsrechtliche Vorschrift verwiesen wird, sondern eine inhaltlich gleiche, aber eben eine eigene Vorschrift geschaffen worden sei.

Diese Argumentation kann im Hinblick auf das in der Einleitung Ausgeführte nicht überzeugen[237]. Ob auf bestimmte Vorschriften verwiesen wird, ob eine Norm von vornherein nicht zwischen bestimmten Sachverhalten differenziert oder ob mehrere inhaltlich gleiche Vorschriften geschaffen werden, ist gleich-

---

235 Zum Zweck von Rechnungsabgrenzungsposten siehe *Knobbe-Keuk*, Bilanz- und Unternehmens-steuerrecht, 9. Aufl. 1993, S. 135 ff.

236 BFH, Urt. v. 25.10.1994, VIII R 65/91, BStBl. II 1995, 312 = BFHE 176, 359 = DB 1995, 853, unter 4.

237 Siehe oben § 1 B.II, S. 7 f. So auch *Beisse*, DStZ 1998, 310 (311) mit dem Hinweis auf *Leur-Bloem*.

gültig. Entscheidend ist, ob der Gesetzgeber den Regelungsgehalt auf Sachverhalte außerhalb der Richtlinie erstrecken wollte. Bei der Schaffung inhaltlich gleicher Vorschriften liegt dies ebenso nahe wie bei § 5 Abs. 1 S. 1 EStG, der auf die Handelsbilanz verweist. Zwar ist inzwischen unter dem Stichwort „Relativität der Rechtsbegriffe" anerkannt, daß es kein absolutes Gebot gibt, den gleichen Ausdruck in verschiedenen Zusammenhängen gleich auszulegen[238], bei einem vollständig gleichlautenden Rechtssatz spricht dafür aber eine hohe Wahrscheinlichkeit[239]. Auch zeigt die Entstehungsgeschichte deutlich, daß man sich durch die eigenständige Regelung von § 5 Abs. 5 S. 1 EStG nicht vom Maßgeblichkeitsgrundsatz abkoppeln wollte, sondern vielmehr klarstellen wollte, daß die handelsrechtliche Regelung der Rechnungsabgrenzungsposten im damaligen § 152 Abs. 9 AktG 1965 ein Grundsatz ordnungsmäßiger Buchführung war[240]. Daß der Gesetzgeber im Bilanzrichtliniengesetz an diesem einheitlichen Begriffsverständnis nichts ändern wollte, zeigt die richtlinienwidrige Aufnahme von § 250 Abs. 1 S. 2 HGB[241]. Diese Vorschrift wurde im Interesse der Einheitlichkeit von Handels- und Steuerbilanz ins HGB integriert, um die Einheitsbilanz zu gewährleisten[242].

Geht der Gesetzgeber von einem einheitlichen Begriffsverständnis aus, dann ist unschädlich, daß es § 5 Abs. 5 S. 1 EStG schon vor der Richtlinie gab. Dies ist darauf zurückzuführen, daß sowohl die Richtlinienbestimmung als auch die steuerrechtliche Vorschrift ihrerseits auf § 152 Abs. 9 AktG 1965 zurückgehen. Durch Belassen der inhaltlich gleichen Regelung im EStG zeigt der Gesetzgeber, daß er von einem einheitlichen Verständnis beider Normen ausgeht. Dies genügt, um eine Erstreckung des Regelungsgehalts der Jahresabschlußrichtlinie auf steuerrechtliche Sachverhalte anzunehmen. Es ist zwar zuzugeben, daß es etwas befremdlich klingt, in diesem Fall von einer Erstreckung des Regelungsgehalts auf Sachverhalte außerhalb des Anwendungsbereichs der Richtlinie zu sprechen, da es im konkreten Fall die Regelung im EStG vor der Richtlinienbestimmung gab. Es stellt sich hier jedoch die gleiche Problematik, nämlich insbesondere, ob das Gebot der richtlinienkonformen Auslegung auch für § 5 Abs. 5 S. 1 EStG gilt und ob der EuGH im Rahmen des Vorlageverfahrens zuständig ist.

II. Argumentationspotential der Jahresabschlußrichtlinie

Es wurde schon mehrfach darauf hingewiesen, daß die Rechtsfolgen der autonomen Harmonisierung durch Erstreckung des Regelungsgehalts einer Richtlinie auf Sachverhalte außerhalb ihres Anwendungsbereichs abstrakt für alle Fallgruppen im zweiten Teil der Arbeit untersucht werden sollen. An dieser

---

238 Vgl. dazu nur *Engisch*, Einführung in das juristische Denken, 8. Aufl. 1989, S. 78, 161 f., 234 (Anm. 77, m. w. N.).
239 So auch *Schön*, FS Flick, 1997, S. 573 (582); *Kolb*, FS Rädler, 1999, S. 377 (389).
240 Siehe dazu ausführlich *Beisse*, FS Budde, 1995, S. 67 (74).
241 Dazu *Hartung*, RIW 1988, 52 ff.
242 Reg-Entw. zu § 247 HGB-E, BR-Drucks. 257/83, S. 82.

Stelle soll für § 5 Abs. 5 S. 1 EStG dargelegt werden, welches Argumentationspotential in einer richtlinienkonformen Auslegung der Jahresabschlußrichtlinie stecken würde, wollte man ein Gebot oder eine irgendwie geartete Berücksichtigung der Richtlinie bejahen. Vor allem von BEISSE wurde gezeigt, wie die Jahresabschlußrichtlinie für die bei den Rechnungsabgrenzungsposten strittigste Frage fruchtbar gemacht werden kann[243]. So ist dort umstritten, wie das Tatbestandsmerkmal „für eine bestimmte Zeit" in § 5 Abs. 5 S. 1 EStG ausgelegt werden muß. Diskutiert wird, ob ein kalendermäßig festgelegter Zeitraum zu fordern ist oder ob ein durch Schätzung bestimmbarer Zeitraum ausreicht[244]. Nach der engen Auslegung, nach der ein kalendermäßig festgelegter Zeitraum Voraussetzung für die Bildung eines Rechnungsabgrenzungspostens ist, kann für den Empfang eines einmaligen Entgelts für die Pflicht zur Duldung der Benutzung eines Grundstücks kein passiver Rechnungsabgrenzungsposten gebildet werden[245]. Bei dieser Frage kann richtlinienkonforme Auslegung weiterhelfen. Zwar deckt sich der Text der deutschen Fassung der Jahresabschlußrichtlinie in Art. 18 und 21 mit § 250 HGB und damit auch mit § 5 Abs. 5 S. 1 EStG. Die ausländischen Fassungen der Richtlinie enthalten aber das Tatbestandsmerkmal „bestimmte Zeit" nicht[246]. Hier könnte man die Meinung vertreten, daß die Jahresabschlußrichtlinie die Rechnungsabgrenzung weiter zulassen will als dies nach deutschem Recht möglich ist. So will BEISSE in richtlinienkonformer Auslegung des § 5 Abs. 5 S. 1 EStG für die passive Rechnungsabgrenzung eine Schätzung des Zeitraums genügen lassen[247]. Ob dies überzeugend ist, soll hier aber nicht weiter vertieft werden. Im Rahmen dieser Arbeit muß es genügen zu zeigen, welches Argumentationspotential in der richtlinienkonformen Auslegung stecken kann.

D. Verweis auf die europäische Dimension der handelsrechtlichen Gewinnermittlungsvorschriften bei subsidiärem Rückgriff

I. Maßgeblichkeit des Handelsrechts für die steuerliche Bewertung

Im Steuerbilanzrecht ist zu unterscheiden zwischen dem Ansatz einer Bilanzposition - hier gilt unzweifelhaft der Maßgeblichkeitsgrundsatz - und der steuerlichen Bewertung der einzelnen Bilanzpositionen[248]. Letztere regelt § 6

---

243 *Beisse*, FS Budde, 1995, S. 67 (75 ff.).

244 Vgl. *Knobbe-Keuk*, Bilanz- und Unternehmenssteuerrecht, 9. Aufl. 1993, S. 137 f.; *Weber-Grellet*, Bilanzsteuerrecht, 6. Aufl. 2000, S. 101 f.

245 Der BFH, Urt. v. 17.10.1968, IV 84/65, BStBl. II 1969, 180 hat dies in einem solchen Fall allerdings zugelassen.

246 Englische und französische Fassung in *Schruff*, Entwicklung der 4. EG-Richtlinie, 1988, S. 285, 309.

247 *Beisse*, FS Budde, 1995, S. 67 (83). Zu diesem Zeitpunkt ging *Beisse* noch von einer Pflicht zur richtlinienkonformen Auslegung im Bilanzsteuerrecht aus. Er hat seine Meinung, wie oben dargestellt, inzwischen revidiert.

248 *Großfeld*, Bilanzrecht: Jahresabschluß, Konzernabschluß, Internationale Standards, 3. Aufl. 1997, Rn. 108.

EStG. In § 5 Abs. 6 EStG wird auf diesen Bewertungsvorbehalt ausdrücklich hingewiesen. Der Maßgeblichkeitsgrundsatz wird insoweit durch die ausdrücklich geregelten Spezialregelungen eingeschränkt. Nach ganz herrschender Meinung gelten die allgemeinen Bewertungsgrundsätze der §§ 253 bis 256 HGB aber subsidiär, d. h. es wird, wenn § 6 EStG in bezug auf eine bestimmte Frage keine ausdrückliche Regelung enthält, zur Schließung von Lücken auf diese allgemeinen Bewertungsgrundsätze zurückgegriffen[249]. Insbesondere werden die handelsrechtlichen Definitionen der Anschaffungs- und Herstellungskosten im Steuerrecht herangezogen. So hat der Große Senat des BFH den handelsrechtlichen Herstellungskostenbegriff des § 255 Abs. 2 HGB als für das Einkommensteuerrecht maßgebend bezeichnet[250]. Zunächst stellte er fest, daß der Begriff der Herstellungskosten im Steuerrecht nicht definiert sei. Da weder § 6 EStG noch andere Vorschriften des EStG eine eigene Umschreibung des Begriffes der Herstellungskosten enthielten, sei nach dem Maßgeblichkeitsgrundsatz auf die handelsrechtliche Begriffsbestimmung zurückzugreifen[251]. Die Heranziehung der handelsrechtlichen Definition begründete der Große Senat außerdem damit, daß diese auf der Steuerrechtspraxis beruhe[252]. Hinsichtlich der Frage, ob in die Herstellungskosten von Wirtschaftsgütern auch angemessene Teile der notwendigen Material- und Fertigungs*gemein*kosten einzubeziehen sind, hat der IV. Senat § 255 Abs. 2 HGB zitiert und mit der Maßgabe angewandt, daß zwingend alle Herstellungskosten anzusetzen seien[253].

II. Verweis auf die europäische Dimension

Beim Rückgriff auf die allgemeinen Bewertungsgrundsätze stellt sich wiederum das Problem, ob die handelsrechtlichen Vorschriften, soweit sie die Jahresabschlußrichtlinie umsetzen, in ihrer europäischen Dimension angewandt werden müssen[254]. So setzt beispielsweise die Definition der Herstellungskosten in § 255 Abs. 2 HGB Art. 35 Abs. 3 und 4 der Jahresabschlußrichtlinie um. Diesen Aspekt übersieht der Große Senat, wenn er feststellt, daß die handelsrechtliche Definition auf der Steuerrechtspraxis beruhe. AHMANN weist zutreffend darauf hin, daß die Definitionen in § 255 HGB nicht nur der Tradition des steuerlichen Begriffsverständnisses dienten, sondern auch der Umsetzung der Jahresabschlußrichtlinie[255]. Der IV. Senat des BFH hat seine Nicht-Vorlage bei der Frage, ob in die Herstellungskosten von Wirtschafts-

---

249 *Schön*, FS Flick, 1997, S. 573 (583); *Großfeld*, Bilanzrecht: Jahresabschluß, Konzernabschluß, Internationale Standards, 3. Aufl. 1997, Rn. 81; *Weber-Grellet* in: Schmidt (Hrsg.), Einkommensteuergesetz, 20. Aufl. 2001, § 5 Rn. 35 m. w. N.

250 BFH, Beschl. v. 4.7.1990, GrS 1/89, BStBl. II 1990, 830 = BFHE 160, 466 = BB 1990, 1886 unter B III c.

251 *Ibid.*

252 *Ibid.* unter B III b.

253 BFH, Urt. v. 21.10.1993, IV R 87/92, BStBl. II 1994, 176 = BFHE 172, 462 = BB 1994, 113.

254 Als erste auf das Problem hinweisend *Ahmann*, FS Schmidt, 1993, S. 269 (286).

255 *Ibid.*

gütern auch angemessene Teile der notwendigen Material- und Fertigungs-*gemein*kosten einzubeziehen sind, darauf gestützt, daß es im konkreten Fall offensichtlich sei, daß Art. 35 Abs. 3 lit. b der Jahresabschlußrichtlinie zutreffend umgesetzt worden sei[256]. Darauf, daß er damit den Inhalt des Gebots der richtlinienkonformen Auslegung verkennt, wurde schon hingewiesen. Im zweiten Teil der Arbeit wird auf den Inhalt des Gebots der richtlinienkonformen Auslegung näher eingegangen werden. Grundsätzlich geht er damit also wohl von einer Vorlagepflicht aus. Der I. Senat hingegen hat eine Vorlage in bezug auf die Bewertung von Bilanzpositionen aufgrund der Eigenständigkeit der steuerrechtlichen Bewertungsmaßstäbe (§§ 5 Abs. 6, 6 EStG) grundsätzlich abgelehnt[257]. Daneben hat er auch wieder darauf hingewiesen, daß Art. 42 der Jahresabschlußrichtlinie durch § 253 HGB zutreffend umgesetzt worden sei. In der Literatur wird eine Vorlagepflicht in diesen Fällen teilweise auch von denen verneint, die ansonsten von einer Vorlagepflicht ausgehen. So verneint beispielsweise BROER eine Vorlagepflicht mit dem Argument, daß die übereinstimmende Definition von Anschaffungs- und Herstellungskosten vom BFH jederzeit wieder gelöst werden könnte[258].

Richtigerweise ist darauf abzustellen, daß der Maßgeblichkeitsgrundsatz vorbehaltlich steuerrechtlicher Bewertungsvorschriften auch im Bewertungsrecht gilt[259]. So sieht es auch der Große Senat des BFH, wenn er mangels steuerrechtlicher Begriffsbestimmung der Herstellungskosten *nach dem Maßgeblichkeitsgrundsatz* auf die handelsrechtliche Begriffsbestimmung zurückgreift[260]. Anders wäre das ständige Zitieren handelsrechtlicher Vorschriften durch den BFH auch nicht zu rechtfertigen. Damit kann auf die Ausführungen unter Abschnitt B verwiesen werden. In bezug auf Kapitalgesellschaften wird somit der Regelungsgehalt der Jahresabschlußrichtlinie durch den Maßgeblichkeitsgrundsatz auch hinsichtlich der Bewertung insoweit auf steuerrechtliche Sachverhalte ausgedehnt, als die steuerrechtlichen Bewertungsvorschriften eine Lücke lassen[261]. In bezug auf Einzelkaufleute und Personenhandelsgesellschaften scheidet eine Erstreckung durch den Maßgeblichkeitsgrundsatz schon deswegen aus, weil der deutsche Gesetzgeber durch bewußte Beschränkung des True and fair view-Prinzips auf Kapitalgesellschaften schon im Handelsbilanzrecht der Einzelkaufleute und Personenhandelsgesellschaften eine Europäisierung verhindert hat.

---

256 BFH, Urt. v. 21.10.1993, IV R 87/92, BStBl. II 1994, 176 = BFHE 172, 462 = BB 1994, 113 unter II.

257 BFH, Urt. v. 15.7.1998, I R/24/96, BStBl. II 1998, 728 = BFHE 186, 388 = DStR 1998, 1461 unter II 4.

258 *Broer*, RIW 2001, 756 (763). Ganz ablehnend auch *Ahmann*, FS Schmidt, 1993, S. 269 (285 f.).

259 *Knobbe-Keuk*, Bilanz- und Unternehmenssteuerrecht, 9. Aufl. 1993, S. 154 f.

260 BFH, Beschl. v. 4.7.1990, GrS 1/89, BStBl. II 1990, 830 = BFHE 160, 466 = BB 1990, 1886 unter B III c aa.

261 So auch *Schön*, FS Flick, 1997, S. 573 (583), der eine Vorlagepflicht des BFH insoweit bejaht, als der BFH unmittelbar die §§ 252 ff. HGB auslegt und anwendet.

§ 4 Die positive Publizität des Handelsregisters

A. Hinführung zum Problem

Die erste Richtlinie des Rates der Europäischen Gemeinschaften, die auf dem Gebiet des Gesellschaftsrechts und auf dem Gebiet des Zivilrechts überhaupt erlassen wurde, war die Publizitätsrichtlinie[262]. Sie bezweckt für Kapitalgesellschaften die Angleichung der Vorschriften hinsichtlich der Offenlegung wesentlicher Angaben, der Wirksamkeit des Handelns für die Gesellschaft und der Nichtigkeit dieser Gesellschaften[263]. Dritte sollen sich über die wesentlichen Verhältnisse der Gesellschaft informieren können[264]. Außerdem sollen Dritte auf die Wirksamkeit der im Namen der Gesellschaft abgegebenen Willenserklärungen[265] und auf den Bestand der eingetragenen Gesellschaft vertrauen dürfen[266]. Dies wird dadurch verwirklicht, daß bestimmte, in Art. 2 der Publizitätsrichtlinie näher umschriebene Angaben wie die Satzung, die Bestellung und Vertretungsmacht der Organe, das gezeichnete Kapital, die Bilanz, die Gewinn- und Verlustrechnung und die Auflösung der Gesellschaft in ein Register eingetragen oder dort hinterlegt werden müssen. Außerdem müssen diese Angaben gem. Art. 3 Abs. 4 der Publizitätsrichtlinie bekannt gemacht werden. Da von der Publizitätsrichtlinie mit der Eintragung und der Bekanntmachung zwei unterschiedliche Publizitätsmittel zur Verfügung gestellt werden, muß auch für die Fälle eine Lösung gefunden werden, in denen das eine vom anderen abweicht. Art. 3 Abs. 6 Unterabs. 1 versucht eine solche Diskrepanz zwischen Bekanntmachung in der Presse und dem Inhalt des Registers oder der Akte zu verhindern, indem er den Mitgliedstaaten auferlegt, die erforderlichen Maßnahmen zu treffen. Wenn es aber trotz dieser Maßnahmen zu einer Diskrepanz zwischen Registerinhalt und Bekanntmachung kommt, soll die Gesellschaft, die die Offenlegungspflicht trifft, das Risiko tragen. Art. 3 Abs. 6 Unterabs. 2 sieht nämlich vor: „Im Falle einer Abweichung kann jedoch der in der Presse bekanntgemachte Text Dritten nicht entgegengesetzt werden. Diese können sich jedoch auf den bekanntgemachten Text berufen, es sei denn, daß die Gesellschaft beweist, daß die Dritten den in der Akte hinterlegten oder im Register eingetragenen Text kannten."

---

[262] Erste Richtlinie 68/151/EWG vom 9. März 1968 zur Koordinierung der Schutzbestimmungen, die in den Mitgliedstaaten den Gesellschaften im Sinne des Art. 58 Abs. 2 des Vertrages im Interesse der Gesellschafter sowie Dritter vorgeschrieben sind, um diese Bestimmungen gleichwertig zu gestalten, ABl. EG Nr. L 65 v. 14.3.1968, S. 8 ff.; hinsichtlich der Änderungen siehe Fn. 26; auch abgedruckt bei *Habersack*, Europäisches Gesellschaftsrecht, 1999, Rn. 133.

[263] 2. Erwägungsgrund der Publizitätsrichtlinie.

[264] 4. Erwägungsgrund der Publizitätsrichtlinie.

[265] 5. Erwägungsgrund der Publizitätsrichtlinie.

[266] 6. Erwägungsgrund der Publizitätsrichtlinie.

B. Umsetzung in das deutsche Recht

Die Umsetzung von Art. 3 Abs. 6 Unterabs. 2 S. 2 der Publizitätsrichtlinie ist durch § 15 Abs. 3 HGB erfolgt. Schon in der Regierungsbegründung wurde darauf hingewiesen, daß in zweifacher Weise über die Richtlinie hinausgegangen wird[267]. So kann sich ein Dritter gem. § 15 Abs. 3 HGB gegenüber *jedem*, in dessen Angelegenheiten die Tatsache einzutragen war, auf die unrichtig bekanntgemachte Tatsache berufen, es sei denn, daß er die Unrichtigkeit kannte. Da das HGB eine Vielzahl von eintragungspflichtigen Rechtstatsachen auch für Nicht-Kapitalgesellschaften vorsieht - man denke nur an die §§ 29, 31, 53 Abs. 1 und 3, 106, 107 und 125 Abs. 4 HGB - ist offensichtlich, daß der deutsche Gesetzgeber den Regelungsgehalt der Publizitätsrichtlinie auf Kaufleute und Personenhandelsgesellschaften erstreckt hat. Es liegt hier also insoweit eine überschießende Umsetzung in Form der Erstreckung des Regelungsgehalts der Richtlinie auf Sachverhalte außerhalb des Anwendungsbereichs der Richtlinie vor. Der deutsche Gesetzgeber hat dabei den Weg gewählt, daß die Norm von vornherein weiter gefaßt ist als die Richtlinie. Da § 15 Abs. 3 HGB nicht zwischen verschiedenen Gesellschaftsformen differenziert, trifft die positive Publizität des Handelsregisters sowohl Kapitalgesellschaften als auch alle anderen Personen oder Personengruppen, für die das HGB eine Eintragungspflicht statuiert.

§ 15 Abs. 3 HGB geht aber noch in einer anderen Hinsicht über Art. 3 Abs. 6 Unterabs. 2 S. 2 der Publizitätsrichtlinie hinaus. Während nämlich die Richtlinie nur die Diskrepanz zwischen Eintragung und Bekanntmachung erfaßt, ist § 15 Abs. 3 HGB nach herrschender Meinung auch im praktisch weitaus eher vorstellbaren Fall anwendbar, daß schon die Eintragung unrichtig war[268]. Dies ist zwar nach dem Wortlaut nicht eindeutig. So könnte sich das Wort „unrichtig" sowohl auf die Diskrepanz zwischen Eintragung und Bekanntmachung als auch auf das Abweichen von der wahren Rechtslage beziehen. Für ersteres könnte sprechen, daß die Publizitätsrichtlinie eben nur diesen Fall erfassen will. Ein zwingendes Argument stellt dies aber nicht dar, da der Gesetzgeber auch über den Regelungsgehalt der Richtlinie hinausgehen kann. Und dies hat der Gesetzgeber ausweislich der Gesetzesbegründung auch getan[269]. Dies wird auch durch den Wortlaut von § 15 Abs. 3 HGB nahegelegt, wenn im letzten Halbsatz die positive Publizität davon abhängig gemacht wird, daß der Dritte die Unrichtigkeit nicht kannte. Es ergäbe unter Rechtsscheinsgesichtspunkten wenig Sinn, wenn man darauf abstellte, ob der Dritte die Diskrepanz zwischen Eintragung und Bekanntmachung kannte. Die Kenntnis kann sich sinnvollerweise nur auf die Diskrepanz mit der wahren

---

[267] BT-Drucks. V/3862, S. 10.

[268] *Canaris*, Handelsrecht, 23. Aufl. 2000, S. 80 f.; *Hopt* in: Baumbach/Hopt, HGB, 30. Aufl. 2000, § 15 Rn. 18; *K. Schmidt*, Handelsrecht, 5. Aufl. 1999, S. 407 f.; *Hüffer* in: Canaris, u. a. (Hrsg.), Handelsgesetz: Großkommentar, 4. Aufl. 1995, § 15 Rn. 50. A. A. allein *Beuthien*, NJW 1970, 2283 (2283 f.).

[269] BT-Drucks. V/3862, S. 10.

Rechtslage beziehen. Versteht man aber unter Unrichtigkeit im letzten Halbsatz die Diskrepanz zwischen Bekanntmachung und wahrer Rechtslage, dann liegt es nahe, „unrichtig bekanntgemacht" im gleichen Sinne zu verstehen[270]. Dieses Hinausgehen des Gesetzgebers über den Regelungsgehalt ist aber nicht als Erstreckung des Regelungsgehalts der Richtlinie auf Sachverhalte außerhalb des Anwendungs-bereichs zu qualifizieren. Vielmehr wird der Inhalt des Regelungsgehalts verschärft. Nach der Publizitätsrichtlinie sollte der Anmeldepflichtige nur deshalb das Risiko einer falschen Verlautbarung tragen, weil die Richtlinie zwei Publizitätsmittel vorsieht, das Risiko einer falschen Verlautbarung sich also verdoppelt. Nur so läßt es sich erklären, daß der Dritte nur bei Diskrepanz zwischen Bekanntmachung und Eintragung geschützt wird, aber nicht bei der Diskrepanz zwischen Publizitätsmittel und wahrer Rechtslage. Wenn der deutsche Gesetzgeber den Dritten auch dann schützt, wenn schon die Eintragung unrichtig war, dann wird nicht der Regelungsgehalt auf andere Sachverhalte erstreckt, sondern ein zusätzlicher Regelungsgehalt eingeführt. Schon in der Einleitung wurde darauf hingewiesen, daß die materielle Verschärfung des Regelungsgehalts der Richtlinie von der hier untersuchten Problematik der Erstreckung des Regelungsgehalts der Richtlinie auf Sachverhalte außerhalb ihres Anwendungsbereichs strikt zu trennen ist. Da § 15 Abs. 3 HGB in doppelter Hinsicht „überschießend" umgesetzt wurde, ist dies bei den Rechtsfolgen im Auge zu behalten. Der abstrakte Teil der Arbeit wird sich nur mit den Rechtsfolgen der Erstreckung des Regelungsgehalts einer Richtlinie auf Sachverhalte außerhalb ihres Anwendungsbereichs befassen.

270 Argument stammt von *K. Schmidt*, Handelsrecht, 5. Aufl. 1999, S. 407 f.

§ 5 Umwandlungsrecht

A. Die europäischen Vorgaben durch die Verschmelzungs- und die Spaltungsrichtlinie

I. Der wesentliche Regelungsgehalt der Verschmelzungsrichtlinie

Die Verschmelzungsrichtlinie vom 9. Oktober 1978[271] bezweckt die Koordinierung der Rechtsvorschriften der Mitgliedstaaten über die Verschmelzung von Aktiengesellschaften. Die Richtlinie hat dabei vorrangig den Schutz der Aktionäre der sich verschmelzenden Gesellschaften im Auge. Dieser soll durch eine angemessene und möglichst objektive Unterrichtung der Aktionäre gewährleistet werden[272]. So stellt Art. 5 der Verschmelzungsrichtlinie bestimmte Mindestanforderungen an den von den Verwaltungsorganen zu erstellenden Verschmelzungsplan, der gem. Art. 10 von unabhängigen Sachverständigen zu prüfen ist. Von diesen ist gem. Art 10 Abs. 2 insbesondere auch die Angemessenheit des Umtauschverhältnisses der Aktien zu überprüfen. Dadurch soll der Hauptversammlung der sich verschmelzenden Gesellschaften, die gem. Art. 7 der Verschmelzung zustimmen müssen, eine zutreffende Entscheidungsgrundlage gegeben werden. Neben dem Schutz der Aktionäre will die Verschmelzungsrichtlinie sicherstellen, daß die Gläubiger und die Inhaber von Rechten an den sich verschmelzenden Gesellschaften durch die Verschmelzung nicht schlechter gestellt werden[273]. Der Gefahr, daß sich Gläubiger ohne ihr Zutun mit einem anderen, möglicherweise weniger solventen Schuldner oder einer Vielzahl von konkurrierenden Gläubigern konfrontiert sehen, ist gem. Art. 13 der Verschmelzungsrichtlinie durch ein angemessenen Schutzsystem Rechnung zu tragen. Art. 13 Abs. 2 bestimmt insoweit, daß Gläubigern, deren Forderungen vor der Bekanntmachung des Verschmelzungsplans entstanden und zu diesem Zeitpunkt noch nicht erloschen sind, mindestens ein Anspruch auf angemessene Garantien zusteht, wenn die finanzielle Lage einen solchen Schutz erforderlich macht und die Gläubiger nicht schon derartige Garantien haben.

Außerdem definiert die Verschmelzungsrichtlinie, was eine Verschmelzung ist (Art. 3) und welche Rechtsfolgen eine Verschmelzung hat (Art. 19). Art. 3 unterscheidet dabei zwischen der Verschmelzung durch Aufnahme und der Verschmelzung durch Neugründung. Nach Art. 19 bewirkt eine Verschmelzung, daß das gesamte Aktiv – und Passivvermögen der übertragenden

---

[271] Dritte Richtlinie 78/855/EWG vom 9. Oktober 1978 betreffend die Verschmelzung von Aktiengesellschaften, ABl. EG Nr. L 295 v. 20.10.1978, S. 36 ff.; hinsichtlich der Änderungen siehe Fn. 25; auch abgedruckt bei *Habersack*, Europäisches Gesellschaftsrecht, 1999, Rn. 258.

[272] 4. Erwägungsgrund der Verschmelzungsrichtlinie.

[273] 6. Erwägungsgrund der Verschmelzungsrichtlinie.

Gesellschaft im Wege der Universalsukzession mit Wirkung gegenüber jedermann auf die übernehmende Gesellschaft übergeht. Hervorzuheben ist, daß Art. 2 die Verschmelzung als Institut auch für die Mitgliedstaaten vorsieht, die eine solches Institut bisher nicht kannten.

II. Der wesentliche Regelungsgehalt der Spaltungsrichtlinie

Die Spaltungsrichtlinie vom 17. Dezember 1982[274] bezweckt die Angleichung eines der Verschmelzung verwandten Rechtsinstituts, nämlich der Spaltung. Insoweit ergänzt sie die Verschmelzungsrichtlinie. Ausweislich des 4. Erwägungsgrundes soll durch die ergänzende Regelung der Spaltung verhindert werden, daß der durch die Verschmelzungsrichtlinie gewährleistete Schutz umgangen werden kann, indem man das Institut der Spaltung dazu benutzt, den gleichen Erfolg unter Umgehung der bei der Verschmelzung eingeräumten Garantien zu erreichen[275]. Aus dem vorrangigen Ziel des Umgehungsschutzes erklärt sich auch, warum die Spaltungsrichtlinie nur Regelungen für die Mitgliedstaaten vorsieht, die dieses Institut kennen. Eine obligatorische Einführung dieses Rechtsinstituts ist, ganz im Gegensatz zur Verschmelzungsrichtlinie, gem. Art. 1 der Spaltungsrichtlinie nicht vorgesehen.

Die Spaltungsrichtlinie hat die gleichen Ziele wie die Verschmelzungsrichtlinie. Auch sie will die Aktionäre und die Gläubiger schützen. Sie knüpft dabei an die Instrumentarien der Verschmelzungsrichtlinie an. So stellt sie gem. Art. 3 Mindestanforderungen an einen Spaltungsplan. Auch sie kennt einen Spaltungsbericht und die unabhängige Prüfung des Spaltungsplans (Art. 7, 8 der Spaltungsrichtlinie). Vielfach wird einfach auf die Verschmelzungsrichtlinie verwiesen[276]. In einer Hinsicht ist die Spaltungsrichtlinie allerdings bahnbrechend. Sie erlaubt die partielle Universalsukzession[277]. Gem. Art. 17 bewirkt die Spaltung den Übergang des Aktiv- und Passivvermögens von der gespaltenen auf die begünstigten Gesellschaften und zwar entsprechend der im Spaltungsplan vorgesehenen Aufteilung. Es geht also nicht das gesamte Vermögen über, sondern im Wege der partiellen Gesamtrechtsnachfolge nur Teile davon.

---

274 Sechste Richtlinie 82/891/EWG vom 17. Dezember betreffend die Spaltung von Aktiengesellschaften, ABl. EG Nr. L 378 v. 31.12.1982, S. 47 ff.; abgedruckt bei *Habersack*, Europäisches Gesellschaftsrecht, 1999, Rn. 259.

275 4. Erwägungsgrund der Spaltungsrichtlinie.

276 Siehe Artt. 4, 5 Abs. 1 S. 2, 8 Abs. 2, 14 der Spaltungsrichtlinie.

277 Dazu, wie bahnbrechend diese Errungenschaft ist, die damit bricht, daß eine Universalsukzession gesetzlich sein und das gesamte Vermögen erfassen muß, vgl. nur *K. Schmidt*, Gesellschaftsrecht, 3. Aufl. 1997, S. 366 f; *K. Schmidt*, AcP 191 (1991), 495.

B. Die Umsetzung der Verschmelzungs- und Spaltungsrichtlinie durch den deutschen Gesetzgeber

I. Umsetzung der Verschmelzungsrichtlinie

Formwechsel, Verschmelzung und Spaltung waren vor dem Umwandlungsgesetz vom 28. Oktober 1994[278] im deutschen Recht nicht umfassend kodifiziert. Regelungen fanden sich im AktG, im Umwandlungsgesetz von 1969[279] und im Kapitalerhöhungsgesetz[280]. Durch das Umwandlungsgesetz vom 28. Oktober 1994 wurde das gesamte Umwandlungsrecht in einem Gesetz umfassend geregelt. Für die Verschmelzung und Spaltung von Aktiengesellschaften war dabei der Regelungsgehalt der Verschmelzungs- und Spaltungsrichtlinie zu beachten. Da der Gesetzgeber sich nicht auf die Regelung der Verschmelzung und Spaltung von Aktiengesellschaften beschränken wollte[281], sah er sich vor das Problem gestellt, ob er den Regelungsgehalt der Verschmelzungs- und Spaltungsrichtlinie auch auf alle anderen Rechtsträger erstrecken oder ob er unterschiedliche Regelungen vorsehen sollte, abhängig davon, ob an der Verschmelzung oder Spaltung eine Aktiengesellschaft beteiligt ist oder nicht. Der Gesetzgeber hat sich hier für die aus dem BGB bekannte Regelungstechnik entschieden, allgemeine, d. h. für sämtliche Rechtsträger geltende Vorschriften „vor die Klammer zu ziehen", um im Anschluß daran Sonderregelungen für die einzelnen Rechtsformen zu statuieren. So gliedern sich die Vorschriften, die die Verschmelzung betreffen, in einen allgemeinen Teil (§§ 2 bis 38 UmwG) und einen besonderen Teil (§§ 39 bis 122 UmwG). Im allgemeinen Teil sind unter anderem die Mindestanforderungen an den Verschmelzungsvertrag (§ 5 UmwG), die Pflicht zur Erstattung eines Verschmelzungsberichts (§ 8 UmwG), die unabhängige Prüfung des Verschmelzungsberichts (§§ 9 bis 12 UmwG), die Zustimmungspflicht der Anteilsinhaber der beteiligten Rechtsträger (§ 13 UmwG), der Ausschluß von Klagen gegen den Verschmelzungsbeschluß (§ 14 UmwG) und die Wirkungen der Eintragung der Verschmelzung (§ 20 UmwG) geregelt. Der besondere Teil wiederum gliedert sich nach den einzelnen Gesellschaftsformen. In den einzelnen Abschnitten werden Sondervorschriften für die einzelnen Gesellschaftsformen normiert. Diese ergänzen nicht nur die Vorschriften des allgemeinen Teils, sondern korrigieren diese auch in manchen Fällen, wie dies etwa auch aus dem Allgemeinen Teil des BGB bekannt ist – man denke nur an § 399 Alt. 2 als Ausnahme von § 137 S. 2. So sieht beispielsweise § 41 UmwG vom Erfordernis eines Verschmelzungsberichts (§ 8 UmwG) für eine an der Verschmelzung beteiligte Personenhandelsgesellschaft ab, wenn alle Gesellschafter dieser Gesellschaft zur Geschäftsführung berechtigt sind.

---

278 BGBl. I, S. 3210 ff., ber. 1995 I, S. 428 ff.

279 BGBl. I, S. 2081.

280 Siehe den Überblick bei *Raiser*, Recht der Kapitalgesellschaften, 2. Aufl. 1991, § 47 Rn. 4 ff.

281 § 3 UmwG nennt die verschmelzungsfähigen Rechtsträger.

II. Umsetzung der Spaltungsrichtlinie

Auch bei der Normierung der Spaltung wurden die allgemeinen Vorschriften vor die Klammer gezogen (§§ 123 bis 137 UmwG). Im besonderen Teil finden sich wiederum spezielle Vorschriften für die einzelnen Gesellschaftsformen.

C. Erstreckung des Regelungsgehalts der Verschmelzungs- und Spaltungsrichtlinie auf alle Rechtsformen

Die Vorschriften des allgemeinen Teils des UmwG im Zweiten Buch setzen hauptsächlich den Regelungsgehalt der Verschmelzungsrichtlinie um. Die Unterscheidung zwischen Verschmelzung durch Aufnahme und Verschmelzung durch Neugründung in § 2 UmwG geht auf Art. 3 Abs. 1 und 4 Abs. 1 der Richtlinie zurück. Das gesamte Instrumentarium der Verschmelzungsrichtlinie - der Verschmelzungsvertrag, der Verschmelzungsbericht, die Verschmelzungsprüfung, der Verschmelzungsbeschluß und die Universalsukzession - wird im allgemeinen Teil umgesetzt. Nur wenige Bestimmungen der Verschmelzungsrichtlinie werden erst im besonderen Teil ausschließlich für Aktiengesellschaften umgesetzt. Hier findet sich in § 61 UmwG die Pflicht zur Bekanntmachung des Verschmelzungsvertrages, wobei Art. 6 der Verschmelzungsrichtlinie umgesetzt wird. Auch wird das erforderliche Quorum für den Verschmelzungsbeschluß erst in § 65 UmwG umgesetzt.

Auch das Kernstück der Spaltungsrichtlinie, die partielle Universalsukzession, wird im allgemeinen Teil des Dritten Buches umgesetzt (§ 131 Abs. 1 Nr. 1 UmwG). Das Rechtsinstitut der Spaltung mit der partiellen Universalsukzession war dem deutschen Recht vorher weitgehend fremd. Die Möglichkeit des Rechtsübergangs eines Teils eines Vermögensinbegriffs ohne Anwendung des Spezialitätsprinzips auf den Rechtsnachfolger kannte das deutsche Recht nur im Gesetz über die Spaltung der von der Treuhandanstalt verwalteten Unternehmen vom 5.4.1991[282].

Insoweit, als der Regelungsgehalt der Verschmelzungs- und der Spaltungsrichtlinie im allgemeinen Teil umgesetzt wurde, wurde der Regelungsgehalt auf alle Rechtsformen erstreckt. Damit liegt eine Erstreckung des Regelungsgehalts der Verschmelzungs- und Spaltungsrichtlinie, die gem. Art. 1 der Verschmelzungsrichtlinie nur für Aktiengesellschaften gelten, auf die sonstigen in §§ 3, 124 UmwG verschmelzungs- und spaltungsfähigen Rechtsträger durch den deutschen Gesetzgeber vor. Dies war dem deutschen Gesetzgeber auch bewußt, der ausdrücklich darauf hinweist, daß im Ersten Teil des Zweiten Buches die Vorschriften zusammengefaßt werden sollen, „die für alle Fälle der Verschmelzung gelten und zwar ohne Rücksicht darauf, welche Rechtsform die beteiligten Rechtsträger haben."[283]. Im nächsten Satz wird dann sofort auf den europa-rechtlichen Hintergrund hingewiesen: „Der Entwurf übernimmt

---

[282] BGBl. I S. 854.

[283] BT-Drucks. 12/6699, S. 1 (81).

in Aufbau und Inhalt grundsätzlich die Regelungen, die in Durchführung der Dritten gesellschafts-rechtlichen Richtlinie durch das Verschmelzungsrichtlinie-Gesetz getroffen worden sind."

Die Erstreckung des Regelungsgehalts der Verschmelzungs- und Spaltungsrichtlinie auf alle verschmelzungs- und spaltungsfähigen Rechtsträger ist auch in der Literatur einhellig anerkannt - ohne daß allerdings dieser Ausdruck gebraucht wird[284]. Streit besteht hier nur hinsichtlich der Rechtsfolgen[285].

In der Rechtsprechung wird die Problematik unterschiedlich beurteilt. Das BayObLG hat der Verschmelzungsrichtlinie *mittelbare Bedeutung* für Vorgänge beigemessen, die über den Anwendungsbereich der Richtlinie hinausgehen[286]. Diese könne sich daraus ergeben, daß die Vorschriften des Umwandlungsgesetzes, soweit sie auf der Verschmelzungsrichtlinie beruhen, auch für die von der Richtlinie nicht angesprochenen Rechtsformen anwendbar sind[287]. Daraus zieht das BayObLG die Konsequenz, daß das Umwandlungsgesetz so auszulegen sei, wie es für Aktiengesellschaften unter dem Aspekt der richtlinienkonformen Auslegung geboten wäre[288]. Das BayObLG verweist insoweit auf die in Fußnote 284 zitierte Fundstelle im Kommentar von LUTTER[289]. Im konkreten Fall gab die Richtlinie aber nach Meinung des BayObLG nichts her. Auch das OLG Stuttgart sah sich in einem Fall, in dem der übernehmende Rechtsträger eine GmbH war, die Verschmelzungsrichtlinie also nicht unmittelbar einschlägig war, mit einer Argumentation aus der Verschmelzungsrichtlinie konfrontiert. Das OLG Stuttgart ging auf eine mögliche mittelbare Bedeutung im Gegensatz zum BayObLG aber gar nicht ein und wies die Argumentation mit dem Hinweis zurück, die Verschmelzungsrichtlinie gelte nur für Fälle, in denen auf beiden Seiten Aktiengesellschaften beteiligt seien[290].

---

284 Als erster auf das Problem hinweisend *Schwarz*, DStR 1994, 1694 (1697). Vgl. auch *Schöne*, GmbHR 1995, 325; *Heidenhain*, EuZW 1995, 327 (327); *Schwarz*, Europäisches Gesellschaftsrecht, 2000, S. 408, Rn. 641; *Habersack*, Europäisches Gesellschaftsrecht, 1999, S. 126, Rn. 210; *Schnorbus*, WM 2000, 2321 (2321); *Lutter*, UmwG, 2. Aufl. 2000, Einl. Rn. 30.

285 Gegen eine zwingend einheitliche Auslegung der allgemeinen Verschmelzungsformen für sämtliche Rechtsformen *Schöne*, GmbHR 1995, 325 (326 f.); *Schnorbus*, WM 2000, 2321 (2327); *Bermel* in: Goutier/Knopf/Tulloch (Hrsg.), Kommentar zum Umwandlungsrecht, 1996, Einl. Rn. 45. Für eine einheitliche und damit richtlinienkonforme Auslegung: *Schwarz*, DStR 1994, 1694 (1697); *Lutter*, UmwG, 2. Aufl. 2000, Einl. Rn. 30; *Habersack*, Europäisches Gesellschaftsrecht, 1999, S. 126, Rn. 211. *Habersack* hat seine Meinung inzwischen geändert. Er verneint jetzt die Pflicht zur richtlinienkonformen Auslegung im „überschießenden" Bereich, also außerhalb des Anwendungsbereichs der Richtlinie, *Habersack/Mayer*, JZ 1999, 913 (921).
In manchen Kommentaren wird der europarechtliche Hintergrund dagegen vollkommen ausgeblendet, vgl. etwa Sagasser/Bula/Brünger, Umwandlungen, 2. Aufl. 2000.

286 BayObLG, Beschl. v. 17.9.1998, 3Z BR 37/98, ZIP 1998, 2002 (2005).

287 *Ibid.*

288 *Ibid.*

289 *Ibid.*

290 OLG Stuttgart, Beschl. v. 4.12.1996, 8 W 43/93, AG 1997, 136 (137).

Im Gegensatz dazu argumentierte das OLG Naumburg mit der Verschmelzungsrichtlinie auch in einem Fall, in dem diese nicht unmittelbar einschlägig war[291]. Daraus, daß Art. 3 Abs. 2 der Richtlinie den Mitgliedstaaten unter bestimmten Voraussetzungen ermögliche, daß auf Seiten des übertragenden Rechtsträgers eine schon in Abwicklung befindliche Gesellschaft als Rechtsträger in Betracht kommt, schloß das OLG Naumburg im Umkehrschluß, daß dieses Wahlrecht den Mitgliedstaaten auf Seiten des übernehmenden Rechtsträgers nicht eingeräumt sei[292]. Dies müsse für alle in § 3 Abs. 2 und 3 UmwG genannten Rechtsträger gelten, auch wenn die Verschmelzungsrichtlinie insoweit nicht anwendbar ist[293]. Zur Begründung führt das Gericht aus: „Denn ansonsten müßte der einheitliche Wortlaut des § 3 Abs. 3 UmwG bei Beteiligung einer Aktiengesellschaft als Übernehmerin richtlinien-konform anders ausgelegt werden, als dies bei Beteiligung eines Rechtsträgers anderer Rechtsform als Übernehmer der Fall wäre. Daß dies nicht der Wille des Gesetzgebers gewesen sein kann, liegt nach der Ansicht des Senats auf der Hand."[294] An dieser Stelle bleibt festzuhalten, daß der deutsche Gesetzgeber den Regelungsgehalt der Verschmelzungs- und Spaltungsrichtlinie, die nur gelten, wenn sowohl auf Seiten des übertragenden als auch auf Seiten des übernehmenden Rechtsträgers Aktiengesellschaften beteiligt sind, in vielen Punkten auf alle anderen nach deutschem Recht verschmelzungs- und spaltungsfähigen Rechtsträger erstreckt hat. Das Umwandlungsrecht stellt neben dem Steuerbilanzrecht somit einen weiteren wichtigen Anwendungsfall dar, für den der zweite Teil dieser Arbeit - die Bestimmung der Rechtsfolgen einer überschießenden Umsetzung in Form der Erstreckung des Regelungsgehalts einer Richtlinie auf Sachverhalte außerhalb ihres Anwendungsbereichs - relevant wird.

---

291 OLG Naumburg, Beschl. v. 12.2.1997, 10 Wx 1/97, GmbHR 1997, 1152 (1155).
292 *Ibid.*
293 *Ibid.*
294 *Ibid.*

§ 6 Verbraucherschutzrecht

A. Der Verbrauchsgüterkauf

I. Die Verbrauchsgüterkaufrichtlinie

Die Verbrauchsgüterkaufrichtlinie[295] bezweckt gem. Art. 1 Abs. 1 die Angleichung der Rechts- und Verwaltungsvorschriften der Mitgliedstaaten zu bestimmten Aspekten des Verbrauchsgüterkaufs und der Garantien für Verbrauchsgüter zur Gewährleistung eines einheitlichen Verbraucherschutzmindestniveaus im Rahmen des Binnenmarktes. Sie ist nur einschlägig, wenn auf der Verkäuferseite jemand im Rahmen seiner beruflichen oder gewerblichen Tätigkeit handelt (Art. 1 Abs. 2 lit. c) und auf der Käuferseite ein Verbraucher steht, also jemand, der nicht in Ausübung seines Berufs oder Gewerbes handelt (Art. 1 Abs. 2 lit. a). Eine wesentliche Neuerung für das deutsche Recht ist einmal die Einführung eines primären Nachbesserungs- bzw. Ersatzlieferungsanspruchs in Art. 3 der Richtlinie. Ein solcher Nachbesserungsanspruch war dem deutschen Recht bisher unbekannt[296]. Daneben sieht Art. 5 eine zweijährige Verjährungsfrist vor, die über die bisherige Verjährungsfrist von einem halben Jahr in § 477 Abs. 1 BGB a. F. weit hinausgeht. Eine weitere wesentliche Neuerung ist die Beweislastumkehr in Art. 5 Abs. 3. Danach wird bis zum Beweis des Gegenteils vermutet, daß Vertragswidrigkeiten, die binnen sechs Monaten nach der Lieferung des Gutes offenbar werden, bereits zum Zeitpunkt der Lieferung bestanden, es sei denn, diese Vermutung ist mit der Art des Gutes oder der Art der Vertragswidrigkeit unvereinbar. Daneben sieht die Richtlinie in Art. 4 ein Rückgriffsrecht des Letztverkäufers vor. Art. 7 statuiert darüber hinaus die Unabdingbarkeit der dem Verbraucher gewährten Rechte.

II. Die Umsetzung der Verbrauchsgüterkaufrichtlinie ins deutsche Recht

Der deutsche Gesetzgeber stand hier vor dem Problem, ob er den Regelungsgehalt der Verbrauchsgüterkaufrichtlinie auf Verbraucher beschränkt lassen sollte. Das hätte zur Folge gehabt, daß im deutschen Gewährleistungsrecht dann zwischen Verbrauchsgüterkäufen und sonstigen Käufen zu unterscheiden gewesen wäre - eine dem deutschen Recht bisher unbekannte Differenzierung. Andere Mitgliedstaaten haben sich für eine solche „1:1-Umsetzung“[297]

---

[295] Richtlinie 1999/44/EG des Europäischen Parlaments und des Rates vom 25. Mai 1999 zu bestimmten Aspekten des Verbrauchsgüterkaufs und der Garantien für Verbrauchsgüter, ABl. EG Nr. L 171 v. 7.7.1999, S. 12 ff.; auch abgedruckt in *Schulze/Zimmermann*, Basistexte zum Europäischen Privatrecht, 2000, unter I.30.

[296] Dieser Mangel stammt noch aus dem römischen Recht des Sklaven- und Viehkaufs, wo ein solcher Nachbesserungsanspruch von vornherein nicht in Betracht kam. Siehe dazu auch *Honsell*, JZ 2001, 278 (278 f.).

[297] Der Begriff stammt von *Westermann*, NJW 2002, 241 (241), m. w. N zu den anderen Mitgliedstaaten.

entschieden. Eine andere Möglichkeit hätte darin bestanden, den Regelungsgehalt der Verbrauchsgüterkaufrichtlinie auf alle Kaufverträge zu erstrecken. Dies hätte den Vorteil gehabt, daß eine Differenzierung zwischen Verbrauchsgüterkäufen und anderen nicht erforderlich geworden wäre.

Der deutsche Gesetzgeber hat sich für einen Mittelweg entschieden. Während er die dem deutschen Recht in diesem Bereich bisher fremde Beweislastumkehr, den Rückgriff des Unternehmers und die Unabdingbarkeit der Gewährleistungsvorschriften dem Verbrauchsgüterkauf vorbehalten hat, „weil sie spezifischen Verbraucherschutzgesichtspunkten Rechnung tragen"[298] (siehe §§ 474 bis 479 BGB n. F.), setzte er Artt. 2, 3 und 5 der Verbrauchsgüterkaufrichtlinie so um, daß sie für alle Kaufverträge und nicht nur für Verbrauchsgüterkäufe gelten. Die zweijährige Verjährungsfrist gilt somit gem. § 438 Nr. 3 BGB n. F. für alle Kaufverträge. Ebenso ist gem. §§ 437, 439 BGB n. F. der primäre Nachbesserungs- und Ersatzlieferungsanspruch nicht nur auf Verbrauchsgüterkäufe beschränkt[299]. Auch Art. 2 der Richtlinie, der die vertragsmäßige Leistung zum Gegenstand hat, wurde „vorne", nämlich in § 434 BGB n. F. umgesetzt[300]. Teilweise hat der deutsche Gesetzgeber den Regelungsgehalt der Verbrauchsgüterkaufrichtlinie somit auf alle Kaufverträge erstreckt. Auch hier stellt sich wieder das Problem, ob das Gebot der richtlinienkonformen Auslegung auch bei Sachverhalten gilt, die nicht in den Anwendungsbereich der Verbrauchsgüterkaufrichtlinie fallen. Ebenso stellt sich die Frage der Zuständigkeit des EuGH.

---

298 BT-Drucks. 14/6040, S. 242: „Nach § 473 wird ein neuer Untertitel eingeführt, der den Verbrauchsgüterkauf betrifft. Dort sollen die Vorschriften eingestellt werden, deren Schaffung zur Umsetzung der Verbrauchsgüterkaufrichtlinie erforderlich ist, deren Geltung aber nicht für sämtliche Kaufverträge gerechtfertigt ist, weil sie spezifischen Verbraucherschutzgesichtspunkten Rechnung tragen." Insbesondere die Beweislastumkehr habe die schlechten Beweismöglichkeiten des Verbrauchers zur Grundlage „und die - jedenfalls in engem zeitlichem Zusammenhang mit der Übergabe - ungleich besseren Erkenntnismöglichkeiten des Unternehmers", *ibid.*, S. 245.

299 Die Vorrangigkeit des Nacherfüllungsanspruchs gegenüber Rücktritt und Schadensersatz ergibt sich aus §§ 281 Abs. 1 S. 1, 323 Abs. 1, die eine Fristsetzung zur Nacherfüllung voraussetzen, notfalls auch aus richtlinienkonformer Auslegung - Art. 3 Abs. 3 der Verbrauchsgüterkaufrichtlinie, der mit dem Wort „zunächst" beginnt, ist hier eindeutig.

300 Sehr kritisch zur Qualität von Art. 2 *Honsell*, JZ 2001, 278 (279). Dabei ist dem deutschen Gesetzgeber sehr wohl bewußt, daß die Neufassung des Sachmangelbegriffs im Sinne von Art. 2 Abs. 1 der Verbrauchsgüterkaufsrichtlinie nur hinsichtlich des Verbraucherkaufs erforderlich ist. Er will allerdings einen „gespaltenen Fehlerbegriff je nach Einordnung dieses Geschäfts als Verbrauchsgüterkauf oder als sonstiger Kauf" vermeiden (siehe BT-Drucks. 14/6040, S. 211). „Die Frage, wann eine Kaufsache einen Sachmangel aufweist, sollte eine Rechtsordnung vielmehr allgemein beantworten" (*ibid.*). Gleiches muß für die Vorrangigkeit des Nacherfüllungsanspruchs und die zweijährige Verjährungsfrist gelten, auch wenn dies in den Gesetzesmaterialien nicht ausdrücklich gesagt wird (vgl. *ibid.*, S. 228 ff.).

B. Der Verbraucherkredit

I. Die Verbraucherkreditrichtlinie

Die Verbraucherkreditrichtlinie[301] bezweckt die Angleichung der Rechts- und Verwaltungsvorschriften der Mitgliedstaaten über den Verbraucherkredit. Die Angleichung will zum einen einen gemeinsamen Verbraucherkreditmarkt schaffen[302]. Zum anderen soll ein gemeinsames Verbraucherschutzmindestniveau gewährleistet werden[303]. Beide Ziele versucht man im wesentlichen dadurch zu erreichen, daß man die Information des Verbrauchers verbessert und durch eben diese Transparenz eine höhere Vergleichsmöglichkeit für den Verbraucher schafft[304]. So verpflichtet Art. 4 Abs. 2 lit. a der Verbraucherkreditrichtlinie zur Angabe des effektiven Jahreszinses, Art. 4 Abs. 2 lit. c Hs. 2 zur Angabe des Gesamtbetrages. Gem. Art. 6 muß der Verbraucher bei einem Überziehungskredit unter anderem über die Höchstgrenze des Kreditbetrages und den Jahreszins informiert werden. Außerdem verpflichtet Art. 7 der Verbraucherkreditrichtlinie die Mitgliedstaaten, die Umstände gesetzlich zu regeln, unter denen die Ware wieder zurückgenommen werden kann. Daneben wird der Verbraucher in der besonderen Konstellation des verbundenen Geschäfts geschützt. So sieht Art. 11 Abs. 2 vor, daß der Verbraucher unter bestimmten, dort genannten Voraussetzungen das Recht hat, Rechte aus dem Kauf-, Werk- oder Dienstvertrag auch gegen den Kreditgeber geltend zu machen. Insgesamt gibt die Verbraucherkreditrichtlinie aber nur einen Mindestrahmen vor, über den gem. Art. 15 zum Schutze des Verbrauchers auch hinausgegangen werden kann.

II. Die Umsetzung der Verbraucherkreditrichtlinie ins deutsche Recht[305]

Die Umsetzung der Verbraucherkreditrichtlinie ins deutsche Recht erfolgte durch die Schaffung eines eigenständigen Gesetzes, nämlich des VerbrKrG[306]. Zwischenzeitlich wurde dieses Gesetz neben anderen Verbraucherschutzge-

---

301 Richtlinie 87/102/EWG des Rates vom 22. Dezember 1986 zur Angleichung der Rechts- und Verwaltungsvorschriften der Mitgliedstaaten über den Verbraucherkredit, ABl. EG Nr. L 42 v. 12.2.1987, S. 48 ff., geändert durch die Richtlinie 90/88/EWG des Rates v. 22.2.1990, ABl. EG Nr. L 61, S. 14, geändert durch die Richtlinie 98/7/EG des Europäischen Parlamentes und des Rates v. 16.2.1998, ABl. EG Nr. L 101, S. 17 ff.; auch abgedruckt in *Schulze/Zimmermann*, Basistexte zum Europäischen Privatrecht, 2000, unter I.20.

302 5. Erwägungsgrund der Verbraucherkreditrichtlinie.

303 6. Erwägungsgrund der Verbraucherkreditrichtlinie.

304 *Ulmer* in: Münchener Kommentar zum Bürgerlichen Gesetzbuch, Bd. 3, 3. Aufl. 1995, vor § 1 VerbrKrG Rn. 13.

305 Zur Umsetzung der Verbraucherkreditrichtlinie in anderen Mitgliedstaaten siehe *Blaurock*, JZ 1999, 801 (803 ff.).

306 Gesetz über Verbraucherkredite und zur Änderung der Zivilprozeßordnung und anderer Gesetze vom 17.12.1990, BGBl. I, S. 2840 ff.

setzen durch das Schuldrechtsmodernisierungsgesetz[307] ins BGB integriert. Inhaltlich hat sich aber durch die Einstellung der Vorschriften ins BGB nichts Wesentliches geändert.

1. Die verschiedenen Formen der überschießenden Umsetzung

a. Verschärfung des Regelungsgehalts

Der deutsche Gesetzgeber hat von seinem Recht, den Verbraucher noch besser zu schützen als es die Richtlinie vorsieht, Gebrauch gemacht. Neben den Informationspflichten - Angabe des effektiven Jahreszinses gem. § 492 Abs. 1 Nr. 5 BGB (früher § 4 Abs. 1 Nr. 1 lit. e VerbrKrG); Angabe des Gesamtbetrages gem. § 492 Abs. 1 Nr. 2 BGB (früher § 4 Abs. 1 Nr. 1 lit. b VerbrKrG); Angabe der Höchstgrenze beim Überziehungskredit gem. § 493 Abs. 1 S. 2 Nr. 1 BGB (früher § 5 Abs. 1 S. 2 Nr. 1 VerbrKrG) - und den Vorschriften zum verbundenen Geschäft in § 359 BGB (früher § 9 VerbrKrG) schützt das deutsche Recht den Verbraucher auch, insoweit über die Verbraucherkreditrichtlinie hinausgehend, durch ein Widerrufsrecht innerhalb der ersten zwei Wochen gem. §§ 495, 355 BGB (früher §§ 7 VerbrKrG, 361a BGB). In bezug auf die Einräumung des Widerrufsrechts handelt es sich nicht um eine Erstreckung des Regelungsgehalts der Richtlinie auf Sachverhalte außerhalb des Anwendungsbereichs, da nicht mehr Sachverhalte betroffen sind, sondern um eine „überschießende Umsetzung" in Form der Verschärfung des materiellen Regelungsgehalts, da der Verbraucher noch besser geschützt wird, als es die Richtlinie fordert[308].

b. Ausfüllung des von der Richtlinie vorgegebenen Rahmens

Auch die Rechtsfolgen der Nichteinhaltung der Schriftform und der Informationspflichten werden in § 494 BGB (früher § 6 VerbrKrG) näher bestimmt. Danach ist der Vertrag und die auf den Abschluß eines Vertrages gerichtete Vollmacht nichtig. Hat der Darlehensnehmer das Darlehen empfangen, dann wird der Verbraucherdarlehensvertrag zwar gültig, sind aber die Informationspflichten nicht eingehalten, ermäßigt sich der im Vertrag zugrundegelegte Zinssatz auf den gesetzlichen. Diese nähere Konkretisierung der Rechtsfolgen stellt ebenfalls keine Erstreckung des Regelungsgehalts der Richtlinie auf Sachverhalte außerhalb ihres Anwendungsbereichs dar. Hier handelt es sich vielmehr um die Ausfüllung des Rahmens, den die Verbraucherkreditrichtlinie vorgibt.

---

[307] Gesetz zur Modernisierung des Schuldrechts vom 26.11.2001, BGBl. I S. 3138 ff.
[308] Siehe oben § 1 C.II, S. 11 ff.

c. Erstreckung des Regelungsgehalts auf Sachverhalte außerhalb des Anwendungsbereichs

i) Erweiterung auf Existenzgründer

Die Umsetzung ins deutsche Recht geht noch in anderer Hinsicht über die Verbraucherkreditrichtlinie hinaus. Gem. § 507 BGB finden die Vorschriften der §§ 491 bis 506 auch auf natürliche Personen Anwendung, bei denen der Kredit für die Aufnahme einer gewerblichen oder selbständigen beruflichen Tätigkeit gewährt wird, es sei denn der Nettodarlehensbetrag oder der Barzahlungspreis übersteigt 50.000 €. Auch im VerbrKrG gab es diese Erweiterung auf Existenzgründer schon (§ 1 Abs. 1 S. 2 VerbrKrG). Existenzgründer fallen aber nicht in den Anwendungsbereich der Richtlinie. Art. 1 Abs. 2 lit. a der Richtlinie versteht unter einem Verbraucher „eine natürliche Person, die bei den von dieser Richtlinie erfaßten Geschäften zu einem Zweck handelt, der nicht ihrer beruflichen oder gewerblichen Tätigkeit zugerechnet werden kann." Gründerdarlehen müssen aber schon der gewerblichen oder selbständigen beruflichen Tätigkeit zugerechnet werden. Zwar mag die natürliche Person auch bei der Existenzgründung schützenswert sein, weil sie bisher nicht am „geschäftlichen" Leben teilgenommen hat - dies ist auch der Grund, warum der deutsche Gesetzgeber den Schutz auf Existenzgründer ausdehnte - als Verbraucher handelt sie jedoch nicht[309]. Auch das deutsche Recht geht insofern nicht davon aus, daß der Existenzgründer Verbraucher sei. § 13 BGB definiert den Verbraucher inhaltlich gleich wie Art. 1 Abs. 2 lit. a der Verbraucherkreditrichtlinie. § 507 BGB erweitert vielmehr den Anwendungsbereich der verbraucherschützenden Vorschriften auf Existenzgründer. Insoweit handelt es sich um eine Erstreckung des Regelungsgehalts der Verbraucherkreditrichtlinie auf Existenzgründer. Auch für diese Fallgruppe ist somit der zweite Teil der Arbeit relevant.

ii) Erweiterungen in sonstigen Fällen

Auch im übrigen ist der sachliche Anwendungsbereich der Verbraucher-kreditrichtlinie nicht ganz deckungsgleich mit den deutschen Vorschriften zum Verbraucherdarlehen. So findet die Richtlinie gem. Art. 2 Abs. 1 lit. a keine Anwendung auf Kreditverträge, die hauptsächlich zum Erwerb oder zur Beibehaltung von Eigentumsrechten an einem Grundstück oder einem vorhandenen oder noch zu errichtenden Gebäude oder zur Renovierung oder Verbesserung eines Gebäudes bestimmt sind. Auch auf Mietverträge ist die Verbraucherkreditrichtlinie nicht anwendbar, es sei denn, diese sehen vor, daß das Eigentum letzten Endes auf den Mieter übergehen soll. § 491 Abs. 2 BGB (früher § 3 VerbrKrG) kennt diese Einschränkungen nicht, erstreckt also den Regelungsgehalt der Richtlinie auf Sachverhalte außerhalb ihres Anwendungsbereichs.

---

[309] Näher zum europäischen Verbraucherbegriff siehe unten § 6 E.I, S. 85 f.

Ein solcher Sachverhalt lag dem Urteil des BGH vom 10. Juli 2001 zugrunde[310]. Dort war die Frage relevant geworden, ob sich § 4 Abs.1 S. 5 Nr. 1 VerbrKrG (jetzt § 492 Abs. 1 S. 5 Nr. 1 BGB) auch auf eine unwiderrufliche Vollmacht erstreckt. Da dem Sachverhalt aber ein Finanzierungsdarlehen für den Erwerb einer Eigentumswohnung zugrunde lag, lehnte der BGH eine von der Revisionserwiderung angeregte Vorlage an den EuGH mit dem Argument ab, die Verbraucherkreditrichtlinie erfasse solche Fälle nicht[311]. Im übrigen war der BGH der Meinung, die Verbraucherkreditrichtlinie enthalte zum Recht der Stellvertretung keine Aussagen und Vorgaben. Da das Berufungsgericht aber der Meinung war, das Gebot einer wirksamen Umsetzung von Gemeinschaftsrecht erfordere, den damaligen § 4 Abs. 1 S. 4 Nr. 1 VerbrKrG auch auf Vollmachterklärungen zu erstrecken, und dies auch nicht von der Hand zu weisen war, wäre die Frage an sich klärungsbedürftig gewesen. Ob der Hinweis des BGH auf die Unanwendbarkeit der Verbraucherkreditrichtlinie stichhaltig ist, wird der zweite Teil dieser Arbeit erweisen. Mit der Entscheidung des EuGH in *Leur-Bloem*[312] hat sich der BGH jedenfalls nicht auseinandergesetzt.

iii) Erweiterung auf Vollmachten: *effet utile*, Verschärfung des materiellen Regelungsgehalts oder Erstreckung des Regelungsgehalts auf Sachverhalte außerhalb des Anwendungsbereichs?

Der Problematik, ob sich die Vorschriften des § 492 Abs. 1 und Abs. 2 auch auf Vollmachten erstrecken, hat sich der deutsche Gesetzgeber nun im Schuldrechtsmodernisierungsgesetz in § 492 Abs. 4 BGB angenommen. Weil er den mit § 492 Abs. 1 intendierten Verbraucherschutz in Vertretungsfällen nicht leer laufen lassen will[313], bejaht er diese Frage, es sei denn, es handelt sich um eine Prozeßvollmacht oder um eine notariell beurkundete Vollmacht. Hier stellt sich die Frage, ob auch dies eine Erstreckung des Regelungsgehalts einer Richtlinie auf Sachverhalte außerhalb ihres Anwendungsbereichs darstellt. In Betracht kommt nämlich auch eine bloße Ausfüllung des von der Richtlinie vorgegebenen Rahmens, der sich hier sogar aufgrund des Gebots des *effet utile* zu einer Pflicht der Erstreckung auf Vollmachten verdichtet haben könnte. Außerdem könnte es sich um eine Verschärfung des materiellen Regelungsgehalts handeln, die gem. Art. 15 der Verbraucherkreditrichtlinie zulässig ist.

---

[310] BGH, Urt. v. 10.7.2001, XI ZR 198/00, ZIP 2001, 1669 = NJW 2001, 2963. In einem Vorgängerurteil in einem gleich gelagerten Fall kam der XI. Senat des BGH zum selben Ergebnis, BGH, Urt. v. 24.4.2001, XI ZR 40/00, NJW 2001, 1931. Auf die europarechtliche Problematik ist er dort aber überhaupt nicht eingegangen.

[311] *Ibid.*, ZIP 2001, 1669 (1672) = NJW 2001, 2963 (2965).

[312] EuGH, Urt. v. 17.7.1997, Rs. C-28/95, A. *Leur-Bloem/Inspecteur der Belastingdienst/Ondernemingen Amsterdam* 2, Slg. 1997, I-4161 ff.

[313] § 492 Abs. 4 kam erst mit der Beschlußempfehlung des Rechtsausschusses ins Gesetz, zu den Motiven siehe BT-Drucks. 14/7052, S. 201.

(1) *Effet utile*

Zunächst ist zu überlegen, ob schon das Gebot einer wirksamen Umsetzung von Gemeinschaftsrecht[314] eine Ausdehnung auf Vollmachten verlangt. Ist dies nämlich zu bejahen, dann scheidet eine überschießende Umsetzung sowohl in Form der Verschärfung des materiellen Regelungsgehalts als auch in Form der Erstreckung des Regelungsgehalts auf Sachverhalte außerhalb des Anwendungsbereichs aus. Der wirksamste Schutz für den Verbraucher würde sicherlich dadurch erreicht, daß man verlangt, daß der Verbraucher stets selbst über den effektiven Jahreszins und den Gesamtbetrag informiert werden muß. Dies ließe sich dadurch erreichen, daß man die Formerfordernisse auf die Vollmacht erstreckt. Eine solche Ausdehnung hätte zur Folge, daß eine Vertretung in diesen Fällen nahezu ausgeschlossen wäre, da bei Vollmachterteilung die Kreditbedingungen noch nicht feststehen. Sähe man es demgegenüber als ausreichend an, daß der Vertreter informiert wird, - so der BGH vor Einführung des § 492 Abs. 4 BGB mit Hinweis auf § 166 I BGB[315] - dann wäre dieser Schutz nicht völlig wirkungslos. Immerhin wurde ja der Vertreter informiert. Ein völliges Ausblenden der Gesichtspunkte, die gegen eine größtmögliche praktische Wirksamkeit sprechen, ist auch mit dem Hinweis auf den *effet utile* nicht angezeigt. Ansonsten käme man durch den notwendigerweise punktuellen Regelungsansatz in der Europäischen Union immer zu einer völlig einseitigen, den Sachverhalten nicht gerecht werdenden Betrachtungsweise. Auch hier muß somit eine Abwägung stattfinden. Ein völliger Ausschluß der Stellvertretung kann von der Verbraucherkreditrichtlinie nicht intendiert sein, da diese sich mit der Stellvertretung gar nicht befaßt[316]. Eine Abwägung der Vor- und Nachteile, die mit der Stellvertretung verbunden sein können, konnte so gar nicht stattfinden. Für den Verbraucher kann es ja unter Umständen von Vorteil sein, wenn er seine Geschäfte von einem sachkundigen Vertreter abwickeln läßt[317]. Zumindest dann, wenn der Vertreter nicht auf der Seite des Kreditgebers steht, ist eine Erstreckung der Verbraucherkreditrichtlinie auf Vollmachten nicht durch das Gebot der wirksamen Umsetzung von Gemeinschaftsrecht angezeigt.

(2) Verschärfung des materiellen Regelungsgehalts oder Erstreckung des Regelungsgehalts auf Sachverhalte außerhalb der Richtlinie?

Es stellt sich somit die Frage, ob es sich bei der Erstreckung der Formvorschriften auf Vollmachten durch § 492 Abs. 4 BGB um eine Erstreckung des Regelungsgehalts der Verbraucherkreditrichtlinie auf Sachverhalte außerhalb

[314] Im Rahmen der Auslegung bedeutet *effet utile*, daß jede Rechtsvorschrift so auszulegen ist, daß sie ihre volle Wirkung entfalten kann; weitere Nachweise dazu bei *Schwarze* in: ders. (Hrsg.), EU-Kommentar, 1. Aufl. 2000, Art. 220 EGV Rn. 29. Bezogen auf Richtlinien kann das auch bedeuten, daß sich ein gegebener Rahmen zu einer konkreten Pflicht verdichtet.

[315] BGH, Urt. v. 24.4.2001, XI ZR 40/00, NJW 2001, 1931 (1932).

[316] So auch der BGH, Urt. v. 10.7.2001, XI ZR 198/00, ZIP 2001, 1669 (1672).

[317] So auch im gerade erwähnten Fall.

des Anwendungsbereichs handelt oder um eine inhaltliche Verschärfung des Regelungsgehalts. Sicher handelt es sich hier um einen Grenzfall. Die Unterscheidung soll hier so vorgenommen werden, daß darauf abgestellt wird, ob die Tatbestandsseite betroffen ist oder die Rechtsfolgenseite[318]. Wird der Tatbestand ausgedehnt, so handelt es sich um eine Erstreckung des Regelungsgehalts. Wird die Rechtsfolge verschärft, dann handelt es sich um eine Verschärfung des materiellen Regelungsgehalts. Werden bestimmte Formerfordernisse auch auf Vollmachten bezogen, so ist damit die Tatbestandsseite angesprochen. Im deutschen Recht liegt also eine Erstreckung des Regelungsgehalts der Verbraucherkreditrichtlinie auf Vollmachten vor.

C. Das Haustürgeschäft

I. Die Haustürgeschäftsrichtlinie

Die Haustürgeschäftsrichtlinie[319] will den Verbraucher bei Verträgen außerhalb der Geschäftsräume eines Gewerbetreibenden davor schützen, überrumpelt zu werden[320]. Wird der Verbraucher vom Gewerbetreibenden in seiner Wohnung oder am Arbeitsplatz aufgesucht oder organisiert der Gewerbetreibende einen Ausflug[321], dann räumt die Richtlinie in Art. 5 dem Verbraucher für die dort geschlossenen Verträge ein Widerrufsrecht ein. Dadurch soll dem Verbraucher die Möglichkeit gegeben werden, die Verpflichtungen aus dem Vertrag noch einmal zu überdenken und das Angebot mit anderen zu vergleichen[322]. Gem. Art. 4 ist der Verbraucher über sein Widerrufsrecht zu belehren. Die Widerrufsfrist von 7 Tagen beginnt gem. Art. 5 nicht, bevor der Verbraucher über sein Widerrufsrecht belehrt worden ist. Art. 8 erlaubt den Mitgliedstaaten noch günstigere Verbraucherschutzbestimmungen auf dem Gebiet dieser Richtlinie zu erlassen.

II. Die Umsetzung der Haustürgeschäftsrichtlinie ins deutsche Recht

1. Entstehungsgeschichte

Die Haustürgeschäftsrichtlinie und das Haustürwiderrufsgesetz[323] entstanden weitgehend parallel. Nur kurze Zeit nachdem die Richtlinie am 20. Dezember 1985 erlassen wurde, wurde am 16. Januar 1986 das Haustürwiderrufsgesetz verabschiedet. Dabei ging dem deutschen Gesetz eine zehnjährige Beratung

---

318 Siehe dazu oben § 1 C.II, S. 11 f.

319 Richtlinie 85/577/EWG des Rates vom 20. Dezember 1985 betreffend den Verbraucherschutz im Falle von außerhalb von Geschäftsräumen geschlossenen Verträgen, ABl. EG Nr. L 372 v. 31.12.1985, S. 31 ff.; auch abgedruckt in *Schulze/Zimmermann*, Basistexte zum Europäischen Privatrecht, 2000, unter I.15.

320 4. Erwägungsgrund der Haustürgeschäftsrichtlinie.

321 Siehe Art. 1 Abs. 1 der Haustürgeschäftsrichtlinie.

322 5. und 4. Erwägungsgrund der Haustürgeschäftsrichtlinie.

323 Gesetz über den Widerruf von Haustürgeschäften und ähnlichen Geschäften vom 16.1.1986, BGBl. I, S. 122 ff.

voraus[324]. Bei der Entstehung des deutschen Gesetzes wurde auf die parallel entstehende Richtlinie Rücksicht genommen. Man ging davon aus, daß sich die Neuregelung im Rahmen des Entwurfs der Richtlinie hält[325]. Das Haustürwiderrufsgesetz kann somit als vorweggenommene Umsetzung der Richtlinie angesehen werden. Zwischenzeitlich wurden die Vorschriften des Haustürwiderrufsgesetzes durch das Schuldrechtsmodernisierungsgesetz ins BGB integriert. Das Widerrufsrecht des § 1 HaustürWG findet sich jetzt in § 312 BGB wieder.

2. Vergleich von Haustürgeschäftsrichtlinie und umgesetztem deutschem Recht

Während die Haustürgeschäftsrichtlinie nur anwendbar ist, wenn der Vertrag in einer „Haustürsituation" - also während eines vom Gewerbetreibenden organisierten Ausflugs, anläßlich eines Besuchs des Gewerbetreibenden in der Wohnung des Verbrauchers oder an dessen Arbeitsplatz - geschlossen wird[326], geht das deutsche Gesetz darüber hinaus[327]. § 312 BGB (früher § 1 HaustürWG) fordert nämlich nur, daß der Verbraucher zum Abschluß des Vertrages durch eine „Haustürsituation" - also durch mündliche Verhandlungen am Arbeitsplatz oder in der Wohnung des Verbrauchers oder anläßlich einer vom Unternehmer durchgeführten Freizeitveranstaltung - bestimmt worden ist. Diese Formulierung knüpft an § 123 BGB an[328]. Erforderlich ist also nur, daß die Anbahnung in einer „Haustürsituation" noch bei Vertragsschluß fortwirkt. Ein enger zeitlicher Zusammenhang zwischen den Vertragsverhandlungen unter den Umständen des § 312 Abs. 1 BGB und der Abgabe der Vertragserklärung ist somit im Gegensatz zur Haustürgeschäftsrichtlinie nicht erforderlich[329]. Da auch hier die Tatbestandsseite betroffen ist[330], ein Widerrufsrecht mithin auch in Sachverhalten gewährt wird, in denen die Haustürgeschäftsrichtlinie kein Widerrufsrecht gewährt, ist dieser Fall als Erstreckung des Regelungsgehalts der Haustürgeschäftsrichtlinie auf Sachverhalte außerhalb ihres Anwendungsbereichs einzuordnen und nicht als Verschärfung des materiellen Regelungsgehalts, wobei es sich auch hier um einen Grenzfall handelt. Der Regelungsgehalt der Richtlinie, die Gewährung von Widerrufsrechten für den Verbraucher in Überrumplungssituationen, wird

---

324 *Reinicke/Tiedtke*, DB 1998, 2001 (2002).

325 Beschlußempfehlung und Bericht des Rechtssausschusses v. 12.11.1985, BT-Drucks. 10/4210, S. 9.

326 Zumindest muß der Verbraucher in einer solchen Situation sein Angebot gemacht haben, Art. 1 Abs. 3 und 4 der Haustürgeschäftsrichtlinie.

327 So zutreffend *Habersack*, WM 2000, 981 (991); *Hoffmann*, ZIP 2002, 145 (149).

328 BT-Drucks. 10/2876, S. 11.

329 BGH, Urt. v. 26.10.1993, XI ZR 42/93, ZIP 1993, 1881 (1885); BGH , Urt. v. 16.1.1996, XI ZR 116/95, ZIP 1996, 370 (373) = BGHZ 131, 385 (392); OLG Stuttgart, Urt. v. 29.6.1999, 6 U 169/98, ZIP 1999, 2005 (2006). Zustimmend *Werner* in: Staudinger, Neubearbeitung 2001, § 1 HaustürWG Rn. 70; *Putzo* in: Palandt, 61. Aufl. 2002, § 1 HaustürWG Rn. 4.

330 Zu diesem Abgrenzungskriterium siehe oben § 1 C.II, S. 11 ff.

nämlich auf Sachverhalte erstreckt, die über den Anwendungsbereich der Richtlinie hinausgehen.

III. Entscheidung des EuGH zu Realkrediten: Die „*Heininger*-Entscheidung"

Die unlängst ergangene Entscheidung des EuGH[331], in der die Haustürgeschäftsrichtlinie auf Realkreditverträge anwendbar erklärt wurde[332] und dem Verbraucher damit ein Widerrufsrecht zugestanden wurde, das für den Fall, daß der Verbraucher nicht gem. Art. 4 belehrt wurde, unbefristet ist[333], erging anläßlich eines Sachverhalts, der nicht in den Anwendungsbereich der Haustürgeschäftsrichtlinie fiel. Im zugrundeliegenden Sachverhalt waren die Kläger mehrfach und unaufgefordert von einem für die beklagte Bank freiberuflich tätigen Immobilienmakler zu Hause aufgesucht worden. Von diesem waren sie zum Wohnungskauf sowie zur Darlehensaufnahme überredet worden, ohne daß sie über ein etwaiges Widerrufsrecht belehrt worden waren. Die Abgabe der Willenserklärungen bezüglich des Darlehensvertrages erfolgte allerdings erst zwei Wochen nach dem letzten Hausbesuch des Immobilienmaklers, und zwar in den Geschäftsräumen der beklagten Bank.

Dieser Sachverhalt fällt nicht in den Anwendungsbereich der Haustürgeschäftsrichtlinie, die - wie oben schon erwähnt - voraussetzt, daß das Angebot des Verbrauchers in einer „Haustürsituation" abgegeben wurde. Zu einer Vorlage konnte es nur kommen, weil § 312 BGB (früher § 1 Abs. 1 HaustürWG) schon genügen läßt, daß die Anbahnung des Vertragsschlusses in einer Haustürsituation noch fortwirkt und keinen engen zeitlichen Zusammenhang fordert. Im vorliegenden Zusammenhang ist nicht von Bedeutung, ob der Entscheidung des EuGH inhaltlich zuzustimmen ist, oder ob § 355 Abs. 3 BGB, nach dem das Recht zum Widerruf unabhängig von einer Belehrung spätestens sechs Monate nach Vertragsschluß erlischt, richtlinienkonform fortgebildet werden kann[334]. An dieser Stelle soll nur festgehalten werden, daß der EuGH entschieden hat, obwohl der Sachverhalt außerhalb des Anwendungsbereichs der Richtlinie lag. Und dies, obwohl er vom Generalanwalt LÉGER ausdrücklich darauf hingewiesen wurde[335]. Der EuGH hat sich somit in einem weiteren Fall der autonomen Harmonisierung - nämlich der Erstreckung des Regelungsgehalt einer Richtlinie durch den nationalen Gesetzgeber

---

[331] EuGH, Urt. v. 13.12.2001, Rs. C-481/99, *Georg und Helga Heininger/Bayerische Hypo- und Vereinsbank AG*, EuZW 2002, 84.

[332] *Ibid.*, Tz. 40.

[333] *Ibid.*, Tz. 48.

[334] Dazu näher LG Bonn, Urt. v. 17.4.2002, 1 O 370/01, besprochen in der FAZ v. 24.4.2002, S. 25. Die Frage, ob der Entscheidung des EuGH, der eine Befristung der Ausübung des Widerrufsrechts ablehnt, durch eine richtlinienkonforme Gesetzesanwendung Rechnung getragen werden kann, wurde vom BGH, Urt. v. 9.4.2002, XI ZR 91/99, NJW 2002, 1881 (1884), als für den vorliegenden Fall nicht entscheidungserheblich offen gelassen.

[335] Schlußanträge des Generalanwalts *Léger*, Tz. 23.

auf Sachverhalte außerhalb ihres Anwendungsbereichs - für zuständig gehalten. Ob dies richtig ist, ob damit eine Vorlagepflicht letztinstanzlicher Gerichte korrespondiert und ob der BGH nun an die Entscheidung des EuGH gebunden ist, wird im zweiten Teil der Arbeit beantwortet werden[336]. HABERSACK etwa plädiert im vorliegenden Fall für eine gespaltene Auslegung[337]. Er will für Vertragstypen, die nach dem Willen des deutschen Gesetzgebers überhaupt nicht in den Anwendungsbereich des HaustürWG fallen sollten - Realkreditverträge hält er für solche - , die Anwendbarkeit des HaustürWG (jetzt § 312 BGB) davon abhängig machen, daß die Voraussetzungen des Art. 1 Abs. 1, 3 und 4 der Haustürgeschäftsrichtlinie erfüllt sind[338]. Nach ihm kann der BGH im Fall *Heininger* von der Entscheidung des EuGH abweichen, weil der Anwendungsbereich der Richtlinie gar nicht eröffnet war.

IV. Anwendbarkeit der Haustürgeschäftsrichtlinie und des HaustürWG auf Bürgschaften

Im Bereich der Haustürgeschäftsrichtlinie stellt sich noch eine etwas anders gelagerte Problematik, die mit der hier behandelten zumindest verwandt ist und deshalb in der gebotenen Kürze wenigstens gestreift werden soll. Es kann nämlich nicht nur der Gesetzgeber aufgerufen sein, durch die Erstreckung des Regelungsgehalts einer Richtlinie auf Sachverhalte außerhalb des Anwendungsbereichs Systembrüche zu vermeiden. Die Auflösung von Systembrüchen kann vielmehr auch dem Rechtsanwender aufgegeben sein. Ein prominentes Beispiel ist hier die *Dietzinger*-Entscheidung.

1. Die *Dietzinger*-Entscheidung des EuGH

Zwischen dem IX. Zivilsenat und dem XI. Zivilsenat des BGH war umstritten, ob Bürgschaftsverträge unter das HaustürWG fallen oder nicht. Während der IX. Zivilsenat dies verneinte, weil Bürgschaftsverträge keine entgeltlichen Verträge darstellten[339], bejahte der XI. Zivilsenat in *obiter dicta* die Anwendbarkeit des HaustürWG auf Bürgschaftsverträge mit einem *argumentum a fortiori*[340]. Wenn der Bürge eine Verpflichtung eingehe, ohne dafür eine Gegenleistung zu erhalten, sei er noch schutzbedürftiger als derjenige, der eine Gegenleistung erhalte. Außerdem stützte sich der XI. Senat auf den ersten Erwägungsgrund der Haustürgeschäftsrichtlinie, der von einseitigen Verpflichtungserklärungen spricht. Aufgrund dieser Kontroverse und der Unklarheit des Anwendungsbereichs der Haustürgeschäftsrichtlinie hat der IX. Senat dem EuGH die Frage vorgelegt, ob ein Bürgschaftsvertrag, der zwischen

---

336 Siehe dazu unten § 7 B.II.3.c, S. 108 ff.

337 WM 2000, 981 (991).

338 *Ibid.*

339 BGH, Urt. v. 24.1.1991, IX ZR 174/90, BGHZ 113, 287 (288 ff.).

340 BGH, Urt. v. 9.3.1993, XI ZR 179/92, NJW 1993, 1594 (1594 f.); BGH, Urt. v. 26.9.1995, XI ZR 199/94, NJW 1996, 55 (56).

einem Kreditinstitut und einer hierbei nicht im Rahmen einer selbständigen Erwerbstätigkeit handelnden natürlichen Person geschlossen und durch den eine Kreditforderung des Kreditinstituts gegen einen Dritten abgesichert wird, unter die Haustürgeschäftsrichtlinie fällt[341].

Generalanwalt JACOBS war der Ansicht, daß Bürgschaftsverträge nicht unter die Haustürgeschäftsrichtlinie fallen[342]. Er stützt seine Auffassung im wesentlichen auf die Entstehungsgeschichte und den systematischen Zusammenhang sowie das Argument, daß der Verbraucher nicht unter allen Umständen geschützt werden müsse[343]. Allerdings weist er ausdrücklich darauf hin, daß es nicht im Widerspruch zur Richtlinie stünde, wenn das vorlegende Gericht entscheiden würde, daß die Bürgschaft nach deutschem Recht unter das Haustürwiderrufsgesetz falle[344].

Der EuGH folgte dem Vorschlag des Generalanwalts nicht. Er entschied, daß die Bürgschaft grundsätzlich unter die Richtlinie fallen könne[345]. Allerdings schränkte er diese Aussage ein. Aus dem Wortlaut von Art. 1 der Richtlinie und dem akzessorischen Charakter der Bürgschaft folge, daß unter die Richtlinie nur eine Bürgschaft für eine Verbindlichkeit fallen könne, die ein Verbraucher im Rahmen eines Haustürgeschäfts gegenüber einem Gewerbetreibenden als Gegenleistung für Waren und Dienstleistungen eingegangen ist[346].

2. Die Umsetzung der Entscheidung ins deutsche Recht

Die Entscheidung des EuGH ist in der deutschen Literatur weitgehend auf Unverständnis gestoßen. Ist man sich über die Deutung der Entscheidung auch noch uneins – es ist unklar, ob die Entscheidung dahingehend zu verstehen ist, daß es allein auf die Hauptschuld ankommen soll[347] oder ob kumulativ bei Bürgen und Hauptschuldner eine „Haustürsituation" vorliegen muß[348] - , so wird das Abstellen auf die Hauptschuld weitestgehend kritisiert[349]. Warum der Schutz des Bürgen davon abhängen soll, daß auch der Hauptschuldner Verbraucher ist - oder sogar zusätzlich auch in einer Haustürsituation überrumpelt worden ist - , bleibt unerfindlich[350]. Der Akzessorietätsgrundsatz bedeutet doch nur, daß die Bürgschaft hinsichtlich ihrer Ent-

---

341 BGH, Beschl. v. 11.1.1996, IX ZR 56/95, NJW 1996, 930 (930 ff.).

342 Schlußanträge des Generalanwalts *Jacobs* v. 20.3.1997, Rs. C-45/96, *Bayerische Hypotheken- und Wechselbank AG/Edgar Dietzinger*, Slg. 1998, I-1199 (1214 ff.).

343 *Ibid.*, Tz. 38 f.

344 *Ibid.*, Tz. 43.

345 EuGH, Urt. v. 17.3.1998, Rs. C-45/96, *Bayerische Hypotheken- und Wechselbank AG/Edgar Dietzinger*, Slg. 1998, I-1199, Tz. 20.

346 *Ibid.*, Tz. 22.

347 So *Pfeiffer*, ZIP 1998, 1129 (1133).

348 So der BGH, Urt. v. 14.5.1998, IX ZR 56/95, NJW 1998, 2356 (2357); siehe dazu auch *Drexl*, JZ 1998, 1046 (1050).

349 *Hommelhoff*, FS BGH, 2000, S. 889 (897); Canaris, AcP 200 (2000), 273 (353) m. w. N.

350 *Reinicke/Tiedtke*, ZIP 1998, 893 (894 f., 896).

stehung, Durchsetzbarkeit und Zuständigkeit von der Hauptschuld abhängig ist, nicht aber, daß Bürgschaft und Hauptschuld nicht isoliert auf Wirksamkeitserfordernisse überprüft werden können[351].

Hier stellt sich nun das Problem der Umsetzung der Entscheidung ins deutsche Recht. Generalanwalt JACOBS hatte ausdrücklich darauf hingewiesen, daß es dem deutschen Gericht selbst dann, wenn man seiner Meinung folgen würde, die die Anwendbarkeit der Haustürgeschäftsrichtlinie auf Bürgschaften generell verneint, unbenommen sei, das Haustürwiderrufsgesetz auf Bürgschaftsverträge anzuwenden. Dem ist zuzustimmen. Allerdings geht sein Hinweis auf Art. 8 der Richtlinie fehl[352]. Ist der Anwendungsbereich einer Richtlinie gar nicht eröffnet, dann bedarf es keiner Ermächtigung für die Mitgliedstaaten. Sie sind in der Regelung von Sachverhalten außerhalb des Anwendungsbereichs der Richtlinie völlig frei. Das bedeutet auch, daß sie den Regelungehalt einer Richtlinie auf Sachverhalte außerhalb des Anwendungsbereichs erstrecken können[353]. Dies ergibt sich im übrigen auch aus dem Wortlaut von Art. 8 selbst. Er ermächtigt die Mitgliedstaaten *auf dem Gebiet der Richtlinie* noch günstigere Verbraucherschutzbestimmungen zu erlassen. Was die Mitgliedstaaten außerhalb dieses Gebiets machen, ist ihre Sache. Bindend ist die EuGH-Entscheidung aber insoweit, als Bürgschaften dann, wenn sie eine Hauptschuld sichern, die unter die Haustürsituationen der Richtlinie fällt, auch unter die Richtlinie fallen.

Da dieses Abstellen auf die Hauptschuld dem deutschen Recht fremd ist, fragt es sich also, ob das deutsche Haustürwiderrufsgesetz insoweit einen weiteren Regelungsbereich abdecken soll als die Haustürgeschäftsrichtlinie[354], d. h. ob das Haustürwiderrufsgesetz insgesamt alle Bürgschaften erfaßt, unabhängig davon, ob der Hauptschuldner ein Verbraucher ist, der in einer Haustürsituation überrumpelt worden ist, oder nicht. Der BGH verneinte dies mit dem Argument, daß der eine „entgeltliche Leistung" voraussetzende Wortlaut des § 1 Abs. 1 HaustürWG sogar noch enger gefaßt sei als die entsprechenden Bestimmungen der Richtlinie[355]. Auch lasse sich der Entstehungsgeschichte des Gesetzes kein Anhaltspunkt dafür entnehmen, daß der deutsche Gesetzgeber in der Frage der Einbeziehung von Sicherungsverträgen über die in der Richtlinie enthaltene Regelung hinausgehen wollte[356]. Dem ist sicher zuzustimmen. Eine Erstreckung des Regelungsgehalts der Haustürgeschäftsrichtlinie auf Sicherungsverträge durch den deutschen Gesetzgeber liegt nicht vor.

Es fragt sich allerdings, ob nicht dadurch eine Lücke entstanden ist, daß der deutsche Gesetzgeber davon ausging, Sicherungsverträge fielen überhaupt

---

351 *Habersack*, DStR 1998, 946 (947).

352 Ebenso falsch ein Großteil der Literatur; vgl. nur *Canaris*, AcP 200 (2000), 273 (353), der darauf abstellt, daß die einschlägige Richtlinie nur Mindeststandards vorschreibe.

353 Siehe oben § 1 C.II, S. 11 ff.

354 BGH, Urt. v. 14.5.1998, IX ZR 56/95, NJW 1998, 2356 (2357).

355 *Ibid.*

356 *Ibid.*

nicht unter die Haustürgeschäftsrichtlinie und der EuGH nun bei Bürgschaftsverträgen in einer Art und Weise differenziert, die überhaupt nicht überzeugt. Mag es verständlich sein, daß der BGH das Urteil des EuGH so weit wie möglich begrenzen will, weil nach seiner Auffassung Bürgschaftsverträge überhaupt nicht in den Anwendungsbereich des HaustürWG fallen, so ist doch der Hinweis von LORENZ stichhaltig, daß das bisherige Zentralargument, Bürgschaftsverträge fielen schon der Sache nach grundsätzlich nicht unter den Anwendungsbereich des Haustürwiderrufsgesetzes, jetzt nicht mehr aufrechterhalten werden könne[357]. Richtigerweise hätte sich der BGH hier nicht auf die Bindung an die EuGH-Entscheidung zurückziehen dürfen, sondern hätte positiv begründen müssen, warum es für die Anwendbarkeit des HaustürWG auf die Hauptschuld ankommen soll. Da dafür schlicht nichts spricht[358], hätte er insoweit über die EuGH-Entscheidung hinausgehend das HaustürWG auf alle Bürgschaftsverträge anwenden müssen[359].

D. Schutz vor mißbräuchlichen Klauseln

I. Das Gesetz zur Regelung des Rechts der Allgemeinen Geschäftsbedingungen und die Klauselrichtlinie

1. Entstehungsgeschichte

Das AGB-Gesetz entstand 17 Jahre vor der Klauselrichtlinie. Während jenes schon am 9. Dezember 1976 erlassen wurde[360], stammt die Klauselrichtlinie[361] aus dem Jahr 1993. Allerdings war der Schutz des Verbrauchers vor Marktmißbrauch des Verkäufers - insbesondere vor einseitig festgelegten Geschäftsbedingungen - schon 1975 im ersten Verbraucherschutzprogramm als Ziel formuliert worden[362]. Bis zur endgültigen Verabschiedung der Richtlinie sollte es allerdings knappe 20 Jahre dauern[363]. Aufgrund des zeitlich früheren Inkrafttretens des AGB-Gesetzes wurde die Umsetzung der Klauselrichtlinie

---

357 *Lorenz*, NJW 1998, 2937 (2939).

358 A. A. *Flessner*, JZ 2002, 14 (20 f.), der allerdings selbst zugibt, daß es „vom Schutzzweck der Richtlinie her nicht ganz logisch erscheint".

359 Dafür auch *Canaris*, AcP 200 (2000), 273 (354). Auch er kann keinen Willen des Gesetzgebers feststellen, hinsichtlich dieser Problematik über die Richtlinie hinauszugehen. Dies bedeute aber nicht, daß eine negative Entscheidung vorliege, die ein Hindernis für eine Rechtsfortbildung darstelle. Außerdem gehe ein starkes teleologisches Argument - wie es hier gegeben sei - einem schwachen historischen Argument vor.

360 BGBl. 1976 I, S. 3317 ff.

361 Richtlinie 93/13/EWG des Rates vom 5. April 1993 über mißbräuchliche Klauseln in Verbraucherverträgen, ABl. EG Nr. L 95 v. 21.4.1993, S. 29 ff.; abgedruckt bei *Schulze/Zimmermann*, Basistexte zum europäischen Privatrecht, 2000, unter I.10.

362 ABl. EG 1975 Nr. C 92, S. 1 ff.

363 Näher zur Entstehungsgeschichte *Hommelhoff/Wiedenmann*, ZIP 1993, 562 (562 f.).

im wesentlichen nur durch die Einfügung eines einzigen Paragraphen, nämlich des § 24a AGBG (jetzt § 310 Abs. 3 BGB) verwirklicht[364].

2. Vergleich des Schutzgegenstandes

Das AGB-Gesetz will den Kunden vor der einseitigen Ausnutzung der Vertragsgestaltungsfreiheit, die der Verwender im Rahmen der Vorformulierung faktisch für sich in Anspruch nimmt, schützen[365]. Hintergrund hierfür ist die Tatsache, daß es sich für den Kunden aufgrund des einmaligen Geschäfts nicht lohnt, durch Verhandlungen oder Vergleich mit anderen Angeboten günstigere Bedingungen zu erreichen, während es für den Verwender bei der Masse seiner Geschäfte durchaus lukrativ ist, durch seine Geschäftsbedingungen die vertraglichen Risiken auf den Kunden abzuwälzen[366]. Geschützt wird der Kunde nicht etwa deshalb, weil die wirtschaftliche oder soziale Überlegenheit des Verwenders ausgeglichen werden soll. Dies zeigt sich unter anderem daran, daß auch Kaufleute geschützt sind. Auch erklärt sich hieraus der abstrakte Maßstab, an dem eine Klausel gemessen wird. Es kommt nicht darauf an, wie stark der Verwender oder wie schwach der Kunde im Einzelfall ist.

Ganz anders die Klauselrichtlinie. Ihr geht es allein um den Schutz des Verbrauchers[367]. Dieser soll aufgrund seiner „rollenspezifischen Unterlegenheit" geschützt werden[368]. So ist nach dem 16. Erwägungsgrund bei der Beurteilung von Treu und Glauben besonders zu berücksichtigen, welches Kräfteverhältnis zwischen den Verhandlungspositionen der Parteien bestand. Dem AGB-Gesetz und der Klauselrichtlinie liegen also unterschiedliche Schutzkonzepte zugrunde[369].

3. Vergleich im einzelnen

a. Inhaltskontrolle

Sowohl das AGB-Gesetz als auch die Klauselrichtlinie statuieren eine Inhaltskontrolle nicht ausgehandelter Vertragsbestimmungen anhand einer Generalklausel. Während die Inhaltskontrolle nach Art. 3 der Richtlinie schon dann stattfindet, wenn eine Vertragsklausel im einzelnen nicht ausgehandelt wurde, ist nach § 305 Abs. 1 S. 1 BGB (früher § 1 Abs. 1 S. 1 AGBG) Voraussetzung,

---

364 AGB-Novelle vom 19.7.1996, BGBl. I, S. 1036 ff.

365 So die treffende Formulierung von *Ulmer* in: Ulmer/Brandner/Hensen, AGB-Gesetz, 9. Aufl. 2001, Einl. Rn. 4; so auch BGH, Urt. v. 30.6.1994, VII ZR 116/93, BGHZ 126, 326 (333).

366 Siehe nur *Zweigert/Kötz*, Einführung in die Rechtsvergleichung, 3. Aufl. 1996, S. 326 f.

367 6. Erwägungsgrund der Klauselrichtlinie.

368 *Schlosser* in: Staudinger, Gesetz zur Regelung des Rechts der Allgemeinen Geschäftsbedingungen, 13. Bearbeitung 1998, § 24a AGBG Rn. 5.

369 So auch die einhellige Meinung in der Kommentarliteratur, siehe nur *Horn* in: Wolf/Horn/Lindacher, AGB-Gesetz, 4. Aufl. 1999, § 24a Rn. 4.

daß die Vertragsbedingungen für eine Vielzahl von Verträgen vorformuliert sind[370]. Dieser Unterschied erklärt sich aus den oben erwähnten unterschiedlichen Schutzkonzepten. Während es nach dem AGB-Gesetz entscheidend darauf ankommt, daß es sich aufgrund der Vielzahl der gleichartigen Geschäfte nur für den Verwender lohnt, auf die Geschäftsbedingungen Einfluß zu nehmen, stellt die Klauselrichtlinie auf die Unterlegenheit des Verbrauchers ab. Bei dieser kann es keinen entscheidenden Unterschied machen, ob der Verwender seine wirtschaftliche und intellektuelle Macht anhand seiner für eine Vielzahl von Geschäften vorformulierten Allgemeinen Geschäftsbedingungen mißbraucht oder sich nur im konkreten Fall durchsetzt. Ein weiterer Unterschied besteht darin, daß gem. Art. 4 Abs. 1 der Richtlinie eine Gesamtbetrachtung vorzunehmen ist, während die fraglichen Klauseln nach dem AGB-Gesetz vor der Einfügung des § 24a AGBG abstrakt beurteilt wurden und gegenüber Kaufleuten immer noch abstrakt beurteilt werden. Dieser abstrakte Maßstab hängt mit der nach deutschem Recht erforderlichen Voraussetzung zusammen, daß die Vertragsbedingungen für eine Vielzahl von Verträgen vorformuliert sein müssen. Hier kann der Verwender nur auf die typischen Interessen seines Vertragpartners Rücksicht nehmen, nicht aber auf seinen konkreten Vertragspartner.

Beiden Generalklauseln hat man konkrete Klauselverbote beigefügt. Im Gegensatz zu den §§ 308, 309 BGB (früher §§ 10, 11 AGBG) ist die Liste im Anhang der Klauselrichtlinie allerdings nicht verbindlich (siehe Art. 3 Abs. 3) und bei weitem nicht so umfassend.

b. Weitere Gemeinsamkeiten und Unterschiede

Sowohl nach der Richtlinie (Art. 5 S. 2) als auch nach deutschem Recht (§ 305 c Abs. 2 BGB - früher § 5 AGBG) gehen Zweifel bei der Auslegung von Allgemeinen Geschäftsbedingungen zu Lasten des Verwenders. Auch hinsichtlich des Gegenstandes der Inhaltskontrolle bestehen Gemeinsamkeiten. Gem. Art. 4 Abs. 2 der Richtlinie bezieht sich nämlich die Beurteilung der Mißbräuchlichkeit weder auf den Hauptgegenstand des Vertrages noch auf die Angemessenheit zwischen dem Preis und der Gegenleistung, sofern diese Klauseln klar und verständlich abgefaßt sind. Dieser Gedanke findet sich auch im deutschen Recht. Die Rechtsprechung legt § 307 Abs. 3 BGB (früher § 8 AGBG) so aus, daß AGB-Klauseln, die reine Leistungsbeschreibungen enthalten, von der Inhaltskontrolle ausgenommen sind.

Zur Einbeziehung Allgemeiner Geschäftsbedingungen, die im deutschen Recht unter § 305 Abs. 2 (früher § 2 AGBG) geregelt ist, sagt die Klauselrichtlinie nichts. Auch den Vorrang der Individualabrede regelt die Richtlinie nicht ausdrücklich.

---

[370] Auf die Besonderheiten bei Verbraucherverträgen gem. § 310 Abs. 3 (früher § 24a AGBG) soll erst bei der Umsetzung eingegangen werden.

c. Anwendungsbereich

Während die Richtlinie gem. Art. 1 Abs. 1 nur für Verträge zwischen Gewerbetreibenden und Verbrauchern gilt, hat das deutsche Recht in bezug auf die Gestaltung rechtsgeschäftlicher Schuldverhältnisse durch Allgemeine Geschäftsbedingungen in den §§ 305 ff. BGB (früher AGBG) aufgrund der von der Richtlinie abweichenden Schutzkonzeption einen weiteren Anwendungsbereich. Diese Vorschriften gelten auch, wenn der Klauselgegner kein Verbraucher ist. Außerdem finden sie auch Anwendung, wenn ein Verbraucher Verwender der Allgemeinen Geschäftsbedingungen ist. Gem. § 310 BGB finden die § 305 Abs. 2 und 3 und die §§ 308 und 309 auf Allgemeine Geschäftsbedingungen, die gegenüber einem Unternehmer, einer juristischen Person des öffentlichen Rechts oder einem öffentlich-rechtlichen Sondervermögen verwendet werden, allerdings keine Anwendung.

II. Die Umsetzung der Klauselrichtlinie durch die Einfügung von § 24a AGBG (jetzt § 310 Abs. 3 BGB)

Der deutsche Gesetzgeber sah sich bei der Umsetzung der Klauselrichtlinie vor die Wahl gestellt, entweder die auf dem unterschiedlichen Schutzkonzept beruhenden Abweichungen von der Richtlinie - das Erfordernis der Vorformulierung für eine Vielzahl von Verträgen; der abstrakte Maßstab bei der Inhaltskontrolle; das Erfordernis des Stellens der Allgemeinen Geschäftsbedingungen; der unterschiedliche Anwendungsbereich - insgesamt zu korrigieren oder aber die Vorgaben der Klauselrichtlinie nur bei der besonderen Kategorie der Verbraucherverträge einzuhalten. Der deutsche Gesetzgeber hat sich für letzteren Weg entschieden[371]. Das deutsche Recht wurde also im allgemeinen so beibehalten wie bisher und nur insoweit modifiziert, als es durch die Klauselrichtlinie veranlaßt war. So sieht § 310 Abs. 3 BGB (früher § 24a AGBG) lediglich bei Verbraucherverträgen folgende Änderungen vor: Zum einen wird widerleglich vermutet, daß die Allgemeinen Geschäftsbedingungen vom Unternehmer gestellt wurden; zum anderen wird auf das Erfordernis, daß die allgemeinen Geschäftsbedingungen *für eine Vielzahl* von Verträgen vorformuliert sind, verzichtet. Darüber hinaus sind bei der Inhaltskontrolle durch die Generalklausel auch die den Vertragsabschluß begleitenden Umstände zu berücksichtigen.

Es fragt sich nun, ob im weitgehenden Aufrechterhalten des bisherigen deutschen Rechts in bezug auf das Recht der Allgemeinen Geschäftsbedingungen, das in seinem Anwendungsbereich weit über die Klauselrichtlinie hinausgeht, eine Erstreckung des Regelungsgehalts der Klauselrichtlinie auf Sachverhalte außerhalb des Anwendungsbereichs, nämlich auf Nicht-Verbraucher als Klauselgegner und Verbraucher als Verwender, zu sehen ist. Dagegen spricht nicht schon, daß das deutsche Recht der Allgemeinen Geschäftsbedingungen

[371] Aufgrund der unterschiedlichen Schutzkonzepte für eine parallele Gesetzgebung plädierend *Hommelhoff/Wiedenmann*, ZIP 1993, 562 (571).

älter ist als die Klauselrichtlinie. Auch wenn sich ein nationaler Gesetzgeber mit seinem Regelungsmodell in Europa durchgesetzt hat, muß er sich jedenfalls im Anwendungsbereich der Richtlinie einer autonomen Auslegung des EuGH beugen.

Richtigerweise ist hier zu differenzieren. Hinsichtlich der Inhaltskontrolle ist die Erstreckung des Regelungsgehalts der Klauselrichtlinie auf Nicht-Verbraucher abzulehnen. § 310 Abs. 3 Nr. 3 BGB (früher § 24a Nr. 3 AGBG) modifiziert die Inhaltskontrolle dahingehend, daß auch die den Vertragsschluß begleitenden Umstände zu berücksichtigen sind. Hier wird das unterschiedliche Schutzkonzept der Klauselrichtlinie deutlich, die den Verbraucher in seiner rollenspezifischen Unterlegenheit schützen will. Das davon unterschiedliche Konzept, den Kunden vor der einseitigen Ausnutzung der Vertragsgestaltungsfreiheit, die der Verwender durch die Vorformulierung faktisch für sich in Anspruch nimmt, zu schützen, macht eine unterschiedliche Entwicklung der Inhaltskontrolle zugunsten von Verbrauchern und Nicht-Verbrauchern durchaus wahrscheinlich. Zumindest ist eine solche schon im Gesetz angelegt. Es kann also durchaus zu einer unterschiedlichen Inhaltskontrolle kommen, je nachdem, ob ein Verbrauchervertrag vorliegt oder nicht[372]. Eine europarechtliche Pflicht zur richtlinienkonformen Auslegung und eine Vorlagepflicht letztinstanzlicher Gerichte scheiden hier somit von vornherein aus. Im übrigen ist eine Vorlagepflicht in bezug auf die Inhaltskontrolle auch bei Verbraucherverträgen umstritten[373]. Das kann hier aber dahingestellt bleiben.

Hinsichtlich der Unklarheitenregel in Art. 5 S. 2 der Klauselrichtlinie und § 305c Abs. 2 BGB (früher § 5 AGBG) und dem Gegenstand der Inhaltskontrolle (Art. 4 Abs. 2 der Richtlinie; § 307 Abs. 3 BGB), die von § 310 Abs. 3 BGB (früher § 24a AGBG) nicht modifiziert werden, liegt aber eine Erstreckung des Regelungsgehalts der Richtlinie vor, weil sie gleichermaßen auf Verbraucher wie auf Nicht-Verbraucher Anwendung finden. Auch ist nicht ersichtlich, wie die unterschiedlichen Schutzkonzepte insoweit zu einer gespaltenen Auslegung führen könnten. So stellt sich die Frage der Abgrenzung

---

372 Andere Einschätzung von *Brandner* in: Ulmer/Brandner/Hensen, AGBG, 9. Aufl. 2001, § 9 Rn. 166, der eine gespaltene Auslegung nicht für möglich hält, aber durchaus auf die im Zusammenhang mit § 9 gebotenen Differenzierungen hinweist.

373 Ablehnend *Canaris*, EuZW 1994, 417 (417); *Heinrichs*, NJW 1996, 2190 (2196); *Herbert Roth*, JZ 1999, 529 (536); *Wulf-Henning Roth*, FS Drobnig, 1999, S. 135 (142 f.). Sehr restriktiv *Schlosser* in: Staudinger, AGBG, 13. Bearbeitung 1998, Einl. 33. Bejahend *Coester*, FS Heinrichs, 1998, S. 99 (107). Siehe dazu umfassend *Markwardt*, Die Rolle des EuGH bei der Inhaltskontrolle vorformulierter Verbraucherverträge, 1999. Eine vermittelnde Position vertritt *Ulmer* in: Ulmer/Brandner/Hensen, 9. Aufl. 2001, Einl. Rn. 79 a, der eine Konzentration des EuGH auf Grundsatzfragen befürwortet. Der EuGH hatte dagegen mit seiner Konkretisierungsbefugnis bei Generalklauseln keine Probleme, EuGH, Urt. v. 27.6.2000, Rs. C-240/98 bis C-244/98, *Océano Grupo Editorial SA/Rocío Murciano Quintero u. a.*, Slg. 2000, I-4941. Siehe dazu die positive Rezension von *Freitag*, EWiR 2000, 783 (784), der die Interpretation von Generalklauseln begrüßt.

von kontrollfreien Preisbestimmungsklauseln von der Kontrolle zugänglichen Preisnebenabreden für Verbraucherverträge und sonstige Verträge in gleicher Weise[374]. Gerade hier hat es der BGH schon einige Male versäumt, den EuGH anzurufen. BASEDOW spricht in diesem Zusammenhang von einer Geschichte der verpaßten Gelegenheiten[375]. Art. 4 Abs. 2 der Klauselrichtlinie regelt nämlich genau das Problem der Abgrenzung des kontrollfreien Bereichs der Leistungsbeschreibungen und den der Kontrolle unterliegenden Preisnebenabreden[376], das der BGH unter § 307 Abs. 3 BGB (früher § 8 AGBG) diskutiert[377]. Da der *Hooge Raad* Art. 4 Abs. 2 der Klauselrichtlinie und das diesem entsprechende niederländische Recht abweichend vom XI. Senat des BGH dahin interpretiert, daß nur die *essentialia negotii* nicht der Inhaltskontrolle unterliegen[378], hätte der BGH nach der *acte clair*-Doktrin in einem Fall, in dem es um die Entgeltklausel einer Sparkasse für die Ausstellung eines Sparkassenbuches ohne Kraftloserklärung ging[379], dem EuGH vorlegen müssen[380].

III. Die Erstreckung des Rechts der Allgemeinen Geschäftsbedingungen auf Arbeitsverträge durch § 310 Abs. 4 BGB

Durch das Schuldrechtsmodernisierungsgesetz[381] hat der deutsche Gesetzgeber die bisherige Bereichsausnahme in § 23 AGBG für das Arbeitsrecht fallen gelassen. Seiner Meinung nach hat sich die damalige Einschätzung, daß der Schutz des schwächeren Vertragspartners im Arbeitsrecht schon durch ein dichtes Netz von zwingenden Vorschriften und durch das besondere System der kollektivrechtlichen Vereinbarungen verwirklicht sei[382], als falsch erwiesen. Dies zeige sich daran, daß nach dem Bundesarbeitsgericht Arbeitsbedingungen momentan im Prinzip so überprüft würden, als ob § 9 AGBG Anwendung fände[383]. Gem. § 310 Abs. 4 S. 2 BGB finden jetzt somit die §§ 305 ff. BGB mit Ausnahme von § 305 Abs. 2 und Abs. 3 mit der Maßgabe Anwendung, die im Arbeitsrecht geltenden Besonderheiten angemessen zu be-

---

374 *Brandner*, MDR 1999, 6 (8).

375 *Basedow* betitelt einen Aufsatz mit „Die Klauselrichtlinie und der Europäische Gerichtshof – eine Geschichte der verpaßten Gelegenheiten", in: Schulte-Nölke/Schulze (Hrsg.), Europäische Rechtsangleichung und nationale Privatrechte, 1999, S. 277.

376 *Ibid.*, S. 277 (280).

377 BGH, Urt. v. 26.5.1986, VIII ZR 229/85, NJW 1986, 2574 (2575); BGH, Urt. v. 6.2.1985, VIII ZR 61/84, NJW 1985, 3013 (3013 ff.).

378 *Hooge Raad*, Urt. v. 19.9.1997, Nederlandse Jurisprudentie 1998 Nr. 6.

379 BGH, Urt. v. 7.7.1998, XI ZR 351/97, BB 1998, 1864.

380 So *Ulmer*, BB 1998, 1865 (1866); *Brandner*, MDR 1999, 6 (8). Einen weiteren Fall, in dem der BGH den EuGH hätte anrufen müssen, stellt das Problem der Auslandszuschläge von Kreditkartenunternehmen dar, BGH, Urt. v. 14.10.1997, XI ZR 167/96, NJW 1998, 383 (383 f.). Es ist *Basedow* (in: Schulte-Nölke/Schulze (Hrsg.), Europäische Rechtsangleichung und nationale Privatrechte, 1999, S. 277 (284)) darin zuzustimmen, daß die Klausel über Auslandszuschläge wohl nicht zu den *essentialia negotii* zu zählen sein wird.

381 Vom 26.11.2001, BGBl. I, S. 3138 ff.

382 BT-Drucks. 7/3919, S. 41.

383 BT-Drucks. 14/6857, S. 17 unter Nr. 50. Kritisch dazu *Lingemann*, NZA 2002, 181 (183).

rücksichtigen. Der deutsche Gesetzgeber geht damit über den Anwendungsbereich der Klauselrichtlinie hinaus. Arbeitsverträge sind nämlich dort schon deshalb nicht erfaßt, weil es sich nach der Richtlinie beim Arbeitnehmer nicht um einen Verbraucher handelt[384]. Da der Arbeitnehmer, wie gleich zu zeigen sein wird, im Rahmen seines Arbeitsvertrages auch nach deutschem Recht kein Verbraucher ist, liegt insofern aber nur eine Erstreckung des Regelungsgehalts in bezug auf die Unklarheitenklausel und den Umfang der Inhaltskontrolle vor. Hinsichtlich der Inhaltskontrolle scheidet eine Pflicht zur richtlinienkonformen Auslegung und eine Pflicht letztinstanzlicher Gerichte schon deshalb aus, weil insoweit unterschiedliche Schutzkonzepte bestehen.

E. Der Verbraucherbegriff

I. Der europäische Verbraucherbegriff

Der Verbraucherbegriff ist sowohl im europäischen Recht als auch im deutschen Recht definiert. In den Richtlinien zum Verbraucherschutz finden sich zwar nicht wortgleiche, aber doch inhaltlich gleiche Definitionen. Art. 2, 1. Spiegelstrich der Haustürgeschäftsrichtlinie war dabei Vorbild für die zeitlich später erlassenen Richtlinien. Er definiert den Verbraucher als „eine natürliche Person, die bei den von dieser Richtlinie erfaßten Geschäften zu einem Zweck handelt, der nicht ihrer beruflichen oder ihrer gewerblichen Tätigkeit zugerechnet werden kann." Die Richtlinie verfolgt hier einen rollensoziologischen Ansatz[385]. Entscheidend ist der Zweck, zu dem eine Person handelt. Jeder kann in die Rolle des Gewerbetreibenden oder des Verbrauchers schlüpfen. Handelt man zu privaten Zwecken, ist man Verbraucher; handelt man zu beruflichen oder gewerblichen Zwecken, ist man Gewerbetreibender. Art. 1 Abs. 2 lit. a der Verbraucherkreditrichtlinie, Art. 2 lit. b der Klauselrichtlinie, Art. 2 Nr. 1 der Fernabsatzrichtlinie[386] und Art. 1 Abs. 2 lit. a der Verbrauchsgüterkaufrichtlinie sind der Haustürgeschäftsrichtlinie in der Definition des Verbrauchers inhaltlich gefolgt.

Der Verbraucherbegriff ist als ein Begriff des sekundären Gemeinschaftsrechts, der den Anwendungsbereich der Verbraucherschutzrichtlinien bestimmt, vom EuGH autonom auszulegen. Dem EuGH wurde im Zusammenhang mit verbraucherschützenden Richtlinien erst in zwei Fällen die Möglichkeit gegeben, zum Verbraucherbegriff Stellung zu nehmen. In der *di Pinto*-Entscheidung entschied der EuGH, daß ein Gewerbetreibender, der sein Geschäft veräußert, kein Verbraucher sei, wenn das Geschäft zu seiner beruflichen

---

[384] Siehe dazu gleich unter § 6 E.II.2.b, S. 87 f.

[385] Siehe dazu als erster *Reich*, ZRP 1974, 190.

[386] Richtlinie 97/7/EG des europäischen Parlaments und des Rates vom 20. Mai 1997 über den Verbraucherschutz bei Vertragsabschlüssen im Fernabsatz, ABl. EG Nr. L 144 v. 4.6.1997, S. 19 ff.; abgedruckt bei *Schulze/Zimmermann*, Basistexte zum Europäischen Privatrecht, 2000, unter I.25.

Tätigkeit gehört[387]. Er begründete dies damit, daß der durchschnittliche Gewerbetreibende den Wert seines Betriebes kenne. Außerdem sei ihm die Bedeutung der Veräußerungsgeschäfte bewußt, so daß er entsprechende Verträge nicht unüberlegt eingehen werde. Außerdem stellte der EuGH in einer weiteren Entscheidung anläßlich der Klauselrichtlinie klar, daß sich der Verbraucherbegriff ausschließlich auf natürliche Personen bezieht[388]. Im Rahmen von Art. 13 EuGVÜ lehnte es der EuGH ab, den Existenzgründer als Verbraucher anzusehen[389]. Der Zweck eines Vertragsschlusses sei auch dann ein gewerblicher, wenn der Betrieb des Gewerbes erst ein zukünftiger ist. Der EuGH hatte in dieser Entscheidung seinen Verbraucherbegriff als eng charakterisiert[390].

II. Die Umsetzung des Verbraucherbegriffs im deutschen Recht

1. Existenzgründer als Verbraucher

Der Verbraucher wird im deutschen Recht in § 13 BGB definiert. Danach ist Verbraucher jede natürliche Person, die ein Rechtsgeschäft zu einem Zweck abschließt, der weder ihrer gewerblichen noch ihrer selbständigen beruflichen Tätigkeit zugerechnet werden kann. Obwohl der Wortlaut in dieser Hinsicht nicht von den Definitionen der europäischen Richtlinien abweicht, wird teilweise vertreten, daß § 13 BGB auch den Existenzgründer erfasse[391]. Da der EuGH im Rahmen des EuGVÜ den Existenzgründer nicht als Verbraucher ansieht und vermutet werden kann, daß er dies auf die Richtlinien überträgt, würde nach dieser Auffassung der Regelungsgehalt der einschlägigen Richtlinien auf Existenzgründer erstreckt. Für den Verbraucherkredit hat dies der deutsche Gesetzgeber, wie oben gezeigt wurde, durch § 507 BGB ausdrücklich getan. Dem Rechtsanwender ist es ebenso wie dem deutschen Gesetzgeber selbstverständlich nicht verwehrt, den Regelungsgehalt einer Richtlinie auf Sachverhalte außerhalb ihres Anwendungsbereichs auszudehnen. Im vorliegenden Fall ist der Umkehrschluß aus § 507 BGB aber eher angezeigt als eine Verallgemeinerung. Da der Gesetzgeber, wie sich aus § 507 BGB ergibt, die Möglichkeit der Erstreckung des Verbraucherschutzes auf Existenzgründer gesehen hat, eine Erstreckung aber nur bei Verbraucherdarlehensverträgen wollte, sollte es damit sein Bewenden haben, da unter teleologischen Gesichtspunkten keineswegs zweifelsfrei ist, daß auch der Existenzgründer geschützt werden muß. Zwar fehlt dem Existenzgründer die geschäftliche Erfahrung. Aber auf die konkrete geschäftliche Erfahrung kommt es auch sonst nicht an. So wird nach dem rollensoziologischen Ansatz auch der Jurapro-

---

[387] EuGH, Urt. v. 14.3.1991, Rs. C-361/89, *di Pinto*, Slg. 1991, I-1189.

[388] EuGH, Urt. v. 22.11.2001, verb. Rs. C-541/99 und C-542/99, *Cape Snc/Idealservice Srl und Idealservice MN RE Sas/OMAI Srl*, EuZW 2002, 32.

[389] EuGH, Urt. v. 3.7.1997, Rs. C-269/95, *Benincasa/Dentalkit*, Slg. 1997, I-3767.

[390] *Ibid.*, Tz. 16.

[391] *Micklitz* in: Münchener Kommentar zum Bürgerlichen Gesetzbuch, Bd. 1, 4. Aufl. 2001, § 13 BGB Rn. 41.

fessor geschützt, wenn er zu privaten Zwecken handelt. Vielmehr ist entscheidend, in welcher Rolle die Person handelt[392]. Hier spricht nicht nur der Wortlaut dafür, daß jemand schon in der Rolle eines Gewerbetreibenden handelt, wenn er Gründergeschäfte tätigt[393].

2. Arbeitnehmer als Verbraucher

a. Außerhalb des Arbeitsvertrages

§ 13 BGB weicht von den Formulierungen in den Verbraucherschutzrichtlinien in einem wesentlichen Punkt ab[394]. Während diese die Verbrauchereigenschaft schon dann verneinen, wenn zu einem Zweck gehandelt wird, der der gewerblichen oder beruflichen Tätigkeit zugerechnet werden kann, verneint § 13 BGB die Verbrauchereigenschaft erst, wenn der Zweck, zu dem das Rechtsgeschäft abgeschlossen wird, der gewerblichen oder der *selbständigen* beruflichen Tätigkeit zugerechnet werden kann. Handelt also eine natürliche Person zu einem Zweck, der ihrer unselbständigen beruflichen Tätigkeit zugerechnet werden kann, ist sie nach § 13 BGB Verbraucher, nach den einschlägigen Verbraucherschutzrichtlinien ist sie es nicht. So ist der Arbeitnehmer auch dann Verbraucher, wenn er Arbeitskleidung kauft[395]. Insoweit liegt zweifellos eine Erstreckung des Regelungsgehalts der einschlägigen Richtlinien auf Sachverhalte außerhalb des Anwendungsbereichs vor, da das deutsche Recht bei der Umsetzung der einzelnen Richtlinien auf die Verbraucherdefinition in § 13 BGB zurückgreift. So knüpft etwa § 312 Abs. 1 BGB (früher § 1 HaustürWG) an den Verbraucherbegriff an.

b. Im Rahmen des Arbeitsvertrages

Zweifelhaft ist, ob dies auch gilt, wenn der Arbeitnehmer selbst die Leistung erbringt. Ist der Arbeitnehmer etwa auch im Rahmen seines Arbeitsvertrages Verbraucher? Diese auf den ersten Blick verblüffende und im Arbeitsrecht momentan stark diskutierte Frage[396] wird bei der Höhe der Verzugszinsen (§ 288 Abs. 2 BGB), bei der Frage, ob dem Arbeitnehmer bei Aufhebungsverträgen ein Widerrufsrecht nach § 312 BGB zusteht und bei der Frage relevant, ob die Inhaltskontrolle gem. § 310 Abs. 3 BGB zu modifizieren ist. Von Teilen

---

392 Für einen rollensoziologisch geprägten Verbraucherbegriff auch *Micklitz* (*ibid.*), der aber im vorliegenden Fall zum entgegengesetzten Ergebnis kommt. Auf die Schutzbedürftigkeit abstellend und den Existenzgründer einbeziehend *Pfeiffer* in: Schulte-Nölke/Schulze (Hrsg.), Europäische Rechtsangleichung und nationale Privatrechte, 1999, S. 21 (36).

393 So auch der BGH zur Anwendbarkeit des HaustürWG, Urt. v. 4.5.1994, XII ZR 24/93, NJW 1994, 2759 unter II 2 b.

394 Erster Hinweis bei *Bülow/Artz*, NJW 2000, 2049 (2049).

395 Beispiel nach *Heinrichs* in: Palandt, Bürgerliches Gesetzbuch, 61. Aufl. 2002, § 13 Rn. 3.

396 *Löwisch*, NZA 2001, 465 (466); *Joussen*, NZA 2001, 745 (749); *Däubler*, NZA 2001, 1329 (1332 ff.); *Boemke*, BB 2002, 96 (97); *Bauer/Kock*, DB 2002, 42 (42 ff.); *Hümmerich/Holthausen*, NZA 2002, 173 (173 ff.).

der Literatur wird die Frage mit Hinweis auf den eindeutigen Wortlaut bejaht[397]. Und in der Tat spricht der Wortlaut der Definition in § 13 BGB für diese Auslegung, da dort – im Gegensatz zu den einschlägigen Richtlinien[398] - nicht darauf abgestellt wird, wer die Leistung und wer die Gegenleistung erbringt. Auch nimmt diese Auffassung den subjektiven Willen des Gesetzgebers für sich in Anspruch. In der Amtlichen Begründung zum Schuldrechtsmodernisierungsgesetz wird ausdrücklich darauf hingewiesen, daß die Definition in § 13 BGB in einem entscheidenden Punkt von der Definition der Verbrauchsgüterkaufrichtlinie abweiche, nämlich darin, daß nur die selbständige berufliche Tätigkeit aus dem Verbraucherbegriff ausgenommen sei[399]. Abhängig Beschäftigte, die eine Sache zu einem Zweck kaufen, der (auch) ihrer beruflichen Tätigkeit dient - als Beispiel wird der Lehrer genannt, der sich einen Computer anschafft, um Klassenarbeiten zu entwerfen - , sollten nicht aus dem Verbraucherbegriff ausgenommen werden. Weiter wird ausgeführt, daß dies auch für die Rechtsbeziehungen des Arbeitnehmers zu seinem Arbeitgeber gelte. Kann letztere Aussage, die sich auf den Verbrauchsgüterkauf bezieht, noch dahingehend gedeutet werden, daß es sich nur um Verkäufe des Arbeitgebers an den Arbeitnehmer handelt[400], so kann diese Auslegung mit Blick auf die Begründung zur Aufhebung der Bereichsausnahme für Arbeitsverträge in § 310 Abs. 4 BGB nicht mehr aufrechterhalten werden. Dort findet sich der Satz, daß das Fallmaterial der Rechtsprechung des Bundesarbeitsgerichts zu den Arbeitsvertragsmodalitäten zeige, daß eine sich selbst überlassene Vertragsfreiheit nicht in der Lage gewesen wäre insgesamt einen ausreichenden Schutz der Arbeitsnehmer vor unangemessenen Vertragsbedingungen zu gewährleisten[401]. Außerdem findet sich an anderer Stelle der Hinweis, daß sich auch Gewerkschaften als Verbraucherverbände mit Klagebefugnis registrieren lassen könnten[402]. Hier wird also implizit davon ausgegangen, daß Arbeitnehmer Verbraucher sind, und dies gerade auch im Verhältnis zum Arbeitgeber, also vor allem im Rahmen des Arbeitsvertrages.

Wenn hier von denjenigen, die die Verbrauchereigenschaft des Arbeitnehmers auch im Rahmen des Arbeitsvertrages bejahen, der subjektive Wille des Gesetzgebers für ihre Auffassung in Anspruch genommen wird, muß allerdings beachtet werden, daß nicht erst das Schuldrechtsmodernisierungsgesetz § 13 BGB eingeführt hat, sondern die Definition des Verbrauchers schon durch das

---

[397] *Däubler*, NZA 2001, 1329 (1333); *Boemke*, BB 2002, 96 (97); *Hümmerich/Holthausen*, NZA 2002, 173 (178).

[398] Siehe Art. 1 Abs. 1 der Haustürgeschäftsrichtlinie, Art. 1 Abs. 2 lit. c der Verbraucherkreditrichtlinie, Art. 1 Abs. 2 lit. c der Verbrauchsgüterkaufsrichtlinie.

[399] BT-Drucks. 14/6040, S. 243.

[400] So auch *Däubler*, NZA 2001, 1329 (1333).

[401] BT-Drucks. 14/6857, S. 54.

[402] BT-Drucks. 14/7052, Erläuterung zu Art. 1, § 310.

Fernabsatzgesetz[403] ins BGB gekommen ist. Im Zuge der Umsetzung der Fernabsatzrichtlinie sollten hier zur weiteren Vereinheitlichung des Verbraucherrechts die Grundbegriffe der Verbraucherschutzgesetze (Unternehmer, Verbraucher) definiert werden[404]; zunächst in § 361a Abs. 3 BGB, dann nach Kritik des Rechtsausschusses im Allgemeinen Teil des BGB[405]. Dabei lehnte sich die Definition des Unternehmers an § 24 S. 1 Nr. 1 und die des Verbrauchers an § 24a S. 1 des AGBG an[406]. Die Definition des Verbrauchers in § 24a S. 1 AGBG war wiederum durch die AGB-Novelle[407] ins Gesetz gekommen, die zur Umsetzung der Klauselrichtlinie ergangen war. Die Abweichung dieser Definition von der Klauselrichtlinie, bei der die Verbrauchereigenschaft unter anderem schon dann ausscheidet, wenn zu einem Zweck gehandelt wird, der einer beruflichen Tätigkeit zugerechnet werden kann, wird im Regierungsentwurf mit keinem Wort erwähnt[408]. Es kann nur gemutmaßt werden, welchen Grund diese Abweichung hatte. Auch ein Redaktionsversehen ist nicht auszuschließen. Naheliegend ist es zu vermuten, daß man im „Verbraucher" den Komplementärbegriff zum „Unternehmer" sah. Dieser ist nach dem rollensoziologischen Ansatz jede natürliche oder juristische Person oder rechtsfähige Personengesellschaft, die beim Abschluß eines Rechtsgeschäfts in Ausübung ihrer gewerblichen oder selbständigen beruflichen Tätigkeit handelt (so § 14 BGB). Dabei hat man allerdings übersehen, daß es sich keineswegs von selbst versteht, daß derjenige, der im Rahmen seiner nicht selbständigen beruflichen Tätigkeit handelt, Verbraucher ist. Jedenfalls handelt er nicht als Privatmann. Hier hätte es ausführlicher Erwägungen bedurft. Im Rahmen der Definition im AGBG konnten diese Erwägungen allerdings unterlassen werden, da aufgrund der damals noch geltenden Bereichsausnahme für Arbeitsverträge die Frage, ob auch derjenige, der die vertragscharakteristische Leistung erbringt, Verbraucher sein kann, nicht relevant werden konnte. Letzteres spricht sogar eher dafür, daß der Gesetzgeber es als selbstverständlich vorausgesetzt hat, daß der Verbraucher immer die vertragscharakteristische Leistung empfängt[409]. Ansonsten hätten sich doch irgendwelche Ausführungen bei der Einführung des § 13 BGB finden lassen müssen, da das laienhafte Verständnis von einem Verbraucher geradezu auf den Kopf gestellt wird. Verbraucher ist nach laienhaftem Verständnis nämlich derjenige, der eine Leistung verbraucht und nicht derjenige, der die Leistung erbringt. Die unmittelbare Entstehungsgeschichte des § 13 BGB spricht somit dafür, den Arbeitnehmer im Rahmen seines Arbeitsvertrages nicht als Verbraucher anzu-

---

403 Gesetz über Fernabsatzverträge und andere Fragen des Verbraucherrechts sowie zur Umstellung von Vorschriften auf Euro vom 27.6.2000, BGBl. I, S. 897 ff.

404 BT-Drucks. 14/2658, S. 29.

405 BT-Drucks. 14/3195, S. 32.

406 BT-Drucks. 14/2658, S. 47, Erläuterungen zu § 361 a , zu Abs. 3.

407 Gesetz zur Änderung des AGB-Gesetzes und der Insolvenzordnung vom 19.7.1996, BGBl. I, S. 1013 ff.

408 BT-Drucks. 13/2713, ZIP 1995, 1460 ff.

409 So auch *Bauer/Kock*, DB 2002, 42 (44).

sehen, während die Materialien des Schuldrechtsmodernisierungsgesetzes, das mit der Einfügung des § 13 BGB unmittelbar nichts zu tun hat, dagegen sprechen.

Aufgrund der ambivalenten Entstehungsgeschichte sollte es auf den Zweck der Verbraucherschutzvorschriften ankommen. Diese sollen wegen dessen struktureller Unterlegenheit denjenigen schützen, der gegen Entgelt Güter oder Dienstleistungen erwirbt. Ganz anders das Arbeitsrecht. Hier soll derjenige geschützt werden, der seinerseits Dienste erbringt und dem dafür ein Entgelt gebührt. Würde man den Arbeitnehmer als Verbraucher auch im Rahmen seines Arbeitsvertrages ansehen, würde man die unterschiedlichen Schutzmechanismen miteinander vermengen[410]. Auch sonst wird zwischen dem Verbraucherrecht und dem Arbeitsrecht immer strikt unterschieden[411]. Dabei sollte man es belassen. Arbeitnehmer sind somit im Rahmen ihres Arbeitsvertrages keine Verbraucher. § 13 BGB ist daher teleologisch dahingehend zu reduzieren, daß man nur dann Verbraucher ist, wenn man ein Entgelt für die vertragscharakteristische Leistung schuldet, nicht, wenn man selbst die vertragscharakteristische Leistung erbringt. Insofern erstreckt § 13 BGB den Regelungsgehalt der einschlägigen Verbraucherschutzrichtlinien nicht auf Fälle, in denen der Verbraucher die vertragscharakteristische Leistung erbringt.

---

410 So überzeugend *Löwisch* in einem Vortrag zu den Auswirkungen der Schuldrechtsreform auf das Recht des Arbeitsverhältnisses, gehalten in Freiburg.

411 Man vergleiche nur Art. 29 und Art. 29a EGBGB und Art. 30 EGBGB. Auch in der EG-Verordnung 44/2001 des Rates vom 22.12.2000 über die gerichtliche Zuständigkeit und die Anerkennung und Vollstreckung von Entscheidungen in Zivil- und Handelssachen, ABl. EG Nr. L 12 v. 16.1.2001, S. 1, wird in Artt. 15 ff. und 18 ff. zwischen Arbeitsverträgen und Verbraucherverträgen unterschieden.

Zweiter Teil: Die Rechtsfolgen der Erstreckung des Regelungsgehalts einer Richtlinie auf Sachverhalte außerhalb ihres Anwendungsbereichs

§ 7 Materiellrechtliche Auswirkungen

A. Das Gebot zur richtlinienkonformen Auslegung im Anwendungsbereich einer Richtlinie

I. Rechtsprechung des EuGH

Im Gegensatz zur Verordnung, der Art. 249 Abs. 2 EG unmittelbare Wirkung verleiht, gelten Richtlinien nicht unmittelbar, sondern bedürfen der Umsetzung durch den nationalen Gesetzgeber. Nur, wenn die Umsetzungsfrist abgelaufen und die betreffenden Bestimmungen der Richtlinie hinreichend bestimmt und unbedingt gefaßt sind, kann sich der einzelne nach der Rechtsprechung des EuGH gegenüber dem Staat und seinen Untergliederungen auf die Richtlinie berufen[412]. Unter Privaten hat es der EuGH bisher grundsätzlich abgelehnt, Richtlinien unmittelbare Wirkung zu bescheinigen[413].

Im Anwendungsbereich einer Richtlinie besteht das Gebot zu richtlinienkonformer Auslegung. Es verpflichtet das nationale Gericht, das „nationale Recht im Lichte des Wortlauts und des Zwecks der Richtlinie auszulegen, um das in Art. 189 Abs. 3 [jetzt Art. 249 Abs. 3 EG] genannte Ziel zu erreichen."[414]

---

[412] EuGH, Urt. v. 5.4.1979, Rs. 148/78, *Strafverfahren Tullio Ratti*, Slg. 1979, 1629, Tz. 22; EuGH, Urt. v. 19.1.1982, Rs. 8/81, *Ursula Becker/Finanzamt Münster-Innenstadt*, Slg. 1982, 53, Tz. 25; zuletzt EuGH, Urt. v. 17.9.1997, Rs. C-54/96, *Dorsch Consult*, Slg. 1997, I-4961, Tz. 46.

[413] EuGH, Urt. v. 26.2.1986, Rs. 152/84, *M.H. Marshall/Southampton and South-West Hampshire Area Health Authority (Teaching)*, Slg. 1986, 723, Tz. 48; EuGH, Urt. v. 14.7.1994, Rs. C-91/92, *Paola Faccini Dori/Recreb Srl*, Slg. 1994, I-3325, Tz. 24; EuGH, Urt. v. 7.3.1996, Rs. 192/94, *El Corte Inglés*, Slg. 1996, I-1281, Tz. 15 ff.; EuGH, Urt. v. 4.12.1997, Rs. C-97/96, *Händler e.V./Daihatsu Deutschland GmbH*, Slg. 1997, I-6943, Tz. 24; EuGH, Urt. v. 13.7.2000, Rs. C-456/98, *Centrostee Srl/Adipol GmbH*, EuZW 2000, 671, Tz. 15. Das Urteil des EuGH v. 26.9.2000, Rs. C-443/98, *Unilever Italia SpA/Central Food SpA*, EuZW 2001, 153, stellt insofern eine Ausnahme dar, als sich hier nicht gegenläufige Rechte von Privaten gegenüberstehen, sondern es um die Unanwendbarkeit richtlinienwidriger nationaler Verbotsgesetze geht. Ob diese Differenzierung wirklich überzeugt, muß hier offen bleiben. Bejahend und sehr instruktiv *Gundel*, EuZW 2001, 143.

[414] So zuerst EuGH, Urt. v. 10.4.1984, Rs. 14/83, *Von Colson und Kamann/Land Nordrhein-Westfalen*, Slg. 1984, 1891, Tz. 26, und das am gleichen Tag erlassene Urteil, Rs. 79/83, *Dorit Harz/Deutsche Tradax GmbH*, Slg. 1984, 1921, Tz. 26.
Fortgeführt wird diese Rechtsprechung durch folgende Urteile des EuGH: Urt. v. 15.5.1986, Rs. 222/84, *Marguerite Johnston/Chief Constable of the Royal Ulster Constabulary*, Slg. 1986, 1651, Tz. 53; Urt. v. 8.10.1987, Rs. 80/86, *Strafverfahren gegen Kolpinghuis Nijmegen BV*, Slg. 1987, 3969, Tz. 12; Urt. v. 20.9.1988, Rs. 31/87, *Gebroeders Beentjes BV/Niederländischer Staat*, Slg. 1988, 4635, Tz. 39; Urt. v. 7.11.1989, Rs. 125/88, *Strafverfahren gegen H. F. M. Nijmann*, Slg. 1989, 3533, Tz. 6; Urt. v. 13.11.1990, Rs. C-106/89, *Marleasing*

Diese Pflicht besteht nach dem EuGH unabhängig davon, ob die Richtlinie hinreichend bestimmt ist[415]. Sie besteht auch dann, wenn Rechtsverhältnisse zwischen Privaten betroffen sind[416].

Der EuGH stützt diese Pflicht auf die in Art. 10 Abs. 1 EG (Art. 5 EG-Vertrag) zum Ausdruck kommende Pflicht zur Gemeinschaftstreue und die in Art. 249 Abs. 3 EG (Art. 189 Abs. 3 EG-Vertrag) statuierte Zielverbindlichkeit der Richtlinie, die seiner Auffassung nach beide nicht nur für die Mitgliedstaaten gelten, sondern auch allen Trägern öffentlicher Gewalt in den Mitgliedstaaten, und damit auch den Gerichten, obliegen[417]. In manchen Fällen hat er auch allein auf die Zielverbindlichkeit abgestellt[418].

Anfangs hatte der EuGH noch offen gelassen, ob sich diese Pflicht zur richtlinienkonformen Auslegung nur auf die speziell zur Durchführung der Richtlinie erlassenen Gesetze bezog. So bestand die Pflicht zur Auslegung des nationalen Rechts im Lichte des Wortlauts und des Zwecks der Richtlinie *insbesondere* bei den zur Durchführung von Richtlinien erlassenen Gesetzen[419]. Später hat er jedoch klargestellt, daß die Pflicht zur richtlinienkonformen Auslegung das gesamte nationale Recht ergreift, gleichgültig, ob es sich um Vorschriften zur Umsetzung einer Richtlinie handelt oder nicht[420]. Eine Akzentverschiebung könnte auch darin zu erblicken sein, daß der EuGH anfangs betonte, es sei Sache des nationalen Gerichts, das nationale Gesetz unter voller Ausschöpfung des Beurteilungsspielraums, den ihm das nationale Recht einräume, in Übereinstimmung mit den Anforderungen des Gemeinschaftsrechts auszulegen[421], während er später die Grenzen, die das nationale Recht einer richtlinienkonformen Auslegung setzt, nicht mehr eigens be-

---

SA/La Comercial Internacional Alimentación SA, Slg. 1990, I-4135, Tz. 8; Urt. v. 16.12.1993, Rs. C-334/92, *Teodoro Wagner Miret/Fondo de garantía salarial*, Slg. 1990, I-6911, Tz. 20; Urt. v. 5.5.1994, Rs. C-421/92, *Gabriele Habermann-Beltermann/Arbeiterwohlfahrt Bezirksverband Ndb./Opf. e. V.*, Slg. 1994, I-1657, Tz. 10; Urt. v. 14.7.1994, Rs. C-91/92, *Paola Faccini Dori/Recreb Srl*, Slg. 1994, I-3325, Tz. 26; Urt. v. 17.9.1997, Rs. C-54/96, *Dorsch Consult*, Slg. 1997, I-4961, Tz. 43; Urt. v. 24.9.1998, Rs. C-111/97, *Evo Bus Austria GmbH/Niederösterreichische Verkehrsorganisations-GmbH*, Slg. 1998, I-5411, Tz. 18.

415 EuGH, Urt. v. 15.5.1986, Rs. 222/84, *Marguerite Johnston/Chief Constable of the Royal Ulster Constabulary*, Slg. 1986, 1651.

416 Urt. v. 13.11.1990, Rs. C-106/89, *Marleasing SA/La Comercial Internacional Alimentación SA*, Slg. 1990, I-4135; Urt. v. 14.7.1994, Rs. C-91/92, *Paola Faccini Dori/Recreb Srl*, Slg. 1994, I-3325.

417 So schon EuGH, Urt. v. 10.4.1984, Rs. 14/83, *Von Colson und Kamann/Land Nordrhein-Westfalen*, Slg. 1984, 1891, Tz. 26.

418 EuGH, Urt. v. 5.5.1994, Rs. C-421/92, *Gabriele Habermann-Beltermann/Arbeiterwohlfahrt Bezirksverband Ndb./Opf. e. V.*, Slg. 1994, I-1657, Tz. 10.

419 EuGH, Urt. v. 10.4.1984, Rs. 14/83, *Von Colson und Kamann/Land Nordrhein-Westfalen*, Slg. 1984, 1891, Tz. 26.

420 EuGH, Urt. v. 13.11.1990, Rs. C-106/89, *Marleasing SA/La Comercial Internacional Alimentación SA*, Slg. 1990, I-4135, Tz. 8.

421 EuGH, Urt. v. 10.4.1984, Rs. 14/83, *Von Colson und Kamann/Land Nordrhein-Westfalen*, Slg. 1984, Tz. 28.

nannte, sondern eine richtlinienkonforme Auslegung *„soweit wie möglich"* forderte[422].

II. Kritische Würdigung der Rechtsprechung des EuGH

Die vom EuGH den nationalen Gerichten auferlegte Pflicht zur richtlinienkonformen Auslegung kann nicht mehr grundsätzlich in Frage gestellt werden. Sie ist inzwischen europäisches Allgemeingut geworden - jede Vorlagefrage nach der Auslegung einer Richtlinie fußt auf dieser Pflicht. Sie ist sowohl vom BVerfG[423] als auch vom BGH[424], dem BFH[425] und dem BAG[426] anerkannt worden[427]. Geltungsgrund, Inhalt und Grenzen der Pflicht zur richtlinienkonformen Auslegung sind aber durchaus noch nicht in allen Einzelheiten geklärt. Hier soll darauf nur insoweit eingegangen werden, als eine Klärung auch für die Frage relevant ist, ob eine solche Pflicht zur richtlinienkonformen Auslegung auch außerhalb des Anwendungsbereichs einer Richtlinie besteht, wenn der nationale Gesetzgeber den Regelungsgehalt einer Richtlinie auf Sachverhalte außerhalb des Anwendungsbereichs einer Richtlinie erstreckt hat.

1. Geltungsgrund der Pflicht zur richtlinienkonformen Auslegung

a. Folgt die Pflicht zur richtlinienkonformen Auslegung aus Gemeinschaftsrecht oder aus innerstaatlichem Recht?

Indem der EuGH die Pflicht der nationalen Gerichte, das nationale Recht im Lichte des Wortlauts und des Zwecks der Richtlinie auszulegen, aus Art. 10 Abs. 1 und Art. 249 Abs. 3 EG herleitet, begründet er diese europarechtlich[428].

---

422 So ab dem Urt. v. 13.11.1990, Rs. C-106/89, *Marleasing SA/La Comercial Internacional Alimentación SA*, Slg. 1990, I-4135, Tz. 8.

423 BVerfG, Beschl. v. 8.4.1987, 2 BvR 687/85, *Kloppenburg*, BVerfGE 75, 223 (237). Das BVerfG akzeptiert in diesem Beschluß nicht nur die ausnahmsweise unmittelbare Wirkung von Richtlinien, sondern erhebt auch gegen die Pflicht zur richtlinienkonformen Auslegung keine Einwände.

424 Vgl. etwa BGH, Beschl. v. 11.1.1996, IX ZR 56/95, NJW 1996, 930; Beschl. v. 21.7.1994, II ZR 82/93, *Tomberger*, ZIP 1994, 1259; BGH, Urt. v. 5.2.1998, I ZR 211/95, *Testpreisangebot*, GRUR 1998, 824 (826).

425 Vgl. etwa BFH, Urt. v. 9.5.1995, IX R 116/92, BStBl. II 1996, 632= BFHE 177, 454 = DB 1995, 1841; BFH, Urt. v. 15.7.1998, I R 24/96, BStBl. II 1998, 728 = BFHE 186, 388 = DStR 1998, 1461; BFH, Urt. v. 20.6.2000, VII R 32/98, BB 2000, 2297; BFH, Urt. v. 8.11.2000, I R 6/96, DStR 2001, 290 in denen eine Vorlage zumindest erwogen, also nicht grundsätzlich in Frage gestellt wird.

426 Vgl. etwa BAG, Urt. v. 14.3.1989, 8 AZR 447/87, NJW 1990, 65.

427 Nach dem BVerfG stellt es sogar einen Verstoß gegen den gesetzlichen Richter dar, wenn ein nationales Gericht seiner Pflicht zur Anrufung des EuGH im Wege des Vorabentscheidungsverfahrens nicht nachkommt; siehe nur jüngst BVerfG, Beschl. v. 9.1.2001, 1 BvR 1036/99, NJW 2001, 1267.

428 Schlicht nicht nachvollziehbar die Auffassung von *Ehricke*, RabelsZ 59 (1995), 598 (615 f.), der bei der Besprechung des Urteils *„Von Colson"* die Behauptung aufstellt, auch der

Denkbar wäre es auch gewesen, den Geltungsgrund für das Gebot zur richtlinienkonformen Auslegung aus der Vermutung herzuleiten, der Gesetzgeber habe die Richtlinie korrekt umsetzen wollen. Eine solche Vermutung entspränge dem innerstaatlichen Recht. Und in der Tat haben sowohl nationale Gerichte als auch der EuGH selbst eine solche Vermutung aufgestellt. So heißt es im ersten Vorlagebeschluß des BGH an den EuGH: „Bei der Auslegung der §§ 8 und 10 GmbHG in der Neufassung des KoordG ist aber nicht nur allein auf deutsche Vorschriften und Verhältnisse abzustellen, sondern *nach allgemeinen Auslegungsgrundsätzen* auch der Zweck der Neuregelung zu berücksichtigen, der darin besteht, das deutsche Recht an die im Interesse des zwischenstaatlichen Geschäftsverkehrs innerhalb der Gemeinschaft ergangenen Bestimmungen der Ersten Richtlinie des Rates der Europäischen Gemeinschaften anzupassen.[...] Um die hier in Betracht kommenden deutschen Vorschriften, ihrem Zweck entsprechend, „gemeinschaftskonform" auslegen zu können, muß der Senat daher zunächst prüfen, was die hier maßgebende Bestimmung der Richtlinie besagt."[429] Nach Auslegung durch den EuGH begründete der BGH seine eigene Auslegung damit, daß davon auszugehen sei, „daß der deutsche Gesetzgeber, um diesem Zweck voll gerecht zu werden, nicht hinter den Anforderungen der Richtlinie zurückbleiben wollte."[430] Auch englische Gerichte sahen das Gebot zur richtlinienkonformen Auslegung zunächst in der Vermutung richtlinienkonformer Umsetzung durch den nationalen Gesetzgeber begründet[431]. Selbst der EuGH referiert in einem Fall, der kurz vor *Von Colson* entschieden wurde, zustimmend das FG Hamburg, das den Geltungsgrund der richtlinienkonformen Auslegung in der Annahme gesehen hatte, der deutsche Gesetzgeber habe die Richtlinie korrekt umsetzen wollen[432].

In der jetzt erfahrenen Ausprägung ist das Gebot zur richtlinienkonformen Auslegung aber mit einem solchen Geltungsgrund nicht mehr zu vereinbaren. Die Vermutung richtlinienkonformer Umsetzung kann nämlich nicht begründen, warum die gesamte Rechtsordnung, also auch die Vorschriften, die keine Umsetzung der Richtlinie darstellen, dem Gebot der richtlinienkonformen Auslegung unterfallen sollen. Insbesondere kann damit nicht erklärt werden, warum das Gebot - wie im Fall *Marleasing* - auch dann gilt, wenn die betreffende Richtlinie gar nicht umgesetzt worden ist. Hinzu kommt, daß das Gebot der richtlinienkonformen Auslegung absolut verstanden wird, d. h. die Richtlinienkonformität ist nicht nur ein Auslegungs-

---

EuGH sehe den Grund für die Verpflichtung zur richtlinienkonformen Auslegung im nationalen Recht.

[429] BGH, Beschl. v. 14.2.1974, II ZB 11/73, WM 1974, 510 (512).

[430] BGH, Beschl. v. 5.12.1974, II ZB 11/73, BGHZ 63, 261 (264 f.).

[431] So *Lord Templeman* in: *Duke v. G. E. C. Reliance Ltd.* [1988] A. C. 618 (639 ff.), der *Garland v. British Rail Engineering Ltd.* ([1983] 2 A. C. 751 (771)) als "authority" heranzieht, wo die Vermutung im Rahmen des primären Gemeinschaftsrechts aufgestellt wurde.

[432] EuGH, Urt. v. 15.7.1982, Rs. 270/81, *Felicitas Rickmars-Linie KG & Co/Finanzamt für Verkehrssteuern in Hamburg*, Slg. 1982, 2771, Tz. 25 f.

kriterium neben anderen, sondern auf besondere Weise zu berücksichtigen[433]. Vor allem FRANZEN hat zutreffend darauf hingewiesen, daß ein absolutes normatives Gebot richtlinienkonformer Auslegung nicht über die Vermutung eines gesetzgeberischen Umsetzungswillens begründet werden kann[434]. Dem gesetzgeberischen Umsetzungswillen kommt nämlich neben den anderen Auslegungskriterien nur eine relative Bedeutung zu. An dieser Stelle bleibt festzuhalten, daß sich das Gebot zur richtlinienkonformen Auslegung, so wie es vom EuGH verstanden wird, nur auf Gemeinschaftsrecht gründen kann[435]. Die Vermutung richtlinienkonformer Umsetzung durch den nationalen Gesetzgeber mag zwar zutreffen, eine tragfähige Grundlage für ein absolut verstandenes Gebot der richtlinienkonformen Auslegung ist sie jedoch nicht.

b. Der gemeinschaftsrechtliche Geltungsgrund

Wie schon erwähnt wurde, begründet der EuGH die Pflicht zur richtlinienkonformen Auslegung zweigleisig. Zum einen erstreckt er die in Art. 10 Abs. 1 EG für die Mitgliedstaaten geltende Pflicht, alle geeigneten Maßnahmen zur Erfüllung der Verpflichtungen, die sich aus diesem Vertrag oder aus den Handlungen der Organe ergeben, zu ergreifen, auf alle Träger öffentlicher Gewalt, also auch auf die Gerichte. Zum anderen hebt er auf die Zielverbindlichkeit von Richtlinien ab, wie sie in Art. 249 Abs. 3 EG zum Ausdruck kommt, die nach dem EuGH auch für die Gerichte gelten soll. Im Schrifttum ist umstritten, welche Begründung die tragfähigere ist[436]. Im Rahmen dieser Arbeit kann dies jedoch offen bleiben, da sich daraus für die hier untersuchte Frage nichts ergibt. Wichtig ist nur zu erkennen, daß der EuGH die Pflicht zur richtlinienkonformen Auslegung rechtsfortbildend geschaffen hat, da sich sowohl Art. 10 Abs. 1 als auch Art. 249 Abs. 3 EG strenggenommen nur an die Mitgliedstaaten richten[437]. Rechtfertigender Grund für eine solche Rechtsfortbildung ist, daß ohne die Pflichtenbindung desjenigen, der das angeglichene Recht auslegt, das Ziel der Rechtsangleichung nicht erreicht werden könnte[438]. Würden nationale Gerichte bei der Auslegung von umgesetzten Recht den gemeinschaftsrechtlichen Hintergrund ausblenden, dann würde dies jeglichen Harmonisierungserfolg von vornherein unmöglich machen. Das Gebot der richtlinienkonformen Auslegung ist damit eine Ausprägung des Prinzips des *effet utile*. Letztlich ist das Gebot auch in Art. 234 EG angelegt, da Vorlage-

---

[433] Näheres dazu gleich unter § 7 A.II.2.c, S. 98 ff.

[434] *Franzen*, Privatrechtsangleichung durch die Europäische Gemeinschaft, 1999, S. 315.

[435] *Franzen, ibid.*, S. 320, begründet ein absolut verstandenes Gebot zur richtlinienkonformen Auslegung noch zusätzlich analog § 36 EGBGB, also innerstaatlich. Es bleibt aber offen, was eine solche innerstaatliche Begründung neben der Pflicht aus Europarecht noch bringen soll. Zweifelhaft ist hier daher, ob es deshalb nicht schon an einer Lücke fehlt.

[436] Allein auf die Zielverbindlichkeit abstellend etwa *Rüffler*, ÖJZ 1997, 121 (123); die Begründung auf Art. 5 EGV (jetzt Art. 10 Abs. 1 EG) stützend etwa *Nettesheim*, AöR , 261 (263).

[437] So zutreffend *Jarass*, EuR 1991, 211 (216).

[438] So auch *Rüffler*, ÖJZ 1997, 121 (123).

verfahren in bezug auf Richtlinien ohne eine solche Verpflichtung weitgehend sinnlos wären.

2. Inhalt und Grenzen der richtlinienkonformen Auslegung

Über den genauen Inhalt dieses Gebots besteht in der Literatur Streit. Insbesondere ist unklar, welche Grenzen das nationale Recht einer richtlinienkonformen Auslegung zieht. LUTTER beispielsweise will dann, wenn die Auslegung der Richtlinie sich nicht mit dem Wortlaut der umgesetzten Norm vereinbaren läßt, die deutsche Norm unangewendet lassen[439]. Die herrschende Meinung will hingegen die Richtlinienkonformität nur in den Grenzen des klassischen Auslegungskanons berücksichtigen[440]. Auch ist umstritten, ob die Richtlinienkonformität schon jedes einzelne Auslegungselement modifiziert[441] oder erst auf der Ebene der Auswahl zwischen verschiedenen Auslegungsergebnissen zum Zuge kommt[442]. Inhalt und Grenze der richtlinienkonformen Auslegung sollen hier näher bestimmt werden, um den Rahmen abzustecken, den eine Pflicht zur richtlinienkonformen Auslegung außerhalb des Anwendungsbereichs einer Richtlinie hätte. Eine vollständige Klärung kann im Rahmen dieser Arbeit aber nicht erwartet werden, da dies in Grundlagenprobleme der Auslegung hineinführen und eine umfassende Analyse konkreter Fälle voraussetzen würde, die hier nicht geleistet werden kann.

a. Die Pflicht zur richtlinienkonformen Auslegung als absolutes Gebot

Einigkeit besteht darin, daß die Pflicht zur richtlinienkonformen Auslegung nicht mit der Vermutung richtlinienkonformer Umsetzung durch den nationalen Gesetzgeber gleichgesetzt werden kann. Es wurde schon darauf hingewiesen, daß damit nicht erklärt werden kann, daß das Gebot zur richtlinienkonformen Auslegung auch dann gilt, wenn die betreffende Richtlinie, wie im Fall *Marleasing*, gar nicht umgesetzt worden ist. Auch ist anerkannt, daß die Richtlinienkonformität nicht einfach den Auslegungskanon von Wortlaut, Entstehungsgeschichte, Systematik und Zweck um ein weiteres Element bereichert. Die Richtlinienkonformität stellt nicht nur ein relatives Abwägungskriterium dar, sondern ihr kommt eine darüber hinausgehende absolute Bedeutung zu. Über den Umfang dieser Absolutheit besteht aber noch keine Klarheit.

---

439 *Lutter*, JZ 1992, 593 (606); ähnlich schon *Spetzler*, RIW 1991, 579.

440 So vor allem *Brechmann*, Die richtlinienkonforme Auslegung, 1994, S. 247 ff., insb. 265 ff.; *Franzen*, Privatrechtsangleichung durch die europäische Gemeinschaft, 1999, S. 338 ff. (403), 416 ff. (444). Siehe auch *Di Fabio*, NJW 1990, 947 (953); *Jarass*, EuR 1991, 211 (217 f.); *Dänzer-Vanotti*, RIW 1991, 754 (754); *Everling*, ZGR 1992, 376 (388); *Ehricke*, RabelsZ 59 (1995), 598 (615); *Groh*, DStR 1996, 1206 (1210); *Rüffler*, ÖJZ 1997, 121 (126); *Basedow*, FS Brandner, 1996, S. 651 (658); *Wulf-Henning Roth*, FS BGH, 2000, S. 847 (875 f.); *Schnorbus*, AcP 2001, 860 (879).

441 Dafür *Schmidt*, RabelsZ 59 (1995), 569 (590 f.).

442 So *Jarass*, EuR 1991, 211 (213 f.); *Brechmann*, Die richtlinienkonforme Auslegung, 1994, S. 259; *Ehricke*, RabelsZ 59 (1995), 598 (616).

b. Die Parallele zur verfassungskonformen Auslegung

Eine stark vertretene Auffassung in der Literatur versteht die richtlinienkonforme Auslegung in Parallele zur verfassungskonformen Auslegung[443]. Diese hat das BVerfG folgendermaßen charakterisiert: „Lassen der Wortlaut, die Entstehungsgeschichte, der Gesamtzusammenhang der einschlägigen Regelungen und deren Sinn und Zweck mehrere Deutungen zu, von denen jedenfalls eine zu einem verfassungsmäßigen Ergebnis führt, so ist eine Auslegung geboten, die mit dem Grundgesetz in Einklang steht. [...] Die Auslegung darf nicht mit dem Wortlaut und dem klar erkennbaren Willen des Gesetzgebers in Widerspruch treten."[444] Diese Grundsätze werden auf die richtlinienkonforme Auslegung übertragen. Dies gilt sowohl für die Zweistufigkeit des Auslegungsverfahrens - auch bei der verfassungskonformen Auslegung sind Verfassung und das einfachgesetzliche Recht getrennt voneinander auszulegen - als auch für deren Grenzen. Vor allem BRECHMANN hat für ein zweistufiges Auslegungsverfahren plädiert[445]. Nach ihm sollen der Inhalt der umgesetzten Norm und der Inhalt der Richtlinie unabhängig voneinander ermittelt werden. Erst in einem zweiten Schritt sollen dann diejenigen Auslegungsmöglichkeiten ausgeschlossen werden, die mit dem Inhalt der Richtlinie kollidieren.

Die Parallele zur verfassungskonformen Interpretation überzeugt nicht. Der gemeinschaftsrechtliche Hintergrund modifiziert nämlich in vielen Fällen schon die einzelnen Auslegungselemente[446]. Wird eine Richtlinie, wie das häufig geschieht, wortwörtlich umgesetzt, dann hat die Verwendung kongruenter Begriffe letztlich zur Folge, daß diese Begriffe vom EuGH autonom, d. h. unabhängig von den einzelnen Rechtsordnungen, ausgelegt werden[447]. Hier anzunehmen, man müsse zuerst das nationale Recht unabhängig von der Richtlinie auslegen, leugnet die Entstehungsgeschichte und ist zudem vollkommen unpraktikabel. Auch zur Ermittlung des gesetzgeberischen Willens wird man aufgrund der Vermutung richtlinienkonformer Umsetzung durch den nationalen Gesetzgeber häufig auf die Erwägungsgründe und Ziele der Richtlinie abzustellen haben. Die Pflicht zur richtlinienkonformen Auslegung

---

[443] *Jarass*, EuR 1991, 211 (213 f.); *Brechmann*, Die richtlinienkonforme Auslegung, 1994, S. 259; *Ehricke*, RabelsZ 59 (1995), 598 (616).

[444] BVerfG, Urt. v. 24.4.1985, 2 BvF 2,3,4/83 und 2/84, BVerfGE 69, 1 (55).

[445] *Brechmann*, Die richtlinienkonforme Auslegung, 1994, S. 259.

[446] So auch *Schmidt*, RabelsZ 59 (1995), 569 (590), der die richtlinienkonforme Auslegung als eine sämtliche nationale Auslegungsregeln modifizierende Interpretationsmaxime versteht. Ähnlich *Everling*, ZGR 1992, 376 (381).

[447] Vgl. EuGH, Urt. v. 6.10.1982, Rs. 283/81, *Srl C.I.L.F.I.T. und Laificio di Gavardo SpA/Ministero della sanità*, Slg. 1982, 3415, Rn. 19: „So dann ist auch bei genauer Übereinstimmung der sprachlichen Fassungen zu beachten , daß das Gemeinschaftsrecht eine *eigene, besondere Terminologie* verwendet. Im übrigen ist hervorzuheben, daß Rechtsbegriffe im Gemeinschaftsrecht und in den verschiedenen nationalen Rechten nicht unbedingt den gleichen Inhalt haben müssen." Hervorhebung durch Verf.

beeinflußt hier schon die herkömmlichen Auslegungskriterien[448]. Insofern erschöpft sich die Pflicht zur richtlinienkonformen Auslegung zwar nicht in der Vermutung richtlinienkonformer Umsetzung durch den nationalen Gesetzgeber, aber sie schließt diese nicht aus.

c. Die Richtlinienkonformität als vorrangig zu beachtendes Auslegungskriterium

Nähert man sich dem Problem von der anderen Seite, dann ist zunächst festzuhalten, daß der richtlinienkonformen Auslegung jedenfalls Grenzen im nationalen Recht gesetzt sein müssen. Anderenfalls verschwömme der Unterschied der Richtlinie zur Verordnung[449] und man käme auf einem Umweg zu einer unmittelbaren Wirkung der Richtlinie unter Privaten, die der EuGH in *Faccini Dori* gerade abgelehnt hat[450]. Der Auffassung LUTTERS, der die deutsche Norm dann unangewendet lassen will, wenn sich die Auslegung der Richtlinie nicht mit dem Wortlaut der umgesetzten Norm vereinbaren läßt, kann somit nicht gefolgt werden.

Ein solcher Anwendungsvorrang läßt sich auch nicht der Entscheidung *Marleasing* entnehmen[451]. Zuzugeben ist zwar, daß der EuGH die Grenzen der richtlinienkonformen Auslegung dort nicht mehr eigens benennt, sondern die Formulierung *„soweit wie möglich"* verwendet[452]. Darunter ist aber nichts anderes zu verstehen als der Beurteilungsspielraum, den das nationale Recht läßt. Zuzugeben ist auch, daß der EuGH unzulässigerweise in die Interpretation des nationalen Gerichts eingriff, als er dem nationalen Gericht verbot, „die nationalen Rechtsvorschriften über Aktiengesellschaften dergestalt auszulegen, daß die Nichtigkeit einer Aktiengesellschaft aus anderen als den in Art. 11 dieser Richtlinie [der ersten gesellschaftsrechtlichen Richtlinie] abschließend aufgezählten Gründen ausgesprochen werden kann."[453] Dies erklärte sich allerdings vor dem Hintergrund, daß in der Sitzung klar zur Sprache gekommen war, daß das spanische Aktiengesetz vom 17. Juni 1951 gar keine ausdrückliche Regelung zur Nichtigkeit von Aktiengesellschaften enthielt, sondern nur die Rechtsprechung diese Lücke durch die Anwendung von Normen des allgemeinen Zivilrechts geschlossen hatte, die ihrerseits wieder unbestimmte Rechtsbegriffe - unter anderem den Verstoß gegen die guten Sitten - verwendeten[454]. Eine Auslegung *contra legem* oder die Nichtan-

---

448 *Wulf-Henning Roth*, FS BGH, 2000, S. 847 (875).

449 So schon *Generalanwalt Slynn* in den Schlußanträgen v. 18.9.1985, EuGH, Urt. v. 26.2.1986, Rs. 152/84, *M. H. Marshall/Southhampton and South-West Hampshire Area Health Authority*, Slg. 1986, 723, Tz. 44.

450 EuGH, Urt. v. 14.7.1994, Rs. C-91/92, *Paola Faccini Dori/Recreb Srl*, Slg. 1994, I-3325, Tz. 24.

451 EuGH, Urt. v. 13.11.1990, Rs. C-106/89, *Marleasing SA/La Comercial Internacional Alimentación SA*, Slg. 1990, I-4135.

452 *Ibid.*, Tz. 8.

453 *Ibid.*, Tz. 9.

454 *Ibid.*, S. 4137.

wendung richtlinienwidriger Normen verlangte der EuGH daher auch in diesem Fall nicht[455].

Mit der Einsicht, daß der Pflicht zur richtlinienkonformen Auslegung Grenzen gesetzt sind, ist allerdings noch nicht viel gewonnen. Hier einfach auf die Wortlautgrenze zu verweisen, ignoriert, daß der gemeinschaftsrechtliche Hintergrund auch dieses Auslegungselement modifiziert. Auch ist eine richtlinienkonforme Rechts*fortbildung* nicht von vornherein auszuschließen[456]. GRUNDMANN weist zutreffend darauf hin, daß die richtlinienkonforme Auslegung auch die Wahl von Ergebnissen ermögliche, die falsch wären, stellte man nur auf das nationale Recht ab[457]. Seine sich daran anschließende provokative Frage, wie falsch diese Ergebnisse sein dürften, bringt die Problematik nach den Grenzen der richtlinienkonformen Auslegung auf den Punkt. Es bleibt einer anderen Arbeit vorbehalten, diese Grenze näher zu bestimmen und anhand konkreter Fällen zu verdeutlichen. Festzuhalten bleibt, daß sich das Kriterium der Richtlinienkonformität nicht darin erschöpft, in Parallele zur verfassungskonformen Interpretation diejenigen Lösungsmöglichkeiten auszuschließen, die mit der Richtlinie kollidieren - wobei sämtliche Lösungen unabhängig vom gemeinschaftsrechtlichen Hintergrund ermittelt wurden - , daß die Richtlinienkonformität aber auch nicht so weit geht, die umgesetzte Norm völlig unangewendet zu lassen. Vielleicht läßt sich die Grenze auch gar nicht genauer bestimmen als durch die Formulierungen von GRUNDMANN, wonach sämtliche Auslegungszweifel für die Richtlinienkonformität fruchtbar gemacht werden müssen[458], oder die Formulierung von RÜFFLER, wonach die Auslegungskompetenz bis an die Grenzen des noch zulässigerweise Möglichen auszuschöpfen ist[459].

B. Pflicht zur richtlinienkonformen Auslegung außerhalb des Anwendungsbereichs einer Richtlinie

I. Aus Gemeinschaftsrecht

1. Auffassung des EuGH

Der EuGH hat in einem Fall, in dem der nationale Gesetzgeber den Regelungsgehalt einer Richtlinie auf Sachverhalte außerhalb des Anwendungsbereichs der Richtlinie erstreckt hatte, das „klare" Interesse der Ge-

---

[455] Falsche Interpretation von *Schmidt*, RabelsZ 59 (1995), 569 (584), richtig dagegen *Rüffler*, ÖJZ 1997, 121 (126).

[456] Siehe dazu näher *Hergenröder*, FS Zöllner, 1998, S. 1139 ff., und *Schnorbus*, AcP 2001, 860 ff. Überzeugend der Hinweis von *Franzen*, Privatrechtsangleichung durch die Europäische Gemeinschaft, 1999, S. 389, nach dem eine richtlinienkonforme Rechtsfortbildung nur dann in Betracht kommt, wenn sich dafür Wertungsgesichtspunkte unabhängig von der Richtlinie finden lassen.

[457] *Grundmann*, ZEuP 1996, 399 (415 f.).

[458] *Ibid.*, S. 415.

[459] *Rüffler*, ÖJZ 1997, 121 (126).

meinschaft daran betont, „daß die aus dem Gemeinschaftsrecht übernommenen Bestimmungen oder Begriffe unabhängig davon, unter welchen Voraussetzungen sie angewandt werden sollen, einheitlich ausgelegt werden, um künftige Auslegungsunterschiede zu verhindern [...]."[460] Der niederländische Gesetzgeber hatte im zugrundeliegenden Fall gleiche Regelungen für grenzüberschreitende und rein inländische Fusionen vorgesehen, obwohl die Fusionsbesteuerungsrichtlinie[461] Vorgaben nur für grenzüberschreitende Fusionen machte. Der *Gerechtshof* Amsterdam hatte den EuGH zur Auslegung des Begriffes „Austausch von Anteilen" ersucht, weil er der Meinung war, daß nach dem Willen des niederländischen Gesetzgebers Art. 14b Abs. 2 lit. a des niederländischen Einkommensteuergesetzes von 1964, der sich auf innerstaatliche Fusionen, und Art. 14b Abs. 2 lit. b, der sich auf innergemeinschaftliche Fusionen bezog, gleich auszulegen sei[462]. In der hier verwandten Terminologie nahm der *Gerechtshof* also an, daß der niederländische Gesetzgeber den Regelungsgehalt der Fusionsbesteuerungsrichtlinie, der nur grenzüberschreitende Fusionen betraf, auf rein innerstaatliche Sachverhalte erstreckt hatte.

Diese Textpassage wird vielfach so gedeutet, daß nach der Auffassung des EuGH eine gemeinschaftsrechtliche Pflicht zu richtlinienkonformer Auslegung auch außerhalb des Anwendungsbereichs einer Richtlinie besteht, wenn der nationale Gesetzgeber den Regelungsgehalt einer Richtlinie auf Sachverhalte außerhalb des Anwendungsbereichs erstreckt hat. Nach HABERSACK ist in solchen Fällen eine gespaltene Auslegung nach dem EuGH „aus Gründen europäischen Rechts selbst dann nicht möglich, wenn der nationale Gesetzgeber eine solche in Kauf genommen hätte."[463] Zu beachten ist nämlich, daß die vielfach angewandte Regelungstechnik des deutschen Gesetzgebers, zwischen den Sachverhalten, die in den Anwendungsbereich der Richtlinie fallen, und solchen, die außerhalb liegen, schon gar nicht zu differenzieren, das gemeinschaftsrechtliche Interesse an einheitlicher Auslegung noch erhöht. Allerdings ist zweifelhaft, ob der EuGH wirklich so zu verstehen ist, daß die nationalen Gerichte zu einheitlicher Auslegung verpflichtet sind. Auffallend

---

460 EuGH, Urt. v. 17.7.1997, Rs. C-28/95, *A. Leur-Bloem/Inspecteur der Belastingdienst/Ondernemingen Amsterdam 2*, Slg. 1997, I-4161, Tz. 32. Näher zum Sachverhalt siehe oben § 1 B.II, S. 7.

461 Richtlinie 90/434/EWG des Rates vom 23. Juli 1990 über das gemeinsame Steuersystem für Fusionen, Spaltungen, die Einbringung von Unternehmensteilen und den Austausch von Anteilen, die Gesellschaften verschiedener Mitgliedstaaten betreffen, ABl. EG L Nr. 225, S.1 ff.

462 EuGH, Urt. v. 17.7.1997, Rs. C-28/95, *A. Leur-Bloem/Inspecteur der Belastingdienst/Ondernemingen Amsterdam 2*, Slg. 1997, I-4161 (4167).

463 *Habersack*, Europäisches Gesellschaftsrecht, 1999, Rn. 211; ähnlich *Wulf-Henning Roth*, FS BGH, 2000, S. 847 (883 f.). *Habersack/Mayer*, JZ 1999, 913 (918), sprechen von einer gemeinschaftsrechtlichen Pflicht zu einheitlicher Auslegung. Wenn *Habersack* später im Fall *Heininger* eine gespaltene Auslegung vorschlägt, WM 2000, 981 (991), dann hat er seine Meinung wohl geändert. Anderenfalls würde er dem BGH eine europarechtswidrige Auslegung vorschlagen.

ist nämlich, daß er nicht von einer Pflicht der nationalen Gerichte spricht, sondern nur von dem klaren Interesse der Gemeinschaft, Begriffe des Gemeinschaftsrechts einheitlich auszulegen[464].

HABERSACK/MAYER haben zudem vorgebracht, das Urteil *Leur-Bloem* sei durch das Urteil *ICI*[465] überholt[466]. Dies lag nahe, da der EuGH dort ausdrücklich entschieden hatte, daß dann, wenn bei einem Rechtsstreit vor einem nationalen Gericht ein Sachverhalt betroffen ist, der nicht in den Anwendungsbereich des Gemeinschaftsrechts fällt, dieses Gericht nach Gemeinschaftsrecht weder verpflichtet ist, seine Rechtsvorschriften gemeinschaftskonform auszulegen, noch sie unangewendet zu lassen[467]. Dabei haben HABERSACK/MAYER allerdings übersehen, daß *ICI* eine völlig anders gelagerte Problematik zum Gegenstand hatte. Dort ging es nämlich darum, ob die gemeinschaftskonforme Auslegung einer Norm am Maßstab der Niederlassungsfreiheit auch außerhalb des Anwendungsbereichs von Gemeinschaftsrecht gefordert war. Dies hat der EuGH zu Recht abgelehnt. WULF-HENNING ROTH hat zutreffend darauf hingewiesen, daß hier die Gefahr der Verwirrung hinsichtlich der Auslegung von Gemeinschaftsrecht nicht aufkommen kann[468].

2. Kritik an der Auffassung des EuGH

Unterstellt, der EuGH statuierte eine gemeinschaftsrechtliche Pflicht zu richtlinienkonformer Auslegung auch außerhalb des Anwendungsbereichs der Richtlinie, was derzeit noch offen ist, bleibt fraglich, ob sich eine solche Pflicht wirklich begründen ließe. Hier ist auf den Geltungsgrund der Pflicht zu richtlinienkonformer Auslegung zurückzukommen. Oben ist herausgearbeitet worden, daß die Pflicht zu richtlinienkonformer Auslegung vom EuGH in Rechtsfortbildung geschaffen wurde, um nicht die Rechtsangleichung zu gefährden. Unerheblich ist dabei, ob man diese Pflicht auf die in Art. 249 Abs. 3 EG statuierte Zielverbindlichkeit der Richtlinie oder die in Art. 10 EG zum Ausdruck kommende Pflicht zur Gemeinschafstreue stützt. Diese Rechtfertigung trägt jedoch außerhalb des Anwendungsbereichs einer Richtlinie nicht. Außerhalb des Anwendungsbereichs einer Richtlinie kann Einheitlichkeit nämlich nicht erreicht werden. Wenn ein nationaler Gesetzgeber das Regelungsmodell einer Richtlinie - aus welchen Gründen auch immer - auf Sachverhalte außerhalb des Anwendungsbereichs erstreckt, dann kann dort keine Einheitlichkeit erreicht werden, weil andere nationale Gesetzgeber eine solche Erstreckung nicht vorgenommen haben.

---

[464] Siehe dazu unten § 8 C.II.2 am Ende.

[465] EuGH, Urt. v. 16.7.1998, Rs. C-264/96, *Imperial Chemical Industries plc (ICI)/Kenneth Hall Colmer (HM Inspector of Taxes)*, Slg. 1998, I-4695.

[466] *Habersack/Mayer*, JZ 1999, 913 (918 f.).

[467] EuGH, Urt. v. 16.7.1998, Rs. C-264/96, *Imperial Chemical Industries plc (ICI)/Kenneth Hall Colmer (HM Inspector of Taxes)*, Slg. 1998, I-4695, Tz. 34.

[468] *Wulf-Henning Roth*, FS BGH, 2000, S. 847 (884).

Eine gemeinschaftsrechtlich begründete Pflicht kommt allerdings aus einem anderen Gesichtspunkt in Betracht. Darauf hat Generalanwalt JACOBS hingewiesen[469]. Ist ein nationales Gericht anläßlich eines Sachverhaltes außerhalb des Anwendungsbereichs der Meinung, es müsse diesen, da der nationale Gesetzgeber den Regelungsgehalt auf diesen erstreckt hat, gleich behandeln wie die Sachverhalte innerhalb des Anwendungsbereichs und es komme deshalb auf die Auslegung der Richtlinie an, dann müßte es, falls der EuGH seine Zuständigkeit ablehnt, die Auslegung der Richtlinie selbst versuchen. Käme dieses Gericht dann zu einer falschen Auslegung der Richtlinie, dann wäre die einheitliche Auslegung des Gemeinschaftsrechts dadurch gefährdet, daß die nationalen Gerichte versucht sein könnten, diese falsche Interpretation auch anläßlich von Sachverhalten im Anwendungsbereich zugrundezulegen. Diese Gefahr ist vor allem im deutschen Steuerbilanzrecht nicht von der Hand zu weisen, da der BFH in weit stärkerem Maße Gelegenheit zur Auslegung von Bilanzrecht hat als der BGH[470]. Entgegen dem EuGH, der diese Verwirrungsgefahr wohl für ausschlaggebend hält, hält der Generalanwalt diese Gefahr nicht für ausreichend, eine Pflicht zu richtlinienkonformer Auslegung und eine damit korrespondierende Zuständigkeit des EuGH zu begründen. Der Generalanwalt weist zutreffend darauf hin, daß diese Gefahr nicht größer ist, als wenn ein unterinstanzliches Gericht eine Auslegung von Gemeinschaftsrecht versucht. Selbst im Anwendungsbereich einer Richtlinie hat der EuGH nämlich kein Auslegungsmonopol. Unterinstanzliche Gerichte müssen nur dann vorlegen, wenn sie von einem Urteil des EuGH abweichen wollen. Gibt es noch keine Entscheidung des EuGH, dann sind sie nicht daran gehindert, Gemeinschaftsrecht selbst auszulegen. Dies spricht dafür, daß Art. 234 EG nicht alle Gefahren für die einheitliche Anwendung von Gemeinschaftsrecht gebannt wissen will. Mit der Gefahr, daß falsche Auslegungen des Gemeinschaftsrechts auf Sachverhalte im Anwendungsbereich einer Richtlinie zurückwirken, läßt sich somit eine Pflicht zu richtlinienkonformer Auslegung nicht begründen[471].

Gegen eine solche Pflicht außerhalb des Anwendungsbereichs einer Richtlinie werden von HABERSACK/MAYER auch verfassungsrechtliche Bedenken vorgebracht[472]. Um diese Bedenken darzustellen, bedarf es einiger kurzer Vorbemerkungen zum Verhältnis zwischen Gemeinschaftsrecht und nationalem Recht.

---

[469] EuGH, Urt. v. 17.7.1997, Rs. C-28/95, *A. Leur-Bloem/Inspecteur der Belastingdienst/Ondernemingen Amsterdam* 2, Slg. 1997, I-4161 (4165); Schlußanträge des Generalanwalts *Jacobs* v. 17.9.1996, S. 4180, Tz. 48.

[470] Dazu auch *Broer*, RIW 2001, 756 (760).

[471] A. A. wohl *Wulf-Henning Roth*, FS BGH, 2000, S. 847 (884). Eine gemeinschaftsrechtliche Pflicht außerhalb des Anwendungsbereichs einer Richtlinie ablehnend auch *Habersack/Mayer*, JZ 1999, 913 (919); *Schulze*, in: ders. (Hrsg.), Auslegung europäischen Privatrechts und angeglichenen Rechts, S. 9 (18); *Schnorbus*, RabelsZ 2001, 654 (675); *Hennrichs*, ZGR 1997, 66 (77).

[472] *Habersack/Mayer*, JZ 1999, 913 (920).

Nach herrschendem Verständnis stellen Gemeinschaftsrecht und nationales Recht zwar zwei unabhängige Rechtskreise dar, diese liegen aber nicht isoliert nebeneinander[473]. In bezug auf das Verhältnis zwischen Gemeinschaftsrecht und nationalem Recht besteht immer noch ein offener Dissens zwischen der Auffassung des EuGH und des BVerfG. Während der EuGH von einem unbedingten Vorrang des Gemeinschaftsrechts kraft Eigenständigkeit ausgeht[474], bejaht das BVerfG einen solchen Vorrang nur kraft verfassungsrechtlicher Ermächtigung und damit notwendigerweise nicht schrankenlos[475]. Die Übertragung von Hoheitsrechten auf zwischenstaatliche Einrichtungen darf nach dem BVerfG nicht dazu führen, „die Identität der geltenden Verfassungsordnung der Bundesrepublik Deutschland durch Einbruch in ihr Grundgefüge, in die sie konstituierenden Strukturen, aufzugeben [...]."[476] Unverzichtbar seien und zu diesem Grundgefüge gehörten jedenfalls die Rechtsprinzipien, die dem Grundrechtsteil des Grundgesetzes zugrunde liegen[477].

Dieser Dissens zwischen der Auffassung des BVerfG und der des EuGH wird allerdings in seinen praktischen Konsequenzen insoweit abgemildert, als das BVerfG entschieden hat, seine Gerichtsbarkeit über die Anwendbarkeit von abgeleitetem Gemeinschaftsrecht, das als Rechtsgrundlage für ein Verhalten deutscher Gerichte oder Behörden im Hoheitsbereich der Bundesrepublik Deutschland in Anspruch genommen wird, nicht mehr auszuüben und dieses Recht mithin nicht mehr am Maßstab der Grundrechte des Grundgesetzes zu überprüfen, „solange die Europäischen Gemeinschaften einen wirksamen Schutz der Grundrechte gegenüber der Hoheitsgewalt der Gemeinschaften generell gewährleisten, der dem vom Grundgesetz als unabdingbar gebotenen Grundrechtsschutz im wesentlichen gleichzuachten ist, zumal den Wesensgehalt der Grundrechte generell verbürgt,[...]."[478]

Im Bananenmarktbeschluß wurde klargestellt, daß Verfassungsbeschwerden und Vorlagen, die eine Verletzung in Grundrechten des Grundgesetzes durch sekundäres Gemeinschaftsrecht geltend machen, von vornherein unzulässig sind, „wenn ihre Begründung nicht darlegt, daß die europäische Rechtsentwicklung einschließlich der Rechtsprechung des EuGH nach Ergehen der Solange II-Entscheidung [...] unter den erforderlichen Grundrechtstandard abgesunken sei."[479] Danach muß also im einzelnen dargelegt werden, daß der

---

[473] *Isensee*, FS Stern, 1995, S. 1239 (1240).

[474] EuGH, Urt. v. 15.7.1964, Rs. 6/64, *Flaminio Costa/E.N.E.L.*, Slg. 1964, 1251, Tz. 12; Urt. v. 17.12.1970, Rs. 11/70, *Internationale Handelsgesellschaft mbH/Einfuhr- und Vorratsstelle für Getreide- und Futter-mittel*, Slg. 1970, 1125, Tz. 3; Urt. v. 9.3.1978, Rs. 106/77, *Staatliche Finanzverwaltung/S.p.A. Simmenthal*, Slg. 1978, 629.

[475] BVerfG, Beschl. v. 22.10.1986, 2 BvR 197/83, *Solange II*, BVerfGE 73, 339 (375); Beschl. v. 8.4.1987, 2 BvR 687/85, *Kloppenburg*, BVerfGE 75, 223 (240).

[476] BVerfG, Beschl. v. 22.10.1986, 2 BvR 197/83, *Solange II*, BVerfGE 73, 339 (375).

[477] *Ibid.*

[478] *Ibid.*, S. 387.

[479] BVerfG, Beschl. v. 7.6.2000, 2 BvL 1/97, *Bananenmarktordnung*, NJW 2000, 3124 (3125).

unabdingbare Grundrechtsschutz *generell* nicht gewährleistet ist. Praktisch ist hinsichtlich der Grundrechtskonformität gemeinschaftlicher Rechtsakte ein offener Konflikt zwischen EuGH und BVerfG damit nahezu ausgeschlossen[480].

HABERSACK/MAYER machen nun geltend, daß es außerhalb des Gemeinschaftsrechts keine eingeschränkte verfassungsrechtliche Überprüfbarkeit geben könne[481]. Schon von daher sei eine absolute Pflicht zur richtlinienkonformen Auslegung außerhalb des Anwendungsbereichs einer Richtlinie aus verfassungsrechtlichen Gründen unmöglich. Sie gehen dabei inzident davon aus, daß im Anwendungsbereich von Gemeinschaftsrecht auch angeglichenes Recht nur in eingeschränktem Maße der verfassungsrechtlichen Überprüfung unterliegt. Dabei übersehen sie aber, daß ein prozessuales Ausweichen durch ein Nichtausüben der Gerichtsbarkeit, wie es in *Solange II* praktiziert wurde, bei umgesetztem Recht gar nicht möglich ist. Wenn die verfassungskonforme Auslegung und die richtlinienkonforme Auslegung in verschiedene Richtungen weisen, kann das materielle Rangproblem nicht mehr ausgeblendet werden[482]. Es kommt zum Schwur. Entweder hat die Richtlinienkonformität Vorrang oder die Verfassungskonformität.

Nach den bisherigen Äußerungen des BVerfG kann nicht angenommen werden, daß es Gemeinschaftsrecht schrankenlosen Vorrang vor nationalem Verfassungsrecht zubilligt. Zumindest wurde immer wieder auf die verfassungsrechtlichen Grenzen der Einräumung von Hoheitsrechten hingewiesen[483]. Auch bezieht sich der *Solange II*-Beschluß nicht auf Akte des deutschen Gesetzgebers[484]. Besteht somit nach Auffassung des BVerfG schon im Anwendungsbereich einer Richtlinie kein Vorrang der Richtlinienkonformität vor der Verfassungskonformität, läßt sich daraus auch kein Argument gegen die Pflicht zur richtlinienkonformen Auslegung außerhalb des Anwendungsbereichs einer Richtlinie ableiten.

Nimmt man, wie der EuGH es tut, einen absoluten Vorrang des Gemeinschaftsrechts kraft Eigenständigkeit an, dann scheiden verfassungsrechtliche Bedenken von vornherein aus. Allerdings sollte der EuGH deshalb besonders genau auf die Einhaltung seiner Kompetenzen achten. Gerade der Gesichtspunkt, daß sich seiner Ansicht nach die Richtlinienkonformität sogar gegen nationale Verfassungen durchsetzt, spricht dafür, den Anwendungsbereich der Pflicht zur richtlinienkonformen Auslegung nicht zu überdehnen, sondern auf den Anwendungsbereich einer Richtlinie zu beschränken.

---

480 So auch *Nicolaysen/Nowak*, NJW 2001, 1233 (1235).

481 *Habersack/Mayer*, JZ 1999, 913 (920).

482 *Di Fabio*, NJW 1990, 947 (947).

483 BVerfG, Beschl. v. 22.10.1986, 2 BvR 197/83, *Solange II*, BVerfGE 73, 339 (375); Urt. v. 12.10.1993, 2 BvR 2134/92 und 2 BvR 2159/92, *Vertrag von Maastricht*, BVerfGE 89, 155 (188).

484 *Götz*, NJW 1992, 1849 (1853).

II. Aus nationalem Recht

1. Theoretische Erwägungen

Eine Pflicht zur richtlinienkonformen Auslegung außerhalb des Anwendungsbereichs einer Richtlinie könnte sich aus nationalem Recht ergeben[485]. Aus dem Umstand, daß der nationale Gesetzgeber den Regelungsgehalt auf Sachverhalte außerhalb des Anwendungsbereichs der Richtlinie erstreckt hat, indem die zugrunde liegende Norm nicht zwischen Sachverhalten innerhalb und außerhalb des Anwendungsbereichs differenziert, kann geschlossen werden, daß diese Sachverhalte gleich behandelt werden sollen und die Norm einheitlich ausgelegt werden soll[486]. Eine einheitliche Auslegung einer Norm, die nicht zwischen Sachverhalten innerhalb und außerhalb des Anwendungsbereichs einer Richtlinie differenziert, kann aber nur gelingen, wenn auch bei den Sachverhalten außerhalb des Anwendungsbereichs richtlinienkonform ausgelegt wird. Zwar ist dies gemeinschaftsrechtlich nicht geboten, will man aber dem Willen des Gesetzgebers folgend die Sachverhalte innerhalb und außerhalb der Richtlinie gleich behandeln, dann hat die Pflicht zur richtlinienkonformen Auslegung im Anwendungsbereich der Richtlinie zur Folge, daß auch außerhalb des Anwendungsbereichs der Richtlinie richtlinienkonform auszulegen ist.

Diese Pflicht zur richtlinienkonformen Auslegung außerhalb des Anwendungsbereichs einer Richtlinie gilt aber nicht so absolut wie die gemeinschaftsrechtlich begründete[487]. Ebensowenig wie aus der Vermutung richtlinienkonformer Umsetzung durch den nationalen Gesetzgeber eine absolute Pflicht zur richtlinienkonformen Auslegung aus innerstaatlichem Recht abgeleitet werden kann, folgt aus dem subjektiven Willen des Gesetzgebers zur Gleichbehandlung eine absolute Pflicht zur Gleichbehandlung. Der subjektive Wille des Gesetzgebers ist nämlich nur *ein* Kriterium der Auslegung, um den normativen Sinn des Gesetzes - das BVerfG spricht hier vom *objektivierten Willen des Gesetzgebers* - zu ermitteln[488]. Objektiv-teleologische Gründe können gegen eine Gleichbehandlung und damit gegen eine richtlinienkonforme Auslegung sprechen. Dies kann sogar dazu führen, daß eine gespaltene Auslegung der Norm notwendig wird. Diese geht über das, was

---

[485] Zwischen gemeinschaftsrechtlich gebotener und aus Gründen nationalen Rechts geforderter Pflicht zu richtlinienkonformer Auslegung unterscheidet *Hennrichs*, ZGR 1997, 66 (76).

[486] Für eine solche Vermutung auch *Wulf-Henning Roth*, in: FS BGH, 2000, S. 847 (883): „Erstreckt der deutsche Gesetzgeber die Umsetzung über den Anwendungsbereich der Richtlinie hinausgehend auf weitere Fälle, so wird man - mangels anderweitiger Anhaltspunkte - [...] davon ausgehen müssen, daß eine einheitliche Auslegung des gesamten Normenkomplexes gewollt ist." Ähnlich *Schulze*, in: ders. (Hrsg.), Auslegung europäischen Privatrechts und angeglichenen Rechts, 1999, S. 9 (18).

[487] *Schulze, ibid.*, will eine abweichende Auslegung im, wie er es nennt, Extensionsbereich nur bei Vorliegen ganz besonderer Umstände zulassen.

[488] *Larenz*, Methodenlehre der Rechtswissenschaft, 6. Aufl., 1991, S. 318.

gewöhnlich unter das Schlagwort „Relativität der Rechtsbegriffe“ gefaßt wird[489], sogar noch hinaus. Bei der gespaltenen Auslegung hat ein Begriff nicht nur innerhalb eines Gesetzes, sondern sogar innerhalb ein und derselben Norm einen unterschiedlichen Sinn. Eine solche kommt daher nur in absoluten Ausnahmefällen in Betracht. Dies bedeutet, daß außerhalb des Anwendungsbereichs einer Richtlinie zwar keine absolute Pflicht zur richtlinienkonformen Auslegung besteht, aber eine starke Vermutung für eine Gleichbehandlung, was wiederum zur Folge hat, daß das nationale Gericht im Regelfall auch außerhalb des Anwendungsbereichs einer Richtlinie richtlinienkonform auslegen muß.

2. Praktische Schlußfolgerungen

In der Praxis muß ein nationales Gericht damit folgende Überlegungen anstellen: In einem ersten Schritt muß das Gericht erkennen, daß es sich bei der streitentscheidenden Norm um umgesetztes Recht handelt. In einem zweiten Schritt muß das Gericht feststellen, daß die umgesetzte Norm sowohl Sachverhalte innerhalb als auch außerhalb des Anwendungsbereichs der zugrundeliegenden Richtlinie erfaßt - in der hier verwandten Terminologie, daß es sich um überschießende Richtlinienumsetzung im Sinne einer Erstreckung des Regelungsgehalts einer Richtlinie auf Sachverhalte außerhalb ihres Anwendungsbereichs handelt. In einem dritten Schritt hat das nationale Gericht zu untersuchen, ob der vorliegende Sachverhalt innerhalb oder außerhalb des Anwendungsbereichs der Richtlinie liegt.

Stellt das Gericht fest, daß der Sachverhalt innerhalb des Anwendungsbereichs der Richtlinie liegt, trifft es eine gemeinschaftsrechtlich begründete Pflicht zur richtlinienkonformen Auslegung. Stellt das Gericht fest, daß der Sachverhalt außerhalb des Anwendungsbereichs der Richtlinie liegt, muß es die Richtlinie und etwaige erlassene Urteile des EuGH trotzdem berücksichtigen, um festzustellen, wie Sachverhalte innerhalb des Anwendungsbereichs entschieden werden müßten. Nur wenn gewichtige objektiv-teleologische Gründe gegen eine solche Gleichbehandlung sprechen, darf das Gericht zu einer gespaltenen Auslegung kommen. Die Erstreckung des Regelungsgehalts einer Richtlinie auf Sachverhalte außerhalb ihres Anwendungsbereichs hat damit die materiellrechtliche Auswirkung, daß auch die Sachverhalte innerhalb des Anwendungsbereichs in den Blick genommen werden müssen. Erst wenn festgestellt ist, wie diese Sachverhalte zu behandeln sind, hat das Gericht in einem letzten Schritt zu untersuchen, ob gegen eine solche Auslegung nicht das Postulat der einheitlichen Auslegung überspielende objektiv-teleologische Gründe bestehen.

---

[489] Vgl. dazu *Engisch*, Einführung in das juristische Denken, 8. Aufl., 1983, S. 78, 234 Fn. 77.

3. Verdeutlichung anhand von Beispielen

a. § 15 Abs. 3 HGB

Folgender Fall soll die Problematik verdeutlichen: Der geschäftsunfähige Gesellschafter einer OHG bestellt für P Prokura. Diese wird eingetragen. Hier fragt es sich nun, ob die von P abgeschlossenen Rechtsgeschäfte wirksam sind. Vertretungsmacht hat P nicht, da die Prokuraerteilung aufgrund der Geschäftsunfähigkeit des Gesellschafters gem. § 105 Abs. 1 BGB nichtig war. In Betracht kommt jedoch, daß sich Dritte auf die unrichtig bekannt gemachte Tatsache gem. § 15 Abs. 3 HGB berufen. Da die Prokuraerteilung gem. § 53 Abs. 1 HGB eine einzutragende Tatsache darstellt, kommt es dann darauf an, ob sich die positive Publizität des Handelsregisters auch gegen Geschäftsunfähige durchsetzt.

Zunächst hat das Gericht zu erkennen, daß es sich bei § 15 Abs. 3 HGB um umgesetztes Recht handelt. § 15 Abs. 3 HGB setzt nämlich Art. 3 Abs. 6 Unterabs. 2 S. 2 der Publizitätsrichtlinie[490] um. Dann muß es feststellen, daß Art. 3 Abs. 6 Unterabs. 2 S. 2 insofern überschießend umgesetzt wurde, als der Regelungsgehalt auch auf Kaufleute und Personenhandelsgesellschaften erstreckt wurde[491]. In einem nächsten Schritt muß das Gericht erkennen, daß es sich hier um einen Fall außerhalb des Anwendungsbereichs der Richtlinie handelt. Trotzdem muß es untersuchen, wie der Fall im Anwendungsbereich der Richtlinie zu behandeln wäre. Anderenfalls würde es nämlich den subjektiven Willen des Gesetzgebers ignorieren, der die Sachverhalte innerhalb und außerhalb des Anwendungsbereichs gleich behandeln wollte.

Unterstellt, es gäbe im Anwendungsbereich der Publizitätsrichtlinie eine Entscheidung des EuGH, daß sich bei Diskrepanz zwischen Eintragung und Bekanntmachung Dritte auch dann auf die Bekanntmachung berufen können, wenn sie gegen Geschäftsunfähige wirkt, was aufgrund von Art. 8 der Publizitätsrichtlinie auch nicht von der Hand zu weisen ist, dann müßte das Gericht entscheiden, ob es die einheitliche Auslegung von § 15 Abs. 3 HGB favorisieren oder dem System der Rechtsscheinhaftung[492] Rechnung tragen will, wonach Rechtsscheinhaftung Zurechenbarkeit beim Rechtsscheinsbetroffenen voraussetzt und sich nicht gegen Geschäftsunfähige durchsetzt. Das Gericht ist also hier im Gegensatz zu den Fällen im Anwendungsbereich der Richtlinie nicht zu einer richtlinienkonformen Auslegung gezwungen, sondern muß vielmehr zwischen dem Interesse an einheitlicher Auslegung einer Norm und der Bewahrung eines einheitlichen Systems abwägen. Zu berücksichtigen ist

---

[490] Erste Richtlinie 68/151/EWG v. 9. März 1968 zur Koordinierung der Schutzbestimmungen, die in den Mitgliedstaaten den Gesellschaften im Sinne des Art. 58 Abs. 2 des Vertrages im Interesse der Gesellschafter sowie Dritter vorgeschrieben sind, um diese Bestimmungen gleichwertig zu gestalten, ABL. EG Nr. L 65 v. 14.3.1968, S. 8 ff.

[491] Siehe oben unter § 4 B, S. 58.

[492] *Canaris*, Die Vertrauenshaftung im deutschen Privatrecht, 1971, S. 490 ff.

allerdings, daß die Einheitlichkeit des Systems im Anwendungsbereich der Richtlinie schon einen Systembruch erleidet.

Im vorliegenden Fall liegt die Problematik allerdings noch ein bißchen komplizierter. Diese wurde der Einfachheit halber zunächst ausgeblendet. Wie oben schon herausgearbeitet wurde, ist § 15 Abs. 3 HGB nämlich in zweifacher Weise überschießend. Während die Richtlinie nämlich nur die Diskrepanz zwischen Eintragung und Bekanntmachung erfaßt, verschärft § 15 Abs. 3 HGB den Regelungsgehalt, indem er nach herrschender Meinung auch die Fälle erfaßt, in denen schon die Eintragung unrichtig war[493]. Deshalb läßt sich hier argumentieren, daß in den Fällen, in denen schon die Eintragung unrichtig war, das Urteil des EuGH selbst im Anwendungsbereich der Richtlinie keine Bindungswirkung hat, da es diesen Fall gar nicht betrifft. Nur in den relativ seltenen Fällen, daß erst die Bekanntmachung unrichtig ist, hätte das Urteil des EuGH dann Relevanz.

b. Der Beschluß des Großen Senats des BFH zur phasengleichen Gewinnaktivierung

Neben einem einheitlichen System können auch andere objektiv-teleologische Gründe für eine Ungleichbehandlung streiten. Spektakulärstes Beispiel ist wohl die Entscheidung des Großen Senats des BFH zur phasengleichen Dividendenaktivierung[494]. Obwohl der EuGH die phasengleiche Dividendenaktivierung unter bestimmten Voraussetzungen für zulässig gehalten hat[495], spricht sich der Große Senat des BFH grundsätzlich gegen eine solche in der Steuerbilanz aus. Die Durchbrechung des Maßgeblichkeitsprinzips, das den Regelungsgehalt der Jahresabschlußrichtlinie über deren Anwendungsbereich auf steuerrechtliche Sachverhalte erstreckt, ist hier dadurch gerechtfertigt, daß die Manipulierbarkeit der Bemessungsgrundlage verhindert werden soll. Hätte der BFH die phasengleiche Aktivierung von Dividenden zugelassen, hätte es der Steuerpflichtige durch Gestaltung der Zeitfolge der Bilanzfeststellungen in der Hand, die Dividende zu aktivieren oder nicht. Die Durchbrechung des Maßgeblichkeitsgrundsatzes war hier somit durch den objektiv-teleologischen Grund, die Manipulierbarkeit des steuerlichen Gewinns zu verhindern, gerechtfertigt.

c. Der Fall *Heininger*

Im Fall *Heininger* wird das Plädoyer für eine gespaltene Auslegung von HABERSACK sogar „als Beitrag zur Verwirklichung des Willens des Gesetzgebers" verstanden[496]. Dort hatte der EuGH dem BGH geantwortet, daß die

---

[493] Siehe oben § 4 B, S. 58 f.

[494] BFH, Beschl. v. 7.8.2000, GrS 2/99, DStR 2000, 1682.

[495] EuGH, Urt. v. 27.6.1996, Rs. C-234/94, *Tomberger/Gebrüder von der Wettern GmbH*, Slg. 1996, I-3133 = DB 1996, 1400.

[496] *Habersack*, WM 2000, 981 (991).

Haustürgeschäftsrichtlinie auf Realkreditverträge anwendbar sei[497]. Wie oben schon erwähnt wurde, erging diese Entscheidung anläßlich eines Sachverhaltes, der gar nicht in den Anwendungsbereich der Haustürgeschäftsrichtlinie fiel[498]. HABERSACK schlug deshalb dem BGH in fast schon prophetischer Vorwegnahme des Urteils des EuGH vor, dieser solle dem Urteil des EuGH nicht Folge leisten[499]. Zwar habe der deutsche Gesetzgeber von der Option des Art. 8 der Haustürgeschäftsrichtlinie grundsätzlich zu Recht dadurch Gebrauch gemacht, daß er allein auf die Kausalität der „Haustürsituation" für die nachfolgende Willenserklärung abstelle. Für die Vertragstypen, die nach Willen des deutschen Gesetzgebers überhaupt nicht in den Anwendungsbereich des HaustürWG fallen sollten, sollten jedoch die engeren Voraussetzungen der Haustürgeschäftsrichtlinie, also Vertragsschluß oder Abgabe des Angebots durch den Verbraucher in einer Haustürsituation maßgeblich sein.

Der BGH ist diesem Vorschlag HABERSACKS nicht gefolgt. In seinem Urteil vom 9. April 2002 hat er entschieden, daß das Widerrufsrecht des § 1 Abs. 1 HaustürWG auch Verbrauchern zusteht, die einen Realkreditvertrag im Sinne des Verbraucherkreditgesetzes geschlossen haben, der zugleich die Voraussetzungen eines Haustürgeschäfts erfüllt[500]. Dabei war dem BGH durchaus bewußt, daß der vorliegende Sachverhalt nicht vom Tatbestand der Haustürgeschäftsrichtlinie erfaßt war. Nach ihm „erstreckt sich die richtlinienkonforme Auslegung auch auf solche Verträge, die zwar nicht unmittelbar der Richtlinie unterfallen, die aber nach nationalem Recht die Voraussetzungen eines Haustürgeschäfts erfüllen."[501] Eine gespaltene Auslegung lehnt er ausdrücklich ab, weil dies der vom deutschen Recht geforderten Gleichbehandlung der verschiedenen Haustürsituationen widerspreche[502]. Mit seiner Entscheidung, den Begriff des Haustürgeschäfts weiter zu fassen als die Haustürgeschäftsrichtlinie dies fordert, habe der Gesetzgeber vielmehr zum Ausdruck gebracht, daß er den Kunden in sämtlichen dem § 1 HaustürWG a. F. unterfallenden Situationen - unabhängig davon, ob sie vom Anwendungsbereich der Richtlinie erfaßt würden - in gleicher Weise für schutzwürdig halte[503].

Der Vorschlag HABERSACKS war zwar insofern zutreffend, als den BGH keine absolute Pflicht zu richtlinienkonformer Auslegung trifft. Wie oben herausgearbeitet wurde, besteht in solchen Fällen der Erstreckung des Regelungsgehalts auf Sachverhalte außerhalb des Anwendungsbereichs keine

---

497 EuGH, Urt. v. 13.12.2001, Rs. C-481/99, *Georg und Helga Heininger/Bayerische Hypo- und Vereinsbank AG*, EuZW 2002, 84, Tz. 40.

498 Zum Sachverhalt siehe § 6 C.III, S. 75 f.

499 *Habersack*, WM 2000, 981 (991).

500 BGH, Urt. v. 9.4.2002, XI 91/99, NJW 2002, 1881.

501 *Ibid.*, S. 1884

502 *Ibid.*

503 *Ibid.*

absolute Pflicht zu richtlinienkonformer Auslegung, sondern nur die starke Vermutung der Gleichbehandlung. Der BGH formuliert daher zu weitgehend oder zumindest ungenau, wenn er auch den vorliegenden Fall vom Gebot der richtlinienkonformen Auslegung erfaßt sieht, obwohl er erkennt, daß der vorliegende Sachverhalt nicht der Haustürgeschäftsrichtlinie unterfällt.

Im Ergebnis ist dem BGH allerdings zuzustimmen. Da der EuGH nunmehr klargestellt hat, wie die Fälle im Anwendungsbereich zu behandeln sind - mithin auch Realkreditverträge unter die Haustürgeschäftsrichtlinie fallen - , war vom BGH nur noch zu prüfen, ob es gewichtige Gründe dafür gibt, die Sachverhalte außerhalb der Haustürgeschäftsrichtlinie, also die Fälle, in denen die Haustürsituation lediglich fortwirkt, anders zu behandeln. Dem BGH ist deshalb darin zu folgen, daß er nicht mehr auf Argumente abgestellt hat, die darauf beruhen, daß man die Auslegung des EuGH für unzutreffend hält. Der BGH, der schon im Vorlagebeschluß deutlich gemacht hat, daß seiner Meinung nach Realkreditverträge weder unter die Haustürgeschäftsrichtlinie noch unter das HaustürWG fallen[504], führte deshalb zu Recht solche Gründe nicht mehr ins Feld, die generell gegen eine Einbeziehung von Realkreditverträgen in das HaustürWG sprechen würden. Der BGH tat deshalb recht daran, § 5 Abs. 2 HaustürWG (jetzt § 312a BGB) richtlinienkonform dahingehend auszulegen, daß er die Anwendung des HaustürWG nur insoweit ausschließt, als das VerbrKrG (jetzt §§ 491 ff. BGB) im konkreten Fall tatsächlich ein Widerrufsrecht gewährt[505]. Gewährt das VerbrKrG gem. § 3Abs. 2 Nr. 2 für Realkreditverträge gar kein Widerrufsrecht, dann greift auch die Subsidiaritätsklausel des § 5 Abs. 2 HaustürWG nicht ein. Das HaustürWG bleibt in diesen Fällen also anwendbar. Diese teleologische Reduktion wurde schon vor der Entscheidung des EuGH unabhängig von dem Kriterium der Richtlinienkonformität vertreten[506], hält sich also im Rahmen des Beurteilungsspielraums der nationalen Gerichte[507].

Auch außerhalb des Anwendungsbereichs der Richtlinie, also in den Fällen, in denen die Haustürsituation lediglich fortwirkt, konnte der BGH nicht mehr geltend machen, der Gesetzgeber habe die Einräumung einer Widerrufsmöglichkeit für Realkredite als von vornherein unpassend angesehen. Weder die Gefährdung der taggenauen Refinanzierung noch das Argument, daß die grundpfandrechtliche Absicherung warnend wirke[508], taugten als Argumente für eine Ungleichbehandlung, weil sie generell gegen eine Einbeziehung der Realkredite in das HaustürWG sprachen. Zwingende objektiv teleologische Gründe, die für eine Ungleichbehandlung der Sachverhalte innerhalb und außerhalb der Richtlinie gesprochen hätten, lagen nach dem BGH nicht vor.

---

504 BGH, Beschl. v. 29.11.1999, XI ZR 91/99, ZIP 2000, 177 (178 f.).

505 *Hoffmann*, ZIP 2002, 145 (149). Dies hat er in seinem Urteil v. 9.4.2002, XI ZR 91/99, NJW 2002, 1881 (1882 ff.) auch getan.

506 Vgl. BGH, Beschl. v. 29.11.1999, XI ZR 91/99, ZIP 2000, 177 (177 f.) m. w. N.

507 So auch der BGH, Urt. v. 9.4.2002, XI ZR 91/99, NJW 2002, 1881 (1882 f.).

508 *Ibid.*, S. 178.

Allenfalls hätte man erwägen können, daß der Schutz vor Überrumpelungsgefahr irgendwann ein Ende haben sollte. Da bei Realkreditverträgen, denen der Kauf einer Immobilie vorausgeht, die Überrumpelungsgefahr durch die notarielle Beurkundung des vorangehenden Vertrages eingeschränkt ist, könnte die dazwischen liegende große Zeitspanne dazu führen, hierin einen Unterschied zu sehen, der eine Ungleichbehandlung mit den Fällen im Anwendungsbereich der Richtlinie rechtfertigt. Zwingend ist eine solche Argumentation angesichts des eindeutigen Wortlauts der Norm, die diesen Umstand gerade für unerheblich erklärt, allerdings nicht[509].

Der BGH hat damit gut daran getan, dem Plädoyer HABERSACKS für eine gespaltene Auslegung nicht zu folgen, weil es zu sehr auf den Willen des Gesetzgebers abstellt, Realkreditverträge generell nicht in den Anwendungsbereich der HaustürWG einzubeziehen, was nach dem Urteil des EuGH richtlinienwidrig ist. Da dieser Wille im übrigen in den Gesetzesbegründungen zum HaustürWG[510] nirgends zur Geltung kommt, kann dem nicht gefolgt werden.

4. Zusammenfassung

Die eben gebrachten Beispiele sollten nicht darüber hinwegtäuschen, daß im Regelfall dem Willen des Gesetzgebers zur Gleichbehandlung zu folgen sein wird. Das bedeutet, daß im Regelfall auch außerhalb des Anwendungsbereichs richtlinienkonform auszulegen ist. Da dies aber keine absolute Pflicht darstellt, sollte man dies auch terminologisch zum Ausdruck bringen und von einer Pflicht zur Berücksichtigung der Richtlinie sprechen.

---

[509] Dagegen auch *Hoffmann*, ZIP 2002, 145 (149).
[510] Vgl. etwa BT-Drucks. 10/2876, S. 14.

§ 8 Prozessuale Auswirkungen, insbesondere die Zuständigkeit des EuGH im Vorlageverfahren

A. Die Bejahung seiner Zuständigkeit bei autonomer Bezugnahme auf Gemeinschaftsrecht durch den EuGH

Die Erstreckung des Regelungsgehalts einer Richtlinie durch den nationalen Gesetzgeber auf Sachverhalte außerhalb ihres Anwendungsbereichs ist nur eine Fallgruppe der autonomen, d. h. nicht vom Gemeinschaftsrecht geforderten Bezugnahme auf Gemeinschaftsrecht. Neben Richtlinien kommen insbesondere auch Verordnungen als Regelungsmodelle für rein nationale Sachverhalte in Betracht. In mehreren Urteilen hat der EuGH bei autonomer Bezugnahme auf Gemeinschaftsrecht seine Zuständigkeit bejaht, in einem Fall hat der EuGH seine Zuständigkeit abgelehnt. Diese Rechtsprechung soll hier dargestellt werden, um einer anschließenden Kritik den Boden zu bereiten.

I. Der Fall *Thomasdünger*[511]

Die Klägerin des Ausgangsverfahrens, die Firma Thomasdünger, importierte phosphathaltige Konverterschlacke von Frankreich nach Deutschland. Da die Ware innerhalb des gemeinsamen Marktes importiert werden sollte, fiel kein Zoll an, auf den Gemeinsamen Zolltarif (GZT) kam es daher nicht unmittelbar an. Weil die deutsche Bundesbahn aber ihre Tarife für den Transport von der Klassifizierung im GZT abhängig machte, - der Transport ein und derselben Menge Konverterschlacke war nämlich unterschiedlich teuer, je nachdem, ob die Schlacke Abfallprodukt oder Düngemittel im Sinne des GZT war - kam es nun aber doch auf die Auslegung des GZT an. Im konkreten Fall hätte die Einordnung als Schlacke unter die Tarifstelle 26.02 des GZT anstelle der Einordnung als Düngemittel der Tarifstelle 31.03 B des GZT der Firma Thomasdünger jährlich 2.500.000 DM erspart. Da die richtige Einordnung unklar war, legte der BFH diese Frage dem EuGH vor, obwohl die Bezugnahme auf Gemeinschaftsrecht hier auf der autonomen Entscheidung einer Verwaltungsbehörde, nämlich der Bundesbahn beruhte.

Generalanwalt MANCINI plädierte in diesem Fall dafür, daß der EuGH sich für unzuständig erklären solle[512]. Durch die nationale Bezugnahme würden die Vorschriften zu innerstaatlichen Vorschriften und hätten dadurch ihren zwingenden Charakter verloren[513]. Würde der Gerichtshof die Vorschriften dennoch auslegen, nähme er eine Aufgabe wahr, die ihm durch Art. 177 EG-Vertrag (jetzt Art. 234 EG) ausdrücklich untersagt sei[514]. Der Generalanwalt

---

[511] EuGH, Urt. v. 26.9.1985, Rs. 166/84, *Thomasdünger GmbH/Oberfinanzdirektion Frankfurt am Main*, Slg. 1985, 3001 ff.

[512] Schlußanträge des Generalanwalts *Mancini* v. 15.5.1985, Rs. 166/84, *Thomasdünger GmbH/ Oberfinanzdirektion Frankfurt am Main*, Slg. 1985, 3002, Tz. 3.

[513] *Ibid.*, Tz. 2.

[514] *Ibid.*

wies außerdem darauf hin, daß dem GZT ganz andere Zwecke zugrunde lägen, als die nationalen Stellen mit ihrer Bezugnahme bezweckten[515].

Der EuGH bejahte jedoch in diesem Fall seine Zuständigkeit mit dem Argument, es sei Sache des vorlegenden Gerichts, „anhand des Sachverhalts zu prüfen, ob die Beantwortung der zur Vorabentscheidung vorgelegten Frage zur Entscheidung des bei ihm anhängigen Rechtsstreits erforderlich ist."[516]

II. Die Fälle *Krystyna Gmurzynska-Bscher*[517] und *Dzodzi*[518]

Im Fall *Krystyna Gmurzynska-Bscher* wurde wieder auf den GZT Bezug genommen. So war eine Einfuhrumsatzsteuerermäßigung davon abhängig, daß das einzuführende Kunstwerk unter eine bestimmte Position des GZT fiel. Hier nahm also das deutsche Umsatzsteuergesetz auf den GZT Bezug. Im Fall *Dzodzi* machte eine togolesische Staatsangehörige, die mit einem Belgier verheiratet gewesen war, ein Aufenthaltsrecht geltend. Sie berief sich dabei zum einen unmittelbar auf Gemeinschaftsrecht. Da es sich aber um einen rein innerbelgischen Sachverhalt handelte, weil ihr Ehemann niemals das Recht auf Freizügigkeit in der Gemeinschaft ausgeübt hatte, hielt der EuGH Gemeinschaftsrecht nicht für unmittelbar einschlägig[519]. Hilfsweise wurde daneben aber noch Art. 40 des belgischen Gesetzes vom 15.12.1980[520] geltend gemacht. Dort waren die ausländischen Ehegatten eines belgischen Staatsangehörigen ausdrücklich denjenigen eines EG-Ausländers gleichgestellt. Hintergrund dafür war, daß der belgische Gesetzgeber eine Inländerdiskriminierung vermeiden wollte. Über die Gleichstellung des ausländischen Ehegatten von belgischen Staatsangehörigen durch das belgische Gesetz kam es daher mittelbar auf Gemeinschaftsrecht an. Es war nämlich die Frage vorgreiflich, ob dem Ehegatten eines EG-Ausländers unter diesen Umständen ein Aufenthaltsrecht zugestanden hätte. Zur Beantwortung dieser Frage waren Art. 8 und 9 der Richtlinie 64/221/EWG des Rates vom 25. Februar 1964 zur Koordinierung der Sondervorschriften für die Einreise und den Aufenthalt von Ausländern, soweit sie aus Gründen der öffentlichen Ordnung, Sicherheit oder Gesundheit gerechtfertigt sind[521], auszulegen. Da durch Art. 40 des belgischen Gesetzes der Regelungsgehalt dieser Richtlinie auf rein innerbelgische Sachverhalte erstreckt worden war, handelt es sich im Fall *Dzodzi* genau um die hier untersuchte Konstellation der Erstreckung des Regelungsgehalts von Richtlinien auf Sachverhalte außerhalb ihres Anwendungsbereichs.

---

515 *Ibid.*

516 EuGH, Urt. v. 26.9.1985, Rs. 166/84, *Thomasdünger GmbH/Oberfinanzdirektion Frankfurt am Main*, Slg. 1985, 3001, Tz. 11.

517 EuGH, Urt. v. 8.11.1990, Rs. C-231/89, *Krystyna Gmurzynska-Bscher/Oberfinanzdirektion Köln*, Slg. 1990, I-4003 ff.

518 EuGH, Urt. v. 18.10.1990, verb. Rs. C-297/88 und C-197/89, *Massam Dzodzi/Belgischer Staat*, Slg. 1990, I-3763 ff.

519 *Ibid.*, Tz. 27.

520 Moniteur belge v. 31.12.1980, S. 14584.

521 ABl. 1964, Nr. 56, S. 850.

In beiden Fällen wurde die Frage, ob der EuGH auch bei autonomer Inbezugnahme von Gemeinschaftsrecht zuständig ist, eingehender diskutiert als im Fall *Thomasdünger*. Die *Kommission* plädierte im Fall *Krystyna Gmurzynska-Bscher* für die Zulässigkeit der Vorlage durch den BFH. Es sei nämlich wichtig, das Gemeinschaftsrecht selbst dann einheitlich auszulegen, wenn es nur durch Verweisung des nationalen Rechts für die Entscheidung des Rechtsstreits Bedeutung erlange, weil in diesem Fall die nationalen Gerichte vorher das Gemeinschaftsrecht, auf das verwiesen werde, auslegen müßten und weil die hierzu getroffenen Entscheidungen in den Fällen Rückwirkungen haben könnten, in denen es unmittelbar um die Auslegung und Anwendung des Gemeinschaftsrechts gehe[522].

In taggleichen Anträgen forderte Generalanwalt DARMON den EuGH auf, sich in beiden Fällen für unzuständig zu erklären[523]. Dabei kritisierte er die Entscheidung in *Thomasdünger*, in der seiner Meinung nach nicht deutlich zwischen der Entscheidungserheblichkeit, wofür sicherlich das nationale Gericht zuständig sei, und der Frage der Zuständigkeit, die vom EuGH selbst zu prüfen sei, unterschieden worden sei[524]. Für die Frage, ob der EuGH auch bei autonomer Bezugnahme auf Gemeinschaftsrecht zuständig ist, rekurriert er auf den Zweck des Vorlageverfahrens. Dieser liege darin, die Einheitlichkeit der Wirkungen des Gemeinschaftsrechts zu gewährleisten[525]. Dieser Zweck gelte nur im Anwendungsbereich des Gemeinschaftsrechts, den das Gemeinschaftsrecht - und nur dieses - selbst definiere[526]. Durch eine nationale Verweisung auf Gemeinschaftsrecht könne der Anwendungsbereich von Gemeinschaftsrecht nicht ausgedehnt werden. Seine Kritik gipfelte in dem Satz: „Es gibt kein Gemeinschaftsrecht außerhalb des Anwendungsbereichs von Gemeinschaftsrecht."[527] Neben dem Zweck des Vorlageverfahrens machte Generalanwalt DARMON noch weitere Einwände geltend. In Form einer rhetorischen Frage sprach er das Problem der mangelnden Bindungswirkung der Urteile des EuGH in solchen Fällen an. Der EuGH würde seiner Auffassung nach zu einem bloßen Gutachter herabgewürdigt[528]. Dem Argument der Kommission, bei einem eigenen Versuch der Auslegung durch das nationale Gericht bestehe die Gefahr der Rückwirkung, entgegnete er mit dem Hinweis,

---

522 Sitzungsbericht, Rs. C-231/89, *Krystyna Gmurzynska-Bscher/Oberfinanzdirektion Köln*, Slg. 1990, I-4004 (4007).

523 Schlußanträge des Generalanwalts *Darmon* v. 3.7.1990, verb. Rs. C-297/88 und C-197/89, *Massam Dzodzi/Belgischer Staat*, Slg. 1990, I-3778, Tz. 16; Schlußanträge *dess.* v. 3.7.1990, Rs. C-231/89, *Krystyna Gmurzynska-Bscher/Oberfinanzdirektion Köln*, Slg. 1990, I-4009, Tz. 14.

524 Schlußanträge des Generalanwalts *Darmon* v. 3.7.1990, Rs. C-231/89, *Krystyna Gmurzynska-Bscher/Oberfinanzdirektion Köln*, Slg. 1990, I-4009, Tz. 4.

525 *Ibid.*, Tz. 5; wortgleich in den Schlußanträgen zu verb. Rs. C-297/88 und C-197/89, *Massam Dzodzi/Belgischer Staat*, Slg. 1990, I-3778, Tz. 8.

526 *Ibid.*

527 Verb. Rs. C-297/88 und C-197/89, *Massam Dzodzi/Belgischer Staat*, Slg. 1990, I-3778, Tz. 11.

528 *Ibid.*, Tz.12; Rs. C-231/89, *Krystyna Gmurzynska-Bscher/Oberfinanzdirektion Köln*, Slg. 1990, I-4009, Tz. 9.

daß diese Gefahr nicht größer sei, als wenn ein unterinstanzliches Gericht eine Auslegung selbst versuche[529].

Der EuGH folgte in beiden Fällen den Anträgen des Generalanwalts nicht, sondern bejahte seine Zuständigkeit[530]. Im Vergleich zu *Thomasdünger* sind seine Ausführungen etwas länger. Aber auch hier stützte er sich vornehmlich auf das Argument, daß die Entscheidungserheblichkeit der Vorlagefrage nur von den nationalen Gerichten beurteilt werden könne[531]. Dies folgt nach Ansicht des EuGH aus der Natur des Vorlageverfahrens, das er als „ein Instrument der Zusammenarbeit zwischen dem Gerichtshof und den nationalen Gerichten" charakterisierte[532]. Die Argumentation des Generalanwalts DARMON hinsichtlich des Zwecks des Vorlageverfahrens überzeugte den EuGH nicht. Weder aus dem Wortlaut des Art. 177 (jetzt Art. 234 EG) noch aus dem Zweck des Vorlageverfahrens folge, daß die Verfasser des Vertrages solche Vorlagen von der Zuständigkeit des Gerichtshofs ausschließen wollten, in der das nationale Recht autonom auf Gemeinschaftsrecht verweise[533]. Für sehr viel überzeugender hielt der EuGH dafür den Hinweis der Kommission auf die Gefahr der Rückwirkung falscher Auslegungsversuche durch nationale Gerichte im Fall *Krystyna Gmurzynska-Bscher*. Nach dem EuGH besteht deshalb „ein offensichtliches Interesse daran, daß jede Bestimmung des Gemeinschaftsrechts unabhängig davon, unter welchen Voraussetzungen sie angewandt werden soll, eine einheitliche Auslegung erhält, damit künftige Auslegungsunterschiede verhindert werden."[534] In beiden Urteilen betonte der EuGH allerdings, daß es allein den nationalen Gerichten obliege, die vom EuGH im Vorlageverfahren ausgelegten Bestimmungen des Gemeinschaftsrechts unter der Berücksichtigung der tatsächlichen und rechtlichen Umstände des bei ihnen anhängigen Rechtsstreits anzuwenden. Der EuGH beschränke sich vielmehr darauf, aus Buchstaben und Geist der betreffenden Gemeinschaftsvorschriften deren Bedeutung abzuleiten[535]. In *Dzodzi* wiederholte er diesen Hinweis sogar zwei Absätze später sinngemäß noch einmal. Ausdrücklich wies der EuGH darauf hin, daß für die Berücksichtigung der Grenzen, die der nationale Gesetzgeber der Anwendung des Gemeinschaftsrechts auf rein interne Sachverhalte setze, ausschließlich die Gerichte des Mitgliedstaates zuständig seien[536].

---

529 *Ibid., Gmurzynska-Bscher*, Tz. 12.

530 EuGH, Urt. v. 18.10.1990, verb. Rs. C-297/88 und C-197/89, *Massam Dzodzi/Belgischer Staat*, Slg. 1990, I-3763, Tz. 43; EuGH, Urt. v. 8.11.1990, Rs. C-231/89, *Krystyna Gmurzynska-Bscher/ Oberfinanzdirektion Köln*, Slg. 1990, I-4003, Tz. 26.

531 *Ibid., Dzodzi*, Tz. 34; *Gmurzynska-Bscher*, Tz. 19.

532 *Ibid., Dzodzi*, Tz. 33, *Gmurzynska-Bscher*, Tz. 18.

533 *Ibid., Dzodzi*, Tz. 36.

534 *Ibid.*, Tz. 37.

535 *Ibid.*, Tz. 38; EuGH, Urt. v. 8.11.1990, Rs. C-231/89, *Krystyna Gmurzynska-Bscher/Oberfinanzdirektion Köln*, Slg. 1990, I-4003, Tz. 21.

536 EuGH, Urt. v. 18.10.1990, verb. Rs. C-297/88 und C-197/89, *Massam Dzodzi/Belgischer Staat*, Slg. 1990, I-3763, Tz. 42.

III. Die Fälle *Tomatis*[537], *Federconsorzi*[538] und *Fournier*[539]

In den Fällen *Tomatis*, *Federconsorzi* und *Fournier* hat der EuGH seine Rechtsprechung, die er in *Thomasdünger*, *Dzodzi* und *Krystyna Gmurzynska-Bscher* entwickelt hat, bestätigt. In all diesen Fällen wurde autonom auf das Gemeinschaftsrecht Bezug genommen. Besonders hervorzuheben sind die Fälle *Federconsorzi* und *Fournier*, in denen es sogar als ausreichend angesehen wurde, daß vertragliche Bestimmungen auf Gemeinschaftsrecht verwiesen. So kam es in *Fournier* in einem privatrechtlichen Übereinkommen nationaler Versicherungsbüros entscheidend darauf an, in welchem Land das unfallverursachende Fahrzeug seinen gewöhnlichen Standort hatte. Das privatrechtliche Übereinkommen der nationalen Versicherungsbüros war im Hinblick auf die Richtlinie 72/166/EWG des Rates vom 24. April 1972 betreffend die Angleichung der Rechtsvorschriften der Mitgliedstaaten bezüglich der Kraftfahrzeug-Haftpflichtversicherung und der Kontrolle der entsprechenden Versicherungspflicht[540] ergangen. Es lag daher nahe, daß der Begriff des „gewöhnlichen Standortes" im privatrechtlichen Übereinkommen und der Richtlinie im gleichen Sinne gebraucht wurden. In dem der Vorlage zugrundeliegenden Fall war das fragliche Fahrzeug in Deutschland gestohlen worden, in den Niederlanden war es dann mit einem gestohlenen Nummernschild versehen worden und in Frankreich hatte es schließlich den Unfall verursacht. Der EuGH bejahte seine Zuständigkeit auch in diesem Fall und legte den Begriff des gewöhnlichen Standortes dahingehend aus, daß ein Fahrzeug seinen gewöhnlichen Standort auch dann im Staat der Zulassung habe, wenn dieses Kennzeichen gestohlen wurde[541]. Es kommt also seiner Meinung nach darauf an, wessen Kfz-Schilder ein Fahrzeug trägt. Bemerkenswert sind die Ausführungen des EuGH zur Bindungswirkung seines Urteils. Der EuGH weist ausdrücklich darauf hin, daß die im privatrechtlichen Übereinkommen verwendeten Begriffe nicht unbedingt dieselbe Bedeutung haben müßten wie die in der Richtlinie verwendeten[542]. Danach fährt er fort: „Es ist deshalb Sache des vorlegenden Gerichts, das allein für die Auslegung des zwischen den nationalen Büros geschlossenen Abkommens zuständig ist, die darin verwendeten Begriffe in dem von ihm für angemessenen erachteten Sinne auszulegen, ohne daß es dabei an die Bedeu-tung *gebunden* wäre, die dem identischen Ausdruck der Richtlinie zukommt."[543]

---

537 EuGH, Urt. v. 24.1.1991, Rs. C-384/89, *Strafverfahren gegen Gérard Tomatis und Christian Fulchiron*, Slg. 1991, I-127 ff.

538 EuGH, Urt. v. 25.6.1992, Rs. C-88/91, *Federazione italiana dei consorzi agrari (Federconsorzi)/Azienda di Stato per gli interventi nel mercato agricolo (AIMA)*, Slg. 1992, I-4035 ff.

539 EuGH, Urt. v. 12.11.1992, Rs. C-73/89, *Alain Fournier und Angehörige/Vaiter van Werven u. a.*, Slg. 1992, I-5621 ff.

540 ABl. EG, Nr. L 103, S. 1 ff.

541 EuGH, Urt. v. 12.11.1992, Rs. C-73/89, *Alain Fournier und Angehörige/Vaiter van Werven u. a.*, Slg. 1992, I-5621, Tz. 20.

542 *Ibid.*, Tz. 22.

543 *Ibid.*, Tz. 23.

IV. Der Fall *Kleinwort Benson*[544]

Anders entschied der EuGH im Fall *Kleinwort Benson*. Auch diesem Fall lag eine autonome Bezugnahme auf Gemeinschaftsrecht zugrunde. Weil der Gesetzgeber des Vereinigten Königreichs die interlokale Zuständigkeit, also die Abgrenzung seiner unterschiedlichen Jurisdiktionen England, Schottland, Wales und Nordirland, an das damalige Brüsseler EWG-Übereinkommen über die gerichtliche Zuständigkeit und die Vollstreckung gerichtlicher Entscheidungen in Zivil- und Handelssachen[545] (EuGVÜ) knüpfte, legte der *Court of Appeal* Fragen zur Auslegung der besonderen Gerichtsstände in Art. 5 Nr. 1 und 3 EuGVÜ dem EuGH zur Vorabentscheidung vor. Die Bestimmungen, die die interlokale Zuständigkeit im Vereinigten Königreich regelten, waren nahezu wortgleich mit den Bestimmungen des EuGVÜ. Außerdem bestimmt *Section* 16 Abs. 3 lit. a *Civil Jurisdiction and Judgement Act* von 1982, daß die einschlägigen Entscheidungen des EuGH zum EuGVÜ zu berücksichtigen sind. Die Vorlage stützte sich dabei allerdings nicht auf Art. 234 EG, sondern auf Art. 2 des Luxemburger Protokolls betreffend die Auslegung des Übereinkommens vom 27. September 1968 über die gerichtliche Zuständigkeit und die Vollstreckung gerichtlicher Entscheidungen in Zivil- und Handelssachen durch den Gerichtshof[546].

Generalanwalt TESAURO wies zunächst auf die einschlägigen Urteile des EuGH im Falle autonomer Bezugnahme auf Gemeinschaftsrecht hin[547]. Dabei machte er darauf aufmerksam, daß es in den bisherigen Fällen um Vorlagen nach Art. 177 EG-Vertrag (jetzt Art. 234 EG) gegangen sei. Außerdem sei dort stets auf Gemeinschaftsrecht verwiesen worden. Hier ginge es jedoch um die nahezu wörtliche Übernahme von Bestimmungen des Gemeinschaftsrechts[548]. Diese Unterschiede rechtfertigten seiner Ansicht nach aber keine unterschiedliche Behandlung[549]. Dennoch kam der Generalanwalt nicht zu einer Zuständigkeit des EuGH, sondern forderte diesen auf, sich in Abkehr von seiner bisherigen Rechtsprechung für unzuständig zu erklären[550]. Dabei brachte TESAURO im wesentlichen die Gründe vor, die auch schon DARMON dazu bewogen hatten, die Zuständigkeit des EuGH abzulehnen: den Zweck des Vorlageverfahrens[551] und die mangelnde Bindungswirkung. Hinsichtlich des zweiten Arguments wies er vor allem auf das Urteil in *Four-*

---

544 EuGH, Urt. v. 28.3.1995, Rs. C-346/93, *Kleinwort Benson Ltd/City of Glasgow District Council*, Slg. 1995, I-615 ff.

545 Abgedruckt bei *Jayme/Hausmann*, Internationales Privat- und Verfahrensrecht, 10. Aufl., 2000, Nr. 150.

546 Abgedruckt bei *Jayme/Hausmann*, Internationales Privat- und Verfahrensrecht, 10. Aufl., 2000, Nr. 151.

547 Schlußanträge des Generalanwalts *Tesauro* v. 31.1.1995, Rs. C-346/93, *Kleinwort Benson Ltd/City of Glasgow District Council*, Slg. 1995, I-617, Tz. 12 - 16.

548 *Ibid.*, Tz. 16.

549 *Ibid.*, Tz. 17.

550 *Ibid.*, Tz. 29.

551 *Ibid.*, Tz. 19 - 22.

nier hin, in dem der EuGH ausdrücklich die Bindungswirkung seines Urteils eingeschränkt habe[552]. Es sei mit dem System des Vorabentscheidungsverfahrens als solchem unvereinbar, die erbetene und gegebene Auslegung des Übereinkommens oder des Gemeinschaftsrechts für das nationale Gericht als nicht verbindlich anzusehen[553]. Vorlagefragen trotz mangelnder Bindungswirkung der Urteile zu beantworten, stünde außerdem in offenem Widerspruch zu der gefestigten Rechtsprechung des Gerichtshof zu hypothetischen Fragen in *Lourença Dias*[554], *Meilicke*[555] und *Monin Automobiles II*[556].

Anders als in den vorherigen Fällen folgte der EuGH hier im Ergebnis dem Vorbringen des Generalanwalts und lehnte seine Zuständigkeit ab[557]. Eine ausdrückliche Abkehr von seiner bisherigen Rechtsprechung fand dabei aber entgegen dem Vorschlag des Generalanwalts nicht statt. Vielmehr versuchte der EuGH sein abweichendes Urteil damit zu begründen, daß das nationale Gesetz keine unmittelbare und unbedingte Verweisung auf Gemeinschaftsrecht enthalte, sondern sich lediglich darauf beschränke, das Übereinkommen als Muster zu nehmen[558]. Der EuGH wies in diesem Zusammenhang ausdrücklich auf eine Vorschrift (*Section* 47 Abs. 3 *Civil Jurisdiction and Judgement Act*) hin, die die Möglichkeit vorsieht, Änderungen, die auch zu einer Divergenz zum EuGVÜ führen können, herbeizuführen. Außerdem wären die nationalen Gerichte nur verpflichtet, die Entscheidungen des EuGH zum EuGVÜ zu *berücksichtigen*[559]. Aufgrund dieser mangelnden Bindungswirkung für die nationalen Gerichte sei der EuGH daher nicht zuständig.

V. Die Fälle *Leur-Bloem*[560] und *Giloy*[561]

Auch in *Leur-Bloem*, dessen Sachverhalt im Rahmen dieser Arbeit schon mehrfach dargestellt wurde[562], handelte es sich um einen Fall autonomer Bezugnahme auf Gemeinschaftsrecht und zwar genau in der Form der hier untersuchten Konstellation, nämlich der Erstreckung des Regelungsgehalts einer Richtlinie auf Sachverhalte außerhalb ihres Anwendungsbereichs. Der nie-

---

552 *Ibid.*, Tz. 24.

553 *Ibid.*

554 EuGH, Urt. v. 16.7.1992, Rs. C-343/90, *Manuel José Lourenço Dias/Director da Alfândega do Porto*, Slg. 1992, I-4673 ff.

555 EuGH, Urt. v. 16.7.1992, Rs. C-83/91, *Wienand Meilicke/ADV/ORGA AG*, Slg. 1992, I-4871, Tz. 31 - 33.

556 EuGH, Urt. v. 16.5.1994, Rs. C-428/93, *Monin Automobiles/Maison des deux-roues*, Slg. 1994, I-1707, Tz. 13 - 16.

557 EuGH, Urt. v. 28.3.1995, Rs. C-346/93, *Kleinwort Benson Ltd/City of Glasgow District Council*, Slg. 1995, I-615, Tz. 25.

558 *Ibid.*, Tz. 16.

559 *Ibid.*, Tz. 21.

560 EuGH, Urt. v. 17.7.1997, Rs. C-28/95, *A. Leur-Bloem/Inspecteur der Belastingdienst/Ondernemingen Amsterdam 2*, Slg. 1997, I-4161 ff.

561 EuGH, Urt. v. 17.7.1997, Rs. C-130/95, *Bernd Giloy/Hauptzollamt Frankfurt am Main-Ost*, Slg. 1997, I-4295 ff.

562 Siehe etwa oben § 7 B.I, S. 99.

derländische Gesetzgeber hatte den Regelungsgehalt der Fusionsbesteuerungsrichtlinie, deren Anwendungsbereich auf grenzüberschreitende Sachverhalte beschränkt war, durch Schaffung einer wortgleichen Parallelvorschrift auf innerstaatliche Fusionen erstreckt. Auch hier war die Zuständigkeit des EuGH wieder zweifelhaft. *Giloy*, der am gleichen Tag wie *Leur-Bloem* entschieden wurde, stellte einen weiteren Fall autonomer Bezugnahme auf Gemeinschaftsrecht dar.

Generalanwalt JACOBS behandelte beide Fälle in einem Schlußantrag, mit der Begründung, daß beide Fälle die gleiche Frage aufwürfen. Es gehe nämlich jeweils darum, ob der EuGH auch in Rechtsstreitigkeiten zuständig sei, die außerhalb von Gemeinschaftsrecht liegen, aber für die Rechtsnormen entscheidungserheblich sind, in denen der nationale Gesetzgeber autonom auf Gemeinschaftsrecht Bezug genommen hat. Nach umfassender Aufarbeitung der einschlägigen Rechtsprechung[563] und eingehender Auseinandersetzung mit dem Problem kam auch Generalanwalt JACOBS zum Ergebnis, der EuGH solle sich in beiden Fällen für unzuständig erklären[564]. Neben den schon bisher vorgebrachten Argumenten, stützte er seine Ablehnung der Zuständigkeit des EuGH auch auf zusätzliche Gesichtspunkte. Insbesondere machte JACOBS geltend, daß nicht ohne weiteres ersichtlich sei, wie eine Rechtsvorschrift „unabhängig davon, unter welchen Voraussetzungen sie angewandt werden soll" - so die Formulierung in *Dzodzi*, ausgelegt werden könne[565]. Er wies in diesem Zusammenhang auf verschiedene Urteile des EuGH hin, in denen dieser die klare Darlegung des tatsächlichen und rechtlichen Rahmens des Rechtsstreits verlangte[566]. Nach Auffassung von JACOBS ist es nämlich häufig schwierig, wenn nicht gar unmöglich, eine Bestimmung abstrakt auszulegen[567]. Dies zwinge den EuGH dazu, eine Bestimmung des Gemeinschaftsrechts außerhalb ihres eigentlichen Rahmens auszulegen. Dabei gehe der EuGH nicht nur das Risiko ein, nicht alle erheblichen Punkte zu berücksichtigen, sondern auch durch sachfremde Faktoren irregeleitet zu werden[568]. Außerdem machte der Generalanwalt auf die hohe Zahl der Fälle der autonomen Bezugnahme auf Gemeinschaftsrecht aufmerksam, in denen dann ein Vorlageverfahren durchgeführt werden könnte[569].

---

563 Schlußanträge des Generalanwalts *Jacobs*, Rs. C-28/95 und C-130/95, *A. Leur-Bloem/Inspecteur der Belastingdienst/Ondernemingen Amsterdam 2; Bernd Giloy/Hauptzollamt Frankfurt am Main-Ost*, Slg. 1997, I-4165, Tz. 24 - 39.

564 *Ibid.*, Tz. 82.

565 *Ibid.*, Tz. 50 f.

566 *Jacobs* verwies u. a. auf EuGH, Urt. v. 26.1.1993, Rs. C-320/90 - 322/90, *Telemarsicabruzzo SpA u a./ Circostel u. a.*, Slg. 1993, I-393.

567 Schlußanträge des Generalanwalts *Jacobs*, Rs. C-28/95 und C-130/95, *A. Leur-Bloem/Inspecteur der Belastingdienst/Ondernemingen Amsterdam 2; Bernd Giloy/Hauptzollamt Frankfurt am Main-Ost*, Slg. 1997, I-4165, Tz. 51.

568 *Ibid.*, Tz. 52.

569 *Ibid.*, Tz. 66.

Der EuGH folgte dem Antrag des Generalanwalts wiederum nicht und bejahte seine Zuständigkeit[570]. In seiner Argumentation knüpfte er dabei an seine Urteile vor seiner Entscheidung in *Kleinwort Benson* an. So wies er wieder unter anderem auf den Charakter des Vorlageverfahrens als ein Instrument der Zusammenarbeit zwischen dem Gerichtshof und den nationalen Gerichten hin[571]. Auch kehrte er wieder zu seiner Ausgangsthese zurück, es gäbe „ein klares Interesse der Gemeinschaft daran, daß die aus dem Gemeinschaftsrecht übernommenen Bestimmungen oder Begriffe unabhängig davon, unter welchen Voraussetzungen sie angewandt werden sollen, einheitlich ausgelegt werden, um künftige Auslegungsunterschiede zu verhindern [...]."[572] Von seiner Entscheidung in *Kleinwort Benson* rückte der EuGH nicht ausdrücklich ab. Vielmehr begnügte er sich hier mit der Feststellung, daß sich im fraglichen Fall der nationale Gesetzgeber nicht darauf beschränkt habe, das Gemeinschaftsrecht lediglich als Muster zu nehmen, sondern unbedingt und unmittelbar darauf verweise[573]. Vergleicht man aber die beiden Fälle unter diesem Gesichtspunkt, dann kann man dem EuGH nicht zustimmen. Während im Fall *Kleinwort Benson* der nationale Richter durch *Section* 16 Abs. 3 lit. a *Civil Jurisdiction and Judgement Act* 1982 sogar ausdrücklich aufgerufen wird, die Rechtsprechung des EuGH zu berücksichtigen, fehlt es im Fall *Leur-Bloem* an einer solchen Bestimmung des einschlägigen niederländischen Gesetzes gänzlich. Und wenn im niederländischen Gesetz nicht ausdrücklich auf die Möglichkeit hingewiesen wird, daß der Gesetzgeber befugt ist, die nationale Bezugnahme auf Gemeinschaftsrecht in einzelnen Punkten oder insgesamt wieder rückgängig zu machen, dann deshalb, weil dies selbstverständlich ist. Der EuGH hätte somit konsequenterweise *Kleinwort Benson* ausdrücklich aufgeben müssen. Über die wahren Gründe für die unterschiedliche Rechtsprechung, wenn es solche überhaupt gibt, kann man nur spekulieren. Vielleicht ist entscheidend, daß es sich beim Luxemburger Protokoll um einen völkerrechtlichen Vertrag handelt, der nicht unmittelbar dem Gemeinschaftsrecht zuzuordnen ist[574] und bei dem deshalb noch der alte Grundsatz fortwirkte, daß völkerrechtliche Verträge im Zweifel eng auszulegen sind[575].

---

[570] EuGH, Urt. v. 17.7.1997, Rs. C-28/95, A. *Leur-Bloem/Inspecteur der Belastingdienst/Ondernemingen Amsterdam* 2, Slg. 1997, I-4161, Tz. 34.

[571] *Ibid.*, Tz. 24.

[572] *Ibid.*, Tz. 32.

[573] *Ibid.*, Tz. 29 f.

[574] Die Rechtsnatur des EuGVÜ und des Luxemburger Protokolls sind nicht unumstritten. Die h. M. ordnet sie als gewöhnliche völkerrechtliche Verträge ein. Zum Streitstand siehe *Geimer/Schütze*, Europäisches Zivilverfahrensrecht – Kommentar zum EuGVÜ und zum Lugano-Übereinkommen, 1997, Einl., Rn. 13 –16. Mit der Verordnung (EG) Nr. 44/2001 über die gerichtliche Zuständigkeit und die Anerkennung und Vollstreckung von Entscheidungen in Zivil- und Handelssachen, ABl. EG Nr. L 12 v. 16.1.2001, S.1 ff., hat sich dieser Streit erledigt.

[575] Auf den Unterschied zwischen der Auslegung von Gemeinschaftsrecht und den traditionellen völkerrechtlichen Interpretationstechniken hinweisend *Schwarze* in: ders. (Hrsg.), EU-Kommentar, 2000, Art. 220, Rn. 27 m. w. N.

VI. Urteile nach *Leur-Bloem*

In folgenden Urteilen hat der EuGH in Fällen der autonomen Inbezugnahme von Gemeinschaftsrecht seine Zuständigkeit jeweils bejaht, ohne nochmals ausdrücklich auf diese Problematik einzugehen. So hat der EuGH dem FG Köln die Frage beantwortet, ob Pauschalrückstellungen mit dem in Art. 31 Abs. 1 Nr. e der Jahresabschlußrichtlinie enthaltenen Einzelbewertungsprinzip vereinbar sind, obwohl diese nur den handelsrechtlichen Jahresabschluß regelt und auf steuerrechtliche Sachverhalte nicht unmittelbar anwendbar ist[576]. Wie oben schon dargestellt wurde, erging auch die *Heininger*-Entscheidung[577] anläßlich eines Sachverhaltes, der gar nicht im Anwendungsbereich der Haustürgeschäftsrichtlinie lag, und dies, obwohl der Generalanwalt ausdrücklich darauf hingewiesen hatte[578].

B. Kompetenz-Kompetenz des EuGH bei der Auslegung von Art. 234 EG

Bevor untersucht wird, ob der EuGH seine Zuständigkeit in Fällen der lediglich autonomen Bezugnahme auf Gemeinschaftsrecht, insbesondere bei der Erstreckung des Regelungsgehalts einer Richtlinie auf Sachverhalte außerhalb ihres Anwendungsbereichs, zu Recht angenommen hat und ob damit auch eine Pflicht letztinstanzlicher Gerichte korrespondiert, soll die praktisch äußerst wichtige Frage behandelt werden, ob nationale Gerichte an die Entscheidung des EuGH gebunden sind, mit der möglichen Konsequenz, daß sie in Fällen der autonomen Bezugnahme auf Gemeinschaftsrecht vorlegen müssen. Mit anderen Worten stellt sich die Frage, ob das nationale Gericht bzw. das BVerfG Art. 234 EG selbst auslegen dürfen oder ob der EuGH bei der Auslegung des Art. 234 EG das letzte Wort hat. Bezeichnend für dieses Problem ist die Umformulierung der Vorlagefrage an den Großen Senat des BFH. Zunächst hatte der I. Senat des BFH seine Frage dahingehend formuliert, ob der BFH verpflichtet sei, Fragen nach dem Inhalt von Vorschriften der Jahresabschlußrichtlinie dem EuGH vorzulegen[579]. Im Klarstellungsbeschluß präzisierte er dann seine Frage dahingehend, ob sich die in § 5 Abs. 1 S. 1 EStG bestimmte Maßgeblichkeit auf die Vorschriften der Jahresabschlußrichtlinie erstrecke[580]. Die letzte Frage fiel sicher in die Kompetenz des Großen Senats des BFH, da nur die nationalen Gerichte beurteilen können, ob autonom auf Gemeinschaftsrecht Bezug genommen wurde. Ob die erste Frage zu weit formuliert war, hängt davon ab, wer berechtigt ist, Art. 234 EG letztverbindlich auszulegen.

---

576 EuGH, Urt. v. 14.9.1999, Rs. C-275/97, *DE + ES Bauunternehmung GmbH/Finanzamt Bergheim*, Slg. 1999, I-3175 = DStR 1999, 1645 ff.

577 EuGH, Urt. v. 13.12.2001, Rs. C-481/99, *Georg und Helga Heininger/Bayerische Hypo- und Vereinsbank AG*, EuZW 2002, 84 ff.

578 Siehe oben § 6 C.III, S. 75 f.

579 BFH, Beschl. v. 9.9.1998, I R 6/96, GmbHR 1999, 362 (362).

580 BFH, Beschl. v. 27.11.1999, I R 6/96, DB 2000, 25 (25).

I. Die Auffassung des EuGH

Der EuGH nimmt die letztverbindliche Entscheidung darüber in Anspruch, wie Gemeinschaftsrecht auszulegen ist und ob sich ein Gemeinschaftsrechtsakt in den Grenzen der der Gemeinschaft eingeräumten Hoheitsrechte hält. Dies sagt er an keiner Stelle ausdrücklich, sondern hält es vielmehr für selbstverständlich, da ihm durch Art. 220 EG und die Art. 226 ff. EG die Kompetenz zugewiesen ist, Gemeinschaftsrecht verbindlich auszulegen. Insofern ist er nicht nur befugt, die Einhaltung der Kompetenzen durch die anderen Gemeinschaftsorgane zu überwachen - prominentestes Beispiel ist die Nichtigerklärung der Tabakwerberichtlinie[581] durch den EuGH[582] - , sondern auch seine eigene Kompetenz näher zu bestimmen. Nach Auffassung des EuGH besitzt er selbst also eine Kompetenz-Kompetenz.

II. Auffassung des BVerfG

Das BVerfG ist der Ansicht, daß sich der Anwendungsvorrang des Gemeinschaftsrechts nicht aufgrund der Eigenständigkeit des Gemeinschaftsrechts ergibt, sondern aus dem Rechtsanwendungsbefehl des Zustimmungsgesetzes zu den gemeinschaftsrechtlichen Verträgen[583]. Daraus folgt, daß der unmittelbare Vorrang des Gemeinschaftsrechts nur soweit reicht, wie sich die Ausübung der Hoheitsgewalt durch die europäischen Einrichtungen und Organe im Rahmen der durch den Vertrag eingeräumten Kompetenzen hält. Das BVerfG wies in der *Maastricht*-Entscheidung ausdrücklich darauf hin, daß dann, wenn die europäischen Einrichtungen oder Organe den Unions-Vertrag in einer Weise handhaben oder fortbilden würden, die von diesem Vertrag, wie er dem deutschen Zustimmungsgesetz zugrundeliegt, nicht mehr gedeckt wäre, die daraus hervorgehenden Rechtsakte im deutschen Hoheitsbereich nicht verbindlich wären[584]. Die Kompetenz, „ob Rechtsakte der europäischen Einrichtungen und Organe sich in den Grenzen der ihnen eingeräumten Hoheitsrechte halten oder aus ihnen ausbrechen"[585], nimmt das BVerfG für sich in Anspruch. Insofern bringt die *Maastricht*-Entscheidung aber nichts Neues, hatte doch das BVerfG schon in der *Kloppenburg*-Entscheidung überprüft, ob sich die Rechtsfortbildung des EuGH zur unmittelbaren Wirkung von Richtlinien noch „im Rahmen des durch das Zustimmungsgesetz zum EWG-Vertrag abgesteckten Integrationsprogramms" hielt[586]. Nach der *Maastricht*-Entscheidung ist nun sogar unklar, ob diese Prüfungskompetenz nach Auffas-

---

581 Richtlinie 98/43/EG des Europäischen Parlaments und des Rates vom 6.7.1998 zur Angleichung der Rechts- und Verwaltungsvorschriften der Mitgliedstaaten über Werbung und Sponsoring zu Gunsten von Tabakerzeugnissen, ABl. EG Nr. L 213, S. 9 ff.

582 EuGH, Urt. v. 5.10.2000, Rs. C-376/98, *Bundesrepublik Deutschland/Europäisches Parlament und Rat der EU*, EuZW 2000, 694 ff.

583 BVerfG, Beschl. v. 22.10.1986, 2 BvR 197/83, *Solange II*, BVerfGE 73, 339 (375).

584 BVerfG, Urt. v. 12.10.1993, 2 BvR 2134/92 und 2 BvR 2159/92, *Maastricht*, BVerfGE 89, 155 (188).

585 *Ibid.*

586 BVerfG, Beschl. v. 8.4.1987, 2 BvR 687/85, *Kloppenburg*, BVerfGE 75, 223 (240).

sung des BVerfG sogar einfache Gerichte besitzen, da das BVerfG davon gesprochen hatte, daß deutsche Staatsorgane aus verfassungsrechtlichen Gründen gehindert wären, diese Rechtsakte in Deutschland anzuwenden[587]. Unter deutsche Staatsorgane könnten einfache Gerichte nämlich ohne weiteres subsumiert werden[588]. Und in der Tat haben manche einfachen Gerichte die Kompetenzkonformität gemeinschaftsrechtlicher Rechtsakte geprüft[589]. Diese Prüfungskompetenz hinsichtlich der Kompetenzkonformität gemeinschaftsrechtlicher Rechtsakte hat das BVerfG auch im *Alcan*-Beschluß nicht zurückgenommen, da sich dort seiner Meinung nach die Frage nach einem ausbrechenden Rechtsakt deshalb nicht stellte, weil die Entscheidung des EuGH dort nur im Einzelfall wirkte und kein allgemeines gemeinschaftsunmittelbares Verwaltungsverfahrensrecht geschaffen hätte[590]. Da man in bezug auf die Einzelfallwirkung der EuGH-Entscheidung durchaus unterschiedlicher Auffassung sein kann, kann man darin aber vielleicht eine Trendwende sehen.

III. Stellungnahme

Die Inanspruchnahme einer Prüfungskompetenz in bezug auf die Kompetenzkonformität gemeinschaftsrechtlicher Rechtsakte durch das BVerfG überzeugt nicht[591]. Sie überzeugt auch dann nicht, wenn man dem BVerfG darin folgt, daß der Anwendungsvorrang des Gemeinschaftsrechts erst aus dem Rechtsanwendungsbefehl des Zustimmungsgesetzes folgt und ausbrechende Rechtsakte unverbindlich sind. Daraus, daß ausbrechende Rechtsakte nicht mehr vom Zustimmungsgesetz gedeckt sind, die Kompetenzkonformität gemeinschaftlicher Rechtsakte also überprüft werden muß, folgt nicht, wer die Einhaltung der Kompetenzen überwacht. Wenn sich das BVerfG eine solche Prüfungskompetenz anmaßt, setzt es sich selbst über Art. 220 EG und Artt. 230, 234 EG hinweg, in denen dem EuGH mit gutem Grund das Auslegungsmonopol über das Gemeinschaftsrecht überantwortet wurde. HIRSCH hat überzeugend dargetan, daß daraus, daß der EuGH selbst Bindungen unterliegt, nicht gefolgert werden könne, daß seine Entscheidungen durch nationale Gerichte überprüfbar sind[592]. Der entscheidende Grund dafür, daß dem EuGH die letztverbindliche Entscheidung und damit auch die Möglichkeit des Irrtums aufgebürdet werden muß, besteht darin, daß anderenfalls die Einheit-

---

[587] BVerfG, Beschl. v. 12.10.1993, 2 BvR 2134/92 und 2 BvR 2159/92, *Vertrag von Maastricht*, BVerfGE 89, 155 (188).

[588] So auch *Ipsen*, EuR 1994, 1 (11).

[589] Siehe die Zusammenstellung bei *Hirsch*, NJW 1996, 2457 (2460 ff.).

[590] BVerfG, Beschl. v. 17.2.2000, 2 BvR 1210/98, *Alcan*, EuZW 2000, 445 (447). Gleiche Einschätzung bei *Nicolaysen/Nowak*, NJW 2001, 1233 (1236).

[591] So die überwiegende Meinung in der Literatur: *Hirsch*, NJW 1996, 2457 (2466); *Nicolaysen/Nowak*, NJW 2001, 1233 (1237); *Schwarze* in: ders. (Hrsg.), EU-Kommentar, Art. 220 EGV Rn. 24; *Schroeder*, EuR 1999, 452 (465 f.); *Everling*, GS Grabitz, 1995, S. 57 (71); *Ipsen*, EuR 1994, 1 (21). A. A. *Kirchhof* in: Müller-Graff (Hrsg.), Perspektiven des Rechts in der EU, 1998, S. 163 (175).

[592] So mit Verweis auf das BVerfG selbst *Hirsch*, NJW 1996, 2457 (2466).

lichkeit des Gemeinschaftsrechts gefährdet wäre[593]. Eine verfassungsrechtliche Einschränkung der Übertragung der Prüfungskompetenz der Kompetenzkonformität von gemeinschaftsrechtlichen Rechtsakten ließe sich aus Art. 79 Abs. 3 GG nur dann herleiten, „wenn sich der EuGH mit seiner Rechtsprechung zu den Kompetenzgrundlagen für Gemeinschaftshandeln [...] offensichtlich, anhaltend und schwerwiegend außerhalb der Gemeinschaftsordnung stellen (also in Wahrheit überhaupt kein Gemeinschaftsrecht mehr anwenden) würde [...]"[594]. Da dies dem EuGH nicht attestiert werden kann - als Beispiel sei nur die Entscheidung zur Tabakwerberichtlinie genannt - ist die Prüfungskompetenz, die ihm durch Art. 220 und Artt. 230 und 234 EG eingeräumt wurde, auch nicht aus verfassungsrechtlichen Gründen eingeschränkt. Geht man vom Vorrang des Gemeinschaftsrechts kraft Eigenständigkeit aus, kommt eine solche Einschränkung von vornherein nicht in Betracht. Für die hier behandelte Problematik bedeutet das, daß der EuGH die alleinige Kompetenz zur Auslegung des Art. 234 EG besitzt. Nur am Rande sei bemerkt, daß im konkreten Fall dem EuGH keinesfalls der Vorwurf gemacht werden kann, die Problematik nur oberflächlich behandelt zu haben. Insbesondere die umfassende Aufbereitung der Problematik durch die Generalanwälte gewährleistete eine Entscheidung in Kenntnis aller relevanten Umstände.

IV. Ergebnis

An die Entscheidung des EuGH, daß die letztinstanzlichen nationalen Gerichte auch im Falle autonomer Bezugnahme auf Gemeinschaftsrecht zur Vorlage an den EuGH verpflichtet sind, wären nationale Gerichte daher gebunden. Die Umformulierung des Vorlagebeschlusses an den Großen Senat des BFH ist daher zu Recht erfolgt. Die Frage, ob der BFH in Bilanzsteuerfragen dem EuGH zur Vorlage verpflichtet ist, hätte der Große Senat des BFH nicht allein entscheiden können. Ob den Entscheidungen des EuGH aber tatsächlich entnommen werden kann, daß bei autonomer Bezugnahme auf Gemeinschaftsrecht letztinstanzliche Gerichte zur Vorlage verpflichtet sind, wird erst im übernächsten Anschnitt untersucht. Die sich nun im nächsten Abschnitt anschließende Untersuchung, ob der EuGH seine Zuständigkeit in den Fällen autonomer Bezugnahme auf Gemeinschaftsrecht zu Recht angenommen hat oder ob er dadurch seine Zuständigkeit überschritten hat, ist durch die Erkenntnis, daß der EuGH diese Frage letztverbindlich entscheidet, selbstverständlich auch nicht verwehrt.

---

593 *Schwarze* in: ders. (Hrsg.), EU-Kommentar, Art. 220 EGV Rn. 24; *Everling*, GS Grabitz, 1995, S. 57 (71); *Nicolaysen/Nowak*, NJW 2001, 1233 (1234).

594 *Hirsch*, NJW 1996, 2457 (2466).

C. Zuständigkeit des EuGH bei autonomer Bezugnahme auf Gemeinschaftsrecht, insbesondere bei der Erstreckung des Regelungsgehalts einer Richtlinie auf Sachverhalte außerhalb ihres Anwendungsbereichs

I. Der Hinweis des EuGH auf die alleinige Prüfungskompetenz der nationalen Gerichte hinsichtlich der Entscheidungserheblichkeit der Vorlagefrage

Nach Art. 234 Abs. 2 EG setzt eine Vorlage voraus, daß einem Gericht eines Mitgliedstaates eine Frage über die Auslegung des Vertrages zur Gründung der Europäischen Gemeinschaft, eine Frage über die Gültigkeit und die Auslegung der Handlungen der Organe der Gemeinschaft und der EZB oder eine Frage über die Auslegung der Satzungen der durch den Rat geschaffenen Einrichtungen, soweit diese Einrichtungen dies vorsehen, gestellt wird und daß dieses Gericht eine Entscheidung darüber zum Erlaß seines Urteils für erforderlich hält. Die Frage der Entscheidungserheblichkeit ist damit den nationalen Gerichten zugewiesen. In den Fällen lediglich autonomer Bezugnahme auf Gemeinschaftsrecht begründete der EuGH seine Zuständigkeit zunächst nur mit dem Hinweis auf die alleinige Prüfungskompetenz der nationalen Gerichte hinsichtlich der Entscheidungserheblichkeit der Vorlagefrage[595]. Dieser Begründung kann jedoch nicht zugestimmt werden. Würde man diese Sichtweise zugrunde legen, wäre der EuGH nie in der Lage, seine Zuständigkeit abzulehnen. Denn jede Vorlage würde ja zeigen, daß das nationale Gericht die Auslegung des Gemeinschaftsrechts durch den EuGH als entscheidungserheblich ansieht.

Art. 234 EG weist die Frage der Entscheidungserheblichkeit nur deshalb den nationalen Gerichten zu, weil der EuGH nicht die Kompetenz besitzt, das nationale Recht auszulegen. Es liegt aber durchaus in seiner Kompetenz zu prüfen, ob er im Falle autonomer Bezugnahme auf Gemeinschaftsrecht zuständig ist oder nicht. Die Frage, ob Gemeinschaftsrecht unmittelbar anwendbar ist oder nicht, kann von ihm nämlich leicht ohne Auslegung des nationalen Rechts beantwortet werden. Er muß nur prüfen, ob der Sachverhalt, der vom nationalen Gericht bei der Vorlage dargestellt werden muß, unter das Gemeinschaftsrecht fällt oder nicht. Dies kann er allein durch Auslegung des Gemeinschaftsrechts feststellen. Bei der Fallgruppe der Erstreckung des Regelungsgehalts der Richtlinie auf Sachverhalte außerhalb ihres Anwendungsbereichs muß der EuGH prüfen, ob der Sachverhalt im

---

[595] So zuerst in EuGH, Urt. v. 26.9.1985, Rs. 166/84, *Thomasdünger GmbH/Oberfinanzdirektion Frankfurt am Main*, Slg. 1985, 3001, Tz. 11. Fortgeführt in: EuGH, Urt. v. 18.10.1990, verb. Rs. C-297/88 und C-197/89, *Massam Dzodzi/Belgischer Staat*, Slg. 1990, I-3763, Tz. 34; Urt. v. 8.11.1990, Rs. C-231/89, *Krystyna Gmurzynska-Bscher/Oberfinanzdirektion Köln*, Slg. 1990, I-4003, Tz. 19; Urt. v. 17.7.1997, Rs. C-28/95, *A. Leur-Bloem/Inspecteur der Belastingdienst/Ondernemingen Amsterdam 2*, Slg. 1997, I-4161, Tz. 24; Urt. v. 17.7.1997, Rs. C-130/95, *Bernd Giloy/Hauptzollamt Frankfurt am Main-Ost*, Slg. 1997, I-4295, Tz. 20.

Anwendungsbereich der Richtlinie liegt oder nicht. In den hier besprochenen Fällen der autonomen Bezugnahme auf Gemeinschaftsrecht hat er seine Zuständigkeit auch stets problematisiert. Daß er dem Problem nicht mit dem bloßen Hinweis auf die alleinige Prüfungskompetenz der nationalen Gerichte hinsichtlich der Entscheidungserheblichkeit aus dem Weg gehen kann, ist dem EuGH selbst deutlich geworden, wenn er in späteren Urteilen seine Zuständigkeit mit zusätzlichen Argumenten unterfüttert.

II. Die hauptsächlichen Gegenargumente gegen eine Zuständigkeit des EuGH: Kompetenzüberschreitung und mangelnde Bindungswirkung

Wie oben dargestellt, haben die Generalanwälte in den Fällen autonomer Bezugnahme auf Gemeinschaftsrecht immer gegen eine Zuständigkeit des EuGH plädiert. Die beiden Hauptargumente waren Kompetenzüberschreitung und mangelnde Bindungswirkung. So wurde zum einen geltend gemacht, daß die Annahme der Vorlage durch den EuGH eine Kompetenzüberschreitung darstelle[596]. Zum anderen wurde auf die mangelnde Bindungswirkung einer solchen EuGH-Entscheidung hingewiesen[597]. Schon auf den ersten Blick fällt auf, daß beide Argumente nicht recht zusammen passen: Ein Urteil ohne Bindungswirkung kann schwerlich kompetenzüberschreitend sein. Hier soll zunächst mit dem schwereren Vorwurf, nämlich dem der Kompetenzüberschreitung, begonnen werden.

1. Kompetenzüberschreitung durch Annahme der Vorlagefrage bei lediglich autonomer Bezugnahme auf Gemeinschaftsrecht

Zunächst ist festzuhalten, daß das in Art. 5 Abs. 1 EG enthaltene Prinzip der begrenzten Einzelermächtigung auch für den EuGH gilt. Seine Zuständigkeit bemißt sich somit allein nach Art. 234 EG. Betrachtet man nur den Wortlaut von Art. 234 EG, dann wird auch der Fall der lediglich autonomen Bezug-

---

[596] Siehe Schlußanträge des Generalanwalts *Mancini* v. 15.5.1985, Rs. 166/84, *Thomasdünger GmbH/Oberfinanzdirektion Frankfurt am Main*, Slg. 1985, 3002, Tz. 2; Schlußanträge des Generalanwalts *Darmon* v. 3.7.1990, verb. Rs. C-297/88 und C-197/89, *Massam Dzodzi/Belgischer Staat*, Slg. 1990, I-3778, Tz. 8 ff.; Schlußanträge *dess.* v. 3.7.1990, Rs. C-231/89, *Krystyna Gmurzynska-Bscher/ Oberfinanzdirektion Köln*, Slg. 1990, I-4009, Tz. 4 ff.; Schlußanträge des Generalanwalts *Tesauro* v. 31.1.1995, Rs. C-346/93, *Kleinwort Benson Ltd/City of Glasgow District Council*, Slg. 1995, I-617, Tz. 19 - 22; Schlußanträge des Generalanwalts *Jacobs*, Rs. C-28/95 und C-130/95, *A. Leur-Bloem/Inspecteur der Belastingdienst/Ondernemingen Amsterdam 2; Bernd Giloy/Hauptzollamt Frankfurt am Main-Ost*, Slg. 1997, I-4165, Tz. 47.

[597] Schlußanträge des Generalanwalts *Darmon* v. 3.7.1990, verb. Rs. C-297/88 und C-197/89, *Massam Dzodzi/Belgischer Staat*, Slg. 1990, I-3778, Tz. 12.; Schlußanträge *dess.* v. 3.7.1990, Rs. C-231/89, *Krystyna Gmurzynska-Bscher/Oberfinanzdirektion Köln*, Slg. 1990, I-4009, Tz. 9; Schlußanträge des Generalanwalts *Tesauro* v. 31.1.1995, Rs. C-346/93, *Kleinwort Benson Ltd/City of Glasgow District Council*, Slg. 1995, I-617, Tz. 24; Schlußanträge des Generalanwalts *Jacobs*, Rs. C-28/95 und C-130/95, *A. Leur-Bloem/Inspecteur der Belastingdienst/Ondernemingen Amsterdam 2; Bernd Giloy/ Hauptzollamt Frankfurt am Main-Ost*, Slg. 1997, I-4165, Tz. 61.

nahme auf Gemeinschaftsrecht erfaßt[598]. Art. 234 Abs. 2 EG fordert nämlich lediglich, daß ein nationales Gericht die Auslegung von Gemeinschaftsrecht für erforderlich hält. Legt ein Gericht vor, zeigt dies, daß es seiner Meinung nach auf die Auslegung von Gemeinschaftsrecht ankommt. Wenn die Generalanwälte in der Bejahung der Zuständigkeit durch den EuGH in den Fällen autonomer Bezugnahme auf Gemeinschaftsrecht eine Kompetenzüberschreitung sehen, dann deshalb, weil sie den ihrer Meinung nach zu weiten Wortlaut teleologisch reduzieren. Der von den Generalanwälten propagierte Gleichlauf von unmittelbarer Anwendbarkeit des Gemeinschaftsrechts und Zuständigkeit des EuGH gründet sich auf den Zweck des Vorlageverfahrens, die Einheitlichkeit des Gemeinschaftsrechts zu gewährleisten[599]. Dieser Zweck könne außerhalb des Gemeinschaftsrechts, also bei lediglich autonomer Bezugnahme auf Gemeinschaftsrecht, gar nicht erreicht werden.

Sicher richtig und nicht weiter zu diskutieren ist der Hinweis von Generalanwalt DARMON, daß durch autonome Bezugnahme auf Gemeinschaftsrecht kein Gemeinschaftsrecht geschaffen werden kann[600]. Lediglich zu präzisieren ist der propagierte Gleichlauf von unmittelbarer Anwendbarkeit von Gemeinschaftsrecht und Zuständigkeit des EuGH mit Blick auf Richtlinien. Da diese nur in Ausnahmefällen[601] unmittelbar anwendbar sind und im Regelfall der Umsetzung durch nationale Gesetze bedürfen, muß es hier genügen, wenn der Sachverhalt in den Anwendungsbereich der Richtlinie fällt. Korrigiert werden muß diese plakative Formel auch insoweit, als der EuGH sicherlich dafür zuständig ist, den Anwendungsbereich des Gemeinschaftsrechts zu bestimmen – und zwar gerade auch bei Sachverhalten, die außerhalb des Anwendungsbereiches liegen, wenn der Anwendungsbereich des Gemeinschaftsrechts vor der Bestimmung durch den EuGH unklar war. Zur Bestimmung, ob die These vom Gleichlauf der unmittelbaren Anwendbarkeit des Gemeinschaftsrechts und der Zuständigkeit des EuGH in ihrem Grundgehalt zutreffend ist, muß die Frage geklärt werden, wie diese Einheitlichkeit des Gemeinschaftsrechts durch das Vorlageverfahren überhaupt hergestellt wird.

---

[598] EuGH, Urt. v. 18.10.1990, verb. Rs. C-297/88 und C-197/89, *Massam Dzodzi/Belgischer Staat*, Slg. 1990, I-3763, Tz. 36. Dem zustimmend auch *Schnorbus*, RabelsZ 2001, 654 (683).

[599] Schlußanträge des Generalanwalts *Darmon* v. 3.7.1990, verb. Rs. C-297/88 und C-197/89, *Massam Dzodzi/Belgischer Staat*, Slg. 1990, I-3778, Tz. 8.; Schlußanträge *dess.* v. 3.7.1990, Rs. C-231/89, *Krystyna Gmurzynska-Bscher/Oberfinanzdirektion Köln*, Slg. 1990, I-4009, Tz. 5; Schlußanträge des Generalanwalts *Tesauro* v. 31.1.1995, Rs. C-346/93, *Kleinwort Benson Ltd/City of Glasgow District Council*, Slg. 1995, I-617, Tz. 19 - 22; Schlußanträge des Generalanwalts *Jacobs*, Rs. C-28/95 und C-130/95, *A. Leur-Bloem/Inspecteur der Belastingdienst/Ondernemingen Amsterdam 2; Bernd Giloy/ Hauptzollamt Frankfurt am Main-Ost*, Slg. 1997, I-4165, Tz. 47. Dem zustimmend auch *Hommelhoff*, FS BGH, 2000, S. 889 (923).

[600] Schlußanträge des Generalanwalts *Darmon* v. 3.7.1990, verb. Rs. C-297/88 und C-197/89, *Massam Dzodzi/Belgischer Staat*, Slg. 1990, I-3778, Tz. 11.

[601] Siehe dazu oben § 7 A.I, S. 91.

a. Wirkungsweise des Vorlageverfahrens

Der Zweck des Vorlageverfahrens ist die Herstellung einer einheitlichen Wirkung des Gemeinschaftsrechts in allen Mitgliedstaaten[602]. Hergestellt wird diese Einheitlichkeit des Gemeinschaftsrechts dadurch, daß die Urteile des EuGH Bindungswirkung haben. Zwar sind die Rechtswirkungen von Urteilen des EuGH umstritten[603]. Diese Unterschiede bestehen aber mehr in terminologischer Hinsicht als in sachlicher. In der Sache kann als geklärt gelten, daß die Einheitlichkeit des Gemeinschaftsrechts nicht allein dadurch hergestellt wird, daß das konkret vorlegende Gericht an das Urteil des EuGH gebunden ist. Der EuGH wäre schon zahlenmäßig vollkommen überfordert, allein auf diese Weise die Einheitlichkeit des Gemeinschaftsrechts zu sichern. Die Einheitlichkeit wird vielmehr dadurch bewirkt, daß eine Bindungswirkung über den konkreten Fall hinaus besteht. Diese Bindungswirkung ist mit einer Bindung an Präjudizien, wie man sie aus dem Common Law kennt, nicht vollkommen identisch. Sie gleicht ihr aber darin, daß keine Selbstbindung des höchsten Gerichts besteht[604]. Eine solche Selbstbindung des EuGH wäre mit dem EuGH als wesentlichem Integrationsfaktor und mit einer dynamischen Rechtsentwicklung unvereinbar. Weiterhin ist klar, daß die nationalen Gerichte auch dann ein Vorlagerecht haben, wenn die Frage vom EuGH schon entschieden wurde. Anderenfalls hätte der EuGH ja keine Möglichkeit zur Änderung seiner Rechtsprechung. Insofern kann man nicht von einer absoluten Bindungswirkung *erga omnes* und *pro futuro* sprechen[605]. Darüber hinaus besteht Einigkeit, daß nationale Gerichte dann von der Vorlagepflicht des Art. 234 Abs. 3 EG entbunden sind, wenn der EuGH die Frage schon entschie-

---

602 EuGH, Urt. v. 16.1.1974, Rs. 166/73, *Rheinmühlen*, Slg. 1974, 33, Tz. 2; EuGH, Urt. v. 24.5.1977, Rs. 107/76, *Hoffmann La Roche/Centrofarm*, Slg. 1977, 957, Tz. 5.

603 Der EuGH geht wohl von einer allgemeinen Bindung aus, siehe EuGH, Urt. v. 27.3.1980, verb. Rs. 66, 128/79, *Amministrazione delle Finanze dello Stato/Meridionale Industria Salumni Sol.*, Slg. 1980, 1237, Tz. 9. Auch die Generalanwälte bejahen eine solche: Generalanwalt *Warner*, Schlußanträge v. 20.9.1977, Rs. 112/76, *Renato Manzoni/Fonds National de Retraite des Ouvriers Mineurs*, Slg. 1977, 1658 (1662 f.) plädiert für eine bindende Wirkung von Präjudizien, nach der „alle Gerichte mit Ausnahme des Gerichtshofs selbst an die tragenden Gründe (ratio decidendi) an die Entscheidung des Gerichtshofs gebunden" sind; so früher schon *Trabucchi*, RTDE 1974, 56.
Die Literatur ist in diesem Punkt zurückhaltender. Zum Meinungsstand in der Literatur siehe *Schwarze* in: ders. (Hrsg.), EU-Kommentar, Art. 234 Rn. 66 m. w. N.; *Krück* in: von der Groeben/ Thiesing/Ehlermann (Hrsg.), Kommentar zum EU-/EG-Vertrag, Bd. 4, 5. Aufl. 1997, Art. 177 Rn. 92, die eine faktische Bindungswirkung vergleichbar mit der von höchstrichterlichen Entscheidungen im kontinentaleuropäischen Rechtskreis annehmen. Andere Formulierung bei *Geiger*, EUV/EGV, 3. Aufl. 2000, Art. 234 Rn. 33, der eine Bindung im formellen Sinne ablehnt.

604 Zur mangelnden Selbstbindung im Common Law siehe das sog. Practice Statement des House of Lords, [1966] 3 All E. R. 77.

605 So auch *Schwarze*, Die Befugnis zur Abstraktion im Europäischen Gemeinschaftsrecht, 1976, S. 130 f.

den hat[606]. Damit korrespondierend geht aber eine Bindungswirkung für letztinstanzliche Gerichte einher, wenn sie nicht vorlegen wollen[607]. Umstritten ist allein, ob nicht-letztinstanzliche Gerichte von der Rechtsprechung abweichen können, ohne vorzulegen. Hier könnte Einheitlichkeit auch dadurch hergestellt werden, daß bei einem Abweichen die Möglichkeit besteht, Rechtsmittel einzulegen. Das letztinstanzliche Gericht wäre dann seinerseits gezwungen, die Frage dem EuGH zur Vorabentscheidung vorzulegen, wenn es der Rechtsprechung des EuGH ebenfalls nicht folgen will [608]. Dies stellt allerdings einen überflüssigen Umweg dar, so daß die Meinung vorzugswürdig erscheint, die entgegen dem Wortlaut von Art. 234 Abs. 1 EG letztlich alle Gerichte zur Vorlage verpflichtet, falls sie von der Auslegung einer gemeinschaftsrechtlichen Norm durch den EuGH abweichen wollen[609]. Letztlich kann dies aber im konkreten Zusammenhang offen bleiben, da vorliegend nur herauszuarbeiten war, daß die Einheitlichkeit durch die eben geschilderte Bindungswirkung der EuGH-Entscheidung für zukünftige Fälle hergestellt wird.

b. Folgerungen aus der Wirkungsweise des Vorlageverfahrens für die Frage der Kompetenzüberschreitung

Aus der eben geschilderten Wirkungsweise des Vorlageverfahrens folgt zweierlei. Erstens wird daraus deutlich, daß der Einheitlichkeit des Gemeinschaftsrechts auch dadurch gedient werden kann, daß die Auslegung des Gemeinschaftsrechts anläßlich von Fällen außerhalb seines Anwendungsbereichs geklärt wird. Die Urteile des EuGH, die anläßlich von Sachverhalten ergehen, die außerhalb des Anwendungsbereichs des Gemeinschaftsrechts liegen, haben dieselbe Bindungswirkung für zukünftige Fälle wie solche Urteile, die anläßlich von Sachverhalten ergehen, die im Anwendungsbereich des Gemeinschaftsrechts liegen. So ist die Aussage des EuGH in der *Heininger*-Entscheidung, daß Realkreditverträge unter die Haustürgeschäftsrichtlinie fallen, für zukünftige Fälle innerhalb des Anwendungsbereichs genauso bindend wie es eine Entscheidung wäre, die anläßlich eines Sachverhaltes ergangen wäre, der im Anwendungsbereich der Haustürgeschäftsrichtlinie liegt. Hinzukommt insofern noch, daß dann, wenn man den nationalen Gerichten in Fällen der autonomen Bezugnahme von Gemeinschaftsrecht die Hilfe bei der Auslegung verweigert, Gerichte, nach deren Meinung das Gemeinschaftsrecht ent-

---

[606] EuGH, Urt. v. 6.10.1982, Rs. 283/81, *Srl C. I. L. F. I. T. und Lanificio di Gavardo SpA/Ministero della sanità*, Slg. 1982, 3415, Tz. 14.

[607] *Schwarze* in: ders. (Hrsg.), EU-Kommentar, Art. 234 Rn. 66.

[608] Hier wird auch deutlich, daß Einheitlichkeit nur dadurch hergestellt werden kann, daß unter dem letztinstanzlichen Gericht zutreffenderweise das konkret letztinstanzliche zu verstehen ist, d. h. dasjenige, gegen welches im konkreten Fall kein Rechtsmittel mehr möglich ist. Dies ist allerdings nicht unbestritten. Vgl. dazu *Schwarze* in: ders. (Hrsg.), EU-Kommentar, 2000, Art. 234 Rn. 41 mit Überblick über den Meinungsstand. Bejahend *Pietrek*, Verbindlichkeit von Vorabentscheidungen nach Art. 177 EWG-Vertrag, 1989, S. 110 f.

[609] A. A. etwa *Glaesner*, EuR 1990, 143 (147 f.).

scheidungserheblich ist, eine solche Auslegung selbst versuchen müßten. Mag die Gefahr, daß eine unzutreffende Auslegung des überschießend umgesetzten Rechts auf die Auslegung des Gemeinschaftsrechts in Fällen des Anwendungsbereichs zurückwirkt, auch nicht so groß sein, daß sie ein gemeinschaftsrechtliches Verbot einer gespaltenen Auslegung rechtfertigt[610], so spricht sie doch dafür, eine Antwort auf eine Vorlagefrage in den Fällen der lediglich autonomen Bezugnahme auf Gemeinschaftsrecht nicht zu verweigern. Ein Interesse an einheitlicher Auslegung besteht jedenfalls. Zweitens wird aus der Wirkungsweise des Vorlageverfahrens auch deutlich, daß in der Beantwortung der Vorlagefrage in den Fällen lediglich autonomer Bezugnahme auf Gemeinschaftsrecht keine Kompetenzüberschreitung liegen kann. Zu oft hat der EuGH betont, daß es allein den nationalen Gerichten obliege, die vom EuGH im Vorlageverfahren ausgelegten Bestimmungen des Gemeinschaftsrechts unter der Berücksichtigung der tatsächlichen und rechtlichen Umstände des bei ihnen anhängigen Rechtsstreits anzuwenden[611]. In *Fournier* hatte der EuGH sogar ausdrücklich erklärt, daß identische Begriffe nicht unbedingt dieselbe Bedeutung haben müßten und das nationale Gericht daher nicht „an die Bedeutung gebunden wäre, die dem identischen Ausdruck in der Richtlinie zukommt."[612] Dadurch, daß der EuGH sich darauf beschränkt, Gemeinschaftsrecht auszulegen, ohne dem nationalen Gericht zu verbieten, aufgrund der sachlichen Unterschiede letztlich doch zu einer gespaltenen Auslegung zu kommen, vermeidet er eine Kompetenzüberschreitung. Hieraus ergibt sich auch nachträglich eine Bestätigung der oben vertretenen These, daß den Urteilen des EuGH kein Verbot einer gespaltenen Auslegung entnommen werden kann. Der EuGH spricht also nicht rein zufällig von einem bloßen „Interesse" an einheitlicher Auslegung von Gemeinschaftsrecht anstelle einer Pflicht.

2. Mangelnde Bindungswirkung

Der vorige Absatz leitet schon zum Vorwurf der mangelnden Bindungswirkung über. Mag man doch mit den Generalanwälten vorbringen, der EuGH werde, wenn er schon selbst keine Bindung an seine Urteile einfordere, zum bloßen Gutachter degradiert. Auch hier steckt die Lösung schon im vorigen Absatz. Dort wurde nämlich ausgeführt, daß die Bindungswirkung der Urteile für zukünftige Fälle gleich ist, unabhängig davon, ob das Gemeinschaftsrecht nun anläßlich eines Falles im Anwendungsbereich des Gemeinschaftsrechts ausgelegt wird oder anläßlich eines Sachverhaltes, der außerhalb liegt. Und diese Bindungswirkung für zukünftige Fälle, wonach das Gemeinschaftsrecht so und nicht anders auszulegen ist, muß entscheidend sein, da

---

610 Siehe oben § 7 B.I.2, S. 101 ff.

611 EuGH, Urt. v. 18.10.1990, verb. Rs. C-297/88 und C-197/89, *Massam Dzodzi/Belgischer Staat*, Slg. 1990, I-3763, Tz. 38; EuGH, Urt. v. 8.11.1990, Rs. C-231/89, *Krystyna Gmurzynska-Bscher/ Oberfinanzdirektion Köln*, Slg. 1990, I-4003, Tz. 19, 21.

612 EuGH, Urt. v. 12.11.1992, Rs. C-73/89, *Alain Fournier und Angehörige/Vaiter van Werven u. a.*, Slg. 1992, I-5621, Tz. 23.

über sie die Einheitlichkeit des Gemeinschaftsrechts hergestellt wird. Es ist die besondere Natur des Vorlageverfahrens, die bewirkt, daß der EuGH in den Fällen lediglich autonomer Bezugnahme von Gemeinschaftsrecht, ohne seine Kompetenzen zu überschreiten und ohne sich dadurch zum bloßen Gutachter zu degradieren, Urteile mit Bindungswirkung erlassen kann. Diese liegt darin begründet, daß der EuGH abstrakt, also losgelöst vom einzelnen Fall, den er, da insofern das nationale Gericht zuständig ist, nie löst, versucht, „aus Buchstaben und Geist der betreffenden Gemeinschaftsvorschriften deren Bedeutung abzuleiten."[613] Daß im konkreten Fall keine absolute Bindungswirkung besteht, da das nationale Gericht aus objektiv-teleologischen Gründen gehindert sein kann, die Sachverhalte innerhalb und außerhalb des Anwendungsbereichs des Gemeinschaftsrechts gleich zu behandeln, schadet dagegen nicht. Im übrigen hindert die Bindungswirkung im konkreten Fall nationale Gerichte auch bei Sachverhalten im Anwendungsbereich des Gemeinschaftsrechts nicht daran, nachträglich die Entscheidungserheblichkeit der Vorlagefrage zu verneinen, wie der Fall *Tomberger* zeigt.

3. Verstoß gegen Art. 101 Abs. 1 S. 2 GG

In diesen Zusammenhang ist auch auf einen weiteren Einwand, der von HABERSACK/MAYER gegen die Zuständigkeit des EuGH bei autonomer Bezugnahme auf Gemeinschaftsrecht vorgebracht wird[614], einzugehen. Zutreffend weisen sie zunächst darauf hin, daß auch der EuGH gesetzlicher Richter im Sinne des Art. 101 Abs. 1 S. 2 GG sein kann. Dies hat das BVerfG erst vor kurzem wieder bestätigt[615]. So stellt es einen Entzug des gesetzlichen Richters dar, wenn ein nationales Gericht seiner Pflicht zur Anrufung des EuGH im Wege des Vorabentscheidungsverfahrens nicht nachkommt. Nach HABERSACK/MAYER gebiete Art. 101 Abs. 1 S. 2 GG darüber hinaus auch, daß die Zuständigkeit des EuGH gesetzlich bestimmt sei und nicht lediglich durch Gerichtsbeschluß begründet werde. Außerdem sei es mit Blick auf das *Maastricht*-Urteil naheliegend, daß für deutsche Gerichte die letztverbindliche Klärung durch das BVerfG erfolgen müsse. Hinsichtlich des letzten Arguments, das kein inhaltliches ist, kann auf den vorigen Abschnitt verwiesen werden, indem herausgearbeitet wurde, warum dem EuGH die Kompetenz-Kompetenz zukommt[616]. Aber auch die Behauptung, die Zuständigkeit des EuGH sei in den Fällen der autonomen Bezugnahme auf Gemeinschaftsrecht nicht gesetzlich bestimmt, trifft nicht zu. Der Wortlaut von Art. 234 EG umfaßt diese Fälle durchaus. Sollte sich ergeben, daß der Wortlaut nicht teleologisch zu reduzieren ist, dann ist die Zuständigkeit des EuGH in diesen Fällen gesetzlich bestimmt. Sollten HABERSACK/MAYER darauf abzielen, daß im

---

613 EuGH, Urt. v. 18.10.1990, verb. Rs. C-297/88 und C-197/89, *Massam Dzodzi/Belgischer Staat*, Slg. 1990, I-3763, Tz. 38.

614 *Habersack/Mayer*, JZ 1999, 913 (920).

615 BVerfG, Beschl. v. 9.1.2001, 1 BvR 1036/99, NJW 2001, 1267 f. Lesenswerte Anmerkung zu diesem Urteil von *Voßkuhle*, JZ 2001, 924.

616 Siehe § 8 B.III, S. 123 ff.

Vorlageverfahren eben nicht immer eine Pflicht zur Vorlage besteht, und diese deswegen nicht gesetzlich bestimmt sei, dann richtet sich dieser Vorwurf gegen Art. 234 Abs. 1 EG insgesamt. Dessen Verfassungswidrigkeit kann aber auch unter der Prämisse, daß sich der Vorrang des Gemeinschaftsrechts nur kraft innerstaatlichem Rechtsanwendungsbefehl ergibt und deshalb verfassungsrechtlichen Schranken unterliegt, nicht ernsthaft behauptet werden.

III. Auslegung von Gemeinschaftsrecht anläßlich eines „falschen Rahmens"

Damit bleibt lediglich der Einwand des Generalanwalts JACOBS, der geltend gemacht hatte, daß nicht ohne weiteres ersichtlich sei, wie eine Vorschrift „unabhängig davon, unter welchen Voraussetzungen sie angewandt werden soll" - so die Formulierung in *Dzodzi* -, ausgelegt werden könne[617]. Er verwies in diesem Zusammenhang auf verschiedene Urteile des EuGH, in denen dieser die klare Darlegung des tatsächlichen und rechtlichen Rahmens des Rechtsstreits verlangt hatte. Seiner Meinung nach ist es fast unmöglich, eine Bestimmung abstrakt, d. h. losgelöst vom Einzelfall auszulegen[618]. Dadurch, daß der EuGH den konkreten Sachverhalt in den Blick nehmen müsse, werde der EuGH gezwungen, eine Bestimmung außerhalb ihres eigentlichen Rahmens auszulegen, und es bestehe daher die Gefahr, durch sachfremde Faktoren irregeleitet zu werden[619].

Generalanwalt JACOBS macht hier auf ein Problem aufmerksam, das das Vorlageverfahren überhaupt betrifft. Nach einem bekannten Wort von ENGISCH bedarf die Anwendung einer Norm auf einen Sachverhalt des „Hin- und Herwanderns des Blickes zwischen Obersatz und Lebenssachverhalt"[620]. Nach LARENZ „handelt es sich [dabei] um einen gedanklichen Prozeß, in dessen Verlauf der Roh-Sachverhalt zum endgültigen Sachverhalt (als Aussage), der Normtext (gleichsam der Rohzustand der Norm) zu der für die Beurteilung dieses Sachverhalts hinreichend konkretisierten Norm umgeformt wird."[621] Im Vorlageverfahren besteht nun die Schwierigkeit, daß dieser nicht näher auflösbare gedankliche Prozeß zwei Gerichten überantwortet ist. Das nationale Gericht hat die Aufgabe, den konkreten Rechtsstreit zu entscheiden, der EuGH die Aufgabe, Gemeinschaftsrecht auszulegen. Unüberwindbare Schwierigkeiten ergeben sich hierbei aber nicht. Der EuGH muß einerseits zwar den konkreten Fall in den Blick nehmen, da er ansonsten nicht weiß, worauf er die gemeinschaftsrechtliche Norm befragen muß. Er fordert

---

617 Schlußanträge des Generalanwalts *Jacobs*, Rs. C-28/95 und C-130/95, *A. Leur-Bloem/Inspecteur der Belastingdienst/Ondernemingen Amsterdam 2; Bernd Giloy/Hauptzollamt Frankfurt am Main-Ost*, Slg. 1997, I-4165, Tz. 50 f.

618 *Ibid.*, Tz. 51.

619 *Ibid.*, Tz. 52.

620 *Engisch*, Logische Studien zur Gesetzesanwendung, 2. Aufl., 1960, S. 15.

621 *Larenz*, Die Methodenlehre der Rechtswissenschaft, 6. Aufl., 1991, S. 281.

daher zu Recht, daß das nationale Gericht den tatsächlichen und rechtlichen Rahmen des Rechtsstreits darlegen muß[622]. Andererseits darf er sich aber dadurch nicht verleiten lassen, den konkreten Fall „durchzuentscheiden", sondern muß die Vorlagefrage abstrakt, d. h. losgelöst vom Einzelfall beantworten. Daß dies nicht immer ganz leicht sein wird, ändert nichts daran, daß es möglich ist. Im übrigen betrifft diese Problematik das Vorlageverfahren grundsätzlich, stellt somit keinen spezifischen Einwand gegen die Zuständigkeit des EuGH im Falle lediglich autonomer Bezugnahme auf Gemeinschaftsrecht dar.

Zu einem spezifischen Einwand wird das Vorbringen des Generalanwalts allerdings, wenn er darauf abstellt, daß dadurch, daß der konkrete Sachverhalt, der in den Blick genommen werden muß, außerhalb des eigentlichen Rahmens liegt, die Gefahr bestehe, durch sachfremde Faktoren irregeleitet zu werden. Diese Gefahr ist nicht von der Hand zu weisen. Allerdings kann der EuGH diese Gefahr bannen, indem er die Fälle im Anwendungsbereich in den Blick nimmt. So war es für den EuGH ein leichtes, in der *Heininger*-Entscheidung die Frage nach der Zulässigkeit einer Befristung des Widerrufsrechts zu beantworten, ohne dadurch irregeleitet zu werden, daß der zugrundeliegende Sachverhalt nicht im Anwendungsbereich der Haustürgeschäftsrichtlinie lag. Auch konnte der EuGH in der *Leur-Bloem*-Entscheidung bei der Auslegung des Begriffes „Austausch von Anteilen" leicht den Hintergrund der grenzüberschreitenden Fusionen einblenden.

IV. Abschließende Bewertung

Der EuGH nimmt somit im Ergebnis in den Fällen der autonomen Bezugnahme auf Gemeinschaftsrecht seine Zuständigkeit zu Recht an. Ihm kann weder der Vorwurf der Kompetenzüberschreitung noch der der mangelnden Bindungswirkung gemacht werden. Die Beantwortung der Vorlagefrage dient in den Fällen der autonomen Bezugnahme auf Gemeinschaftsrecht ebenso der Einheitlichkeit des Gemeinschaftsrechts wie in den Fällen unmittelbarer Anwendbarkeit von Gemeinschaftsrecht, da die Entscheidung in beiden Konstellationen für zukünftige Fälle die gleiche Bindungswirkung hat. Nimmt man eine Zuständigkeit des EuGH, bleibt den nationalen Gerichten ein Rätselraten über die zutreffende Auslegung von Gemeinschaftsrecht erspart. Für die in dieser Arbeit besonders untersuchte Fallgruppe der Erstreckung des Regelungsgehalts einer Richtlinie durch den nationalen Gesetzgeber auf Sachverhalte außerhalb ihres Anwendungsbereichs bedeutet dies, daß der EuGH für Vorlagefragen zuständig ist.

---

[622] EuGH, Urt. v. 26.1.1993, verb. Rs. C-320/90 – 322/90, *Telemarsicabruzzo Spa u. a./Circostel u. a.*, Slg. 1993, I-393.

D. Vorlagepflicht letztinstanzlicher Gerichte in den Fällen lediglich autonomer Bezugnahme auf Gemeinschaftsrecht, insbesondere in den Fällen der autonomen Erstreckung des Regelungsgehalts einer Richtlinie auf Sachverhalte außerhalb ihres Anwendungsbereichs

V. Auffassung des EuGH

Auf den ersten Blick scheint die Bejahung der Zuständigkeit des EuGH in Fällen lediglich autonomer Bezugnahme auf Gemeinschaftsrecht und ein damit korrespondierendes Vorlagerecht für die nationalen Gerichte, eine Vorlagepflicht letztinstanzlicher Gerichte zur Konsequenz zu haben. Vielfach wird der EuGH, der sich in den Fällen der autonomen Bezugnahme auf Gemeinschaftsrecht für zuständig hält, auch dahingehend gedeutet, daß nach seiner Auffassung mit dem Vorlagerecht der nationalen Gerichte nach Art. 234 Abs. 2 EG auch eine Vorlagepflicht letztinstanzlicher Gerichte nach Art. 234 Abs. 3 EG einhergehe[623]. Eine ausdrückliche Stellungnahme des EuGH fehlt aber bislang. Auch in *Leur-Bloem* hat der EuGH nicht eine solche Vorlagepflicht letztinstanzlicher Gerichte statuiert. Dies war im konkreten Fall auch gar nicht notwendig, da ein nicht letztinstanzliches Gericht vorlegte. Aus dem Umstand, daß der EuGH sich in seinem ersten Leitsatz nicht ausschließlich auf Art. 177 Abs. 2 EG-Vertrag (jetzt Art. 234 Abs. 2 EG) stützte[624], sondern auf Art. 177 EG-Vertrag (jetzt Art. 234 EG) insgesamt und damit auch auf Abs. 3, kann nicht geschlossen werden, daß er damit zum Ausdruck bringen wollte, letztinstanzliche Gerichte seien in den Fällen lediglich autonomer Bezugnahme auf Gemeinschaftsrecht zur Vorlage verpflichtet[625].

VI. Eigene Auffassung

Die materielle Pflicht zur richtlinienkonformen Auslegung ist für die Fragen der Zuständigkeit des EuGH und die Pflicht des nationalen Gerichts zur Vorlage vorgreiflich. Hätte sich ergeben, daß auch außerhalb des Anwendungsbereichs der Richtlinie eine europarechtliche Pflicht zur richtlinienkonformen Auslegung bestünde, dann hätte dies auch eine Pflicht zur Vorlage letztinstanzlicher Gerichte zur Folge gehabt. Wie oben gezeigt wurde, besteht aber eine solche absolute, gemeinschaftsrechtlich begründete Pflicht nicht[626]. Vielmehr besteht nur eine auf nationalem Recht beruhende Vermutung zur Gleichbehandlung der Fälle innerhalb und außerhalb des Anwendungs-

[623] Eine Vorlagepflicht bejahend: *Meilicke*, BB 1999, 890 (890); *Wulf-Henning Roth*, FS BGH, 2000, S. 847 (885); *Schnorbus*, RabelsZ 2001, 654 (678). Nach *Habersack/Mayer*, JZ 1999, 913 (919) ist diese Frage offen.

[624] EuGH, Urt. v. 17.7.1997, Rs. C-28/95, *A. Leur-Bloem/Inspecteur der Belastingdienst/Ondernemingen Amsterdam 2*, Slg. 1997, I-4161 (4207).

[625] *Broer*, RIW 2001, 756 (760), Fn. 37.

[626] Siehe oben § 7 B.I.2, S. 101 ff.

bereichs der Richtlinie[627]. Dies wird zwar im Regelfall dazu führen, daß das nationale Gericht richtlinienkonform auslegen wird, eine absolute Pflicht zur richtlinienkonformen Auslegung besteht aber eben nicht.

Dieser Hintergrund legt es nahe, keine Vorlagepflicht letztinstanzlicher Gerichte anzunehmen. Sollte das Gericht schon vor der Vorlage überzeugt sein, dem EuGH nicht folgen zu wollen, und ist dies mangels gemeinschaftsrechtlicher Pflicht auch möglich, dann paßt damit eine Vorlagepflicht nicht zusammen. Sie wäre zum einen unpraktisch, zum anderen würde in diesem Fall die Autorität des EuGH in der Tat untergraben. Letztlich durchschlagend ist aber das Argument, daß es dann sogar schon an der Entscheidungserheblichkeit fehlt.

Eine Vorlagepflicht letztinstanzlicher Gerichte verträgt sich auch nicht mit der vom EuGH beschworenen Charakterisierung des Vorlageverfahrens als einem Instrument der Zusammenarbeit zwischen Gerichtshof und nationalen Gerichten. Wenn er eine Frage in bezug auf das Gemeinschaftsrecht beantwortet, die ihm von einem nationalen Gericht, das die Beantwortung dieser Frage für entscheidungserheblich hält, gestellt wird, dann ist dies qualitativ etwas anderes, als wenn er das letztinstanzliche Gericht dafür sogar verpflichtet hielte. Würde er letzteres fordern, würde aus Höflichkeit Einmischung.

Daraus folgt, daß in den Fällen lediglich autonomer Bezugnahme auf Gemeinschaftsrecht zwar ein Vorlagerecht der nationalen Gerichte besteht, damit aber keine Vorlagepflicht letztinstanzlicher Gerichte einhergeht.

---

627 Siehe oben § 7 B.II.1, S. 105 ff.

Dritter Teil: Zusammenfassung der Ergebnisse

I. Grundlagen

Der nationale Gesetzgeber erstreckt den Regelungsgehalt einer Richtlinie häufig auf Sachverhalte außerhalb ihres Anwendungsbereichs. Das hauptsächliche Ziel einer solchen Ausdehnung des Anwendungsbereichs ist die Vermeidung von Systembrüchen im Rahmen der nationalen Rechtsordnung. Solche Systembrüche kämen bei einer Eins-zu-eins-Umsetzung zustande, weil sich der Anwendungsbereich von Richtlinien nach Kriterien bestimmt, die auf nationaler Ebene nicht maßgeblich sein können. Der Binnenmarktbezug und das Subsidiaritätsprinzip stellen nämlich auf nationaler Ebene keine inhaltlichen Kriterien für den Anwendungsbereich einer Regelung dar. Außerdem besteht auf nationaler Ebene nicht der Zwang, sich mit den anderen Mitgliedstaaten zu einigen.

Der nationale Gesetzgeber kann den Regelungsgehalt einer Richtlinie auf unterschiedliche Weise auf Sachverhalte außerhalb ihres Anwendungsbereichs erstrecken. Er kann zum einen die betreffende Norm weiter fassen, wie beispielsweise im Umwandlungsrecht, er kann zum anderen auf den umgesetzten Regelungsgehalt verweisen, wie beispielsweise durch § 5 Abs. 1 S. 1 EStG, oder schließlich durch die Schaffung gleichlautender Vorschriften zeigen, daß er die Sachverhalte innerhalb und außerhalb der Richtlinie grundsätzlich gleich behandelt wissen will.

Streng von der Erstreckung des Regelungsgehalts auf Sachverhalte außerhalb ihres Anwendungsbereichs zu unterscheiden ist die Verschärfung des materiellen Regelungsgehalts. Eine Verwechslung kommt hier insbesondere auch deshalb in Betracht, weil beide Phänomene unter den Begriff der „überschießenden Umsetzung" gefaßt werden können. Während bei der Erstreckung des Regelungsgehalts einer Richtlinie auf Sachverhalte außerhalb ihres Anwendungsbereichs mehr Sachverhalte betroffen sind als in der Richtlinie vorgesehen, ist dies bei der Verschärfung des materiellen Regelungsgehalts einer Richtlinie nicht der Fall. Die Unterscheidung, die in Grenzfällen schwierig sein kann, wird hier danach vorgenommen, ob die Tatbestandsseite oder die Rechtsfolgenseite betroffen ist. Ist die Tatbestandsseite betroffen, handelt es sich um die im Rahmen dieser Arbeit behandelte Problematik. Ist die Rechtsfolgenseite betroffen, handelt es sich um die in der vorliegenden Arbeit ausgesparte Problematik der Verschärfung des materiellen Regelungsgehalts.

II. Tatbestände der Erstreckung des Regelungsgehalts einer Richtlinie auf Sachverhalte außerhalb ihres Anwendungsbereichs

Hat der nationale Gesetzgeber den Regelungsgehalt einer Richtlinie auf Sachverhalte außerhalb ihres Anwendungsbereichs erstreckt, stellt sich die Frage, ob auch außerhalb des Anwendungsbereichs der Richtlinie richtlinienkonform ausgelegt werden muß und ob der EuGH im Vorlageverfahren auch bei Sachverhalten außerhalb des Anwendungsbereichs der Richtlinie zuständig ist. Während in den meisten Fällen eine Erstreckung des Regelungsgehalts einer Richtlinie auf Sachverhalte außerhalb ihres Anwendungsbereichs nicht zweifelhaft ist, sich somit nur die Frage nach den Rechtsfolgen stellt, ist in manchen Fällen schon fraglich, ob überhaupt der Tatbestand einer Erstreckung des Regelungsgehalts einer Richtlinie auf Sachverhalte außerhalb ihres Anwendungsbereichs gegeben ist. Dies war daher in einem ersten Schritt zu prüfen. Im Einzelnen gilt für die hier näher untersuchten Fallgruppen folgendes:

Im Bilanzrecht liegt eine überschießende Umsetzung in Form der Erstreckung des Regelungsgehalts der Jahresabschlußrichtlinie auf Einzelkaufleute und Personenhandelsgesellschaften nicht vor. Zwar hat der deutsche Gesetzgeber Vorschriften, die den Regelungsgehalt der Jahresabschlußrichtlinie umsetzen, vor die Klammer gezogen und damit auch für Einzelkaufleute und Personenhandelsgesellschaften anwendbar gemacht. Letztlich wiegt aber schwerer, daß er das Leitprinzip der Jahresabschlußrichtlinie, das True and fair view-Prinzip, das in bezug auf die Einzelvorschriften interpretative und in Ausnahmefällen sogar korrektive Funktion hat, ausweislich der Entstehungsgeschichte und seiner systematischen Stellung in § 264 Abs. 2 HGB auf Kapitalgesellschaften beschränken wollte.

Der Regelungsgehalt der Jahresabschlußrichtlinie ist durch die Beibehaltung des Maßgeblichkeitsgrundsatzes in § 5 Abs. 1 S. 1 EStG auch auf steuerbilanzielle Sachverhalte im Bereich der Kapitalgesellschaften erstreckt worden. Auch nach dem Beschluß des Großen Senats des BFH vom 7.8.2000 muß weiter davon ausgegangen werden, daß der Verweis auf die Handelsbilanz durch § 5 Abs. 1 S. 1 EStG grundsätzlich bindend ist. Einzige Ausnahme von dieser Bindung an die Handelsbilanz ist, daß Spielräume beim Ansatz von Bilanzpositionen nicht anerkannt werden. Der grundsätzlich bindende Verweis auf die Handelsbilanz hat damit zur Folge, daß auch die europäische Dimension der handelsrechtlichen Vorschriften zur Gewinnermittlung bei Kapitalgesellschaften erfaßt ist. In bezug auf Einzelkaufleute und Personenhandelsgesellschaften fehlt diese europäische Dimension. Die mißliche Konsequenz, daß damit das Gewinnermittlungsrecht auch im Steuerrecht rechtsformabhängig ist, ist hinzunehmen, weil anderenfalls die vom Gesetzgeber gewollte Einheitsbilanz nicht mehr möglich wäre.

In anderen Fällen ist eine Erstreckung des Regelungsgehalts einer Richtlinie auf Sachverhalte außerhalb ihres Anwendungsbereichs unproblematisch gegeben. § 15 Abs. 3 HGB hat einen weiteren Anwendungsbereich als Art. 3 Abs. 6 Unterabs. 2 S. 2 der Publizitätsrichtlinie insofern, als im deutschen Recht eine positive Publizität des Handelsregisters auch gegenüber Einzelkaufleuten und Personenhandelsgesellschaften besteht. Wesentliche Regelungsgehalte der Verschmelzungs- und Spaltungsrichtlinie, die allein Aktiengesellschaften betreffen, sind durch das Umwandlungsgesetz in einem allgemeinen Teil vor die Klammer gezogen worden und gelten somit für alle Rechtsformen.

Auch im Verbraucherschutzrecht gibt es zahlreiche Fälle der überschießenden Umsetzung in Form der Erstreckung des Regelungsgehalts einer Richtlinie auf Sachverhalte außerhalb ihres Anwendungsbereichs. So ist die Neufassung des Sachmangelbegriffs, der auf die Verbrauchsgüterkaufrichtlinie zurückgeht, auf alle Käufe, und nicht nur auf Verbrauchsgüterkäufe anwendbar. § 507 BGB erweitert den Regelungsgehalt der Verbraucherkreditrichtlinie auf Existenzgründer. Auch der Regelungsgehalt der Haustürgeschäftsrichtlinie wurde auf Sachverhalte außerhalb der Richtlinie ausgedehnt. Während die Haustürgeschäftsrichtlinie nur anwendbar ist, wenn der Vertrag in einer „Haustürsituation" geschlossen wird, fordert § 312 BGB nur, daß die Anbahnung des Vertrages in einer „Haustürsituation" noch fortwirkt. Auch im Recht der Allgemeinen Geschäftsbedingungen ist der Tatbestand an zwei Stellen erfüllt. Sowohl hinsichtlich der Unklarheitenregel als auch des Gegenstandes der Inhaltskontrolle stellt sich das Problem, ob die Pflicht zur richtlinienkonformen Auslegung der Klauselrichtlinie und die Zuständigkeit des EuGH auch bei Nicht-Verbrauchern in Betracht kommen. Dagegen ist, entgegen manchen Stimmen in der Literatur, der Arbeitnehmer kein Verbraucher, so daß insoweit eine überschießenden Umsetzung abzulehnen ist.

III. Rechtsfolgen

1. Materiellrechtliche Auswirkungen

Die Pflicht zur richtlinienkonformen Auslegung findet ihre Rechtfertigung darin, daß die erstrebte Rechtsangleichung ohne eine solche Pflicht nicht erreicht werden könnte. Ihr Geltungsgrund beruht somit auf Gemeinschaftsrecht, nicht aber auf der Vermutung richtlinienkonformer Umsetzung durch den nationalen Gesetzgeber. Dieser gemeinschaftsrechtliche Geltungsgrund trägt außerhalb des Anwendungsbereichs einer Richtlinie nicht, da dort keine Angleichung angestrebt wurde und diese bei einem rein autonomen „Alleingang" eines einzelnen Mitgliedstaates, der den Regelungsgehalt einer Richtlinie auf Sachverhalte außerhalb ihres Anwendungsbereichs erstreckt, auch nicht erreichbar ist. Eine absolute Pflicht zur richtlinienkonformen Auslegung besteht deshalb bei der überschießenden Umsetzung in Form der Erstreckung des Regelungsgehalts einer Richtlinie auf Sachverhalte außerhalb ihres Anwendungsbereichs nicht.

Begründen ließe sich eine solche gemeinschaftsrechtliche Pflicht nur mit der Gefahr der Rückwirkung. Legt ein nationales Gericht anläßlich eines Sachverhalts außerhalb der Richtlinie eine umgesetzte Norm aus, die sowohl Sachverhalte innerhalb als auch außerhalb der Richtlinie erfaßt, besteht die Gefahr, daß diese unter Umständen falsche und nicht an der Richtlinienkonformität orientierte Auslegung auf die Sachverhalte innerhalb des Anwendungsbereichs der Richtlinie zurückwirkt. Diese Gefahr reicht aber zur Begründung einer Pflicht zur richtlinienkonformen Auslegung nicht aus, da Art. 234 EG nicht jede Gefahr für die Einheitlichkeit gebannt wissen will. Gem. Art. 234 EG besteht für die Auslegung von Gemeinschaftsrecht nämlich kein Auslegungsmonopol, da unterinstanzliche Gerichte nur vorlegen müssen, wenn sie von einem Urteil des EuGH abweichen wollen.

Auch der EuGH hat, entgegen mancher Deutungen in der Literatur, eine solche absolute Pflicht zur richtlinienkonformen Auslegung in den Fällen der Erstreckung des Regelungsgehalts einer Richtlinie auf Sachverhalte außerhalb ihres Anwendungsbereichs nicht angenommen. Nicht von ungefähr spricht er lediglich von einem *Interesse* der Gemeinschaft, „daß die aus dem Gemeinschaftsrecht übernommenen Bestimmungen und Begriffe unabhängig davon, unter welchen Voraussetzungen sie angewandt werden sollen, einheitlich ausgelegt werden, um künftige Auslegungsunterschiede zu verhindern [...].“[628]

Die Verneinung einer Pflicht zur richtlinienkonformen Auslegung bedeutet jedoch nicht, daß die überschießende Umsetzung in Form der Erstreckung des Regelungsgehalts einer Richtlinie auf Sachverhalte außerhalb ihres Anwendungsbereichs gar keine spezifischen Rechtsfolgen nach sich zieht. Aus einer solchen überschießenden Umsetzung kann nämlich geschlossen werden, daß der nationale Gesetzgeber die Sachverhalte innerhalb und außerhalb des Anwendungsbereichs einer Richtlinie grundsätzlich gleich behandeln wollte. Will der Rechtsanwender dem Rechnung tragen, muß er auch anläßlich von Sachverhalten außerhalb des Anwendungsbereichs einer Richtlinie herausfinden, wie die Sachverhalte innerhalb des Anwendungsbereichs zu behandeln sind. Da innerhalb des Anwendungsbereichs der Richtlinie das Gebot der richtlinienkonformen Auslegung gilt, wird die Beachtung des Willens des Gesetzgebers zur Gleichbehandlung regelmäßig zur Folge haben, daß der Rechtsanwender auch außerhalb des Anwendungsbereichs der Richtlinie richtlinienkonform auslegen wird. Da der subjektive Wille des Gesetzgebers aber nur ein Kriterium der Auslegung neben anderen darstellt, besteht eine absolute Pflicht zur richtlinienkonformen Auslegung außerhalb des Anwendungsbereichs der Richtlinie nicht. Wenn gewichtige objektiv-teleologische Gründe gegen eine Gleichbehandlung sprechen, darf das Gericht zu einer gespaltenen Auslegung ein und derselben Norm kommen.

Die Erstreckung des Regelungsgehalts einer Richtlinie auf Sachverhalte außerhalb des Anwendungsbereichs hat damit die materiellrechtliche Auswirkung, daß die Richtlinienkonformität insoweit berücksichtigt werden muß, als dies für die grundsätzlich gewollte Gleichbehandlung der Sachverhalte innerhalb und außerhalb des Anwendungsbereichs der Richtlinie erforderlich ist. Eine Pflicht zur richtlinienkonformen Auslegung besteht jedoch nicht.

---

[628] EuGH, Urt. v. 17.7.1997, Rs. C-28/95, *A. Leur-Bloem/Inspecteur der Belastingdienst/Ondernemingen Amsterdam* 2, Slg. 1997, I-4161, Tz. 32.

2. Prozessuale Auswirkungen

Der EuGH hat in einer Reihe von Entscheidungen[629], von einer Ausnahme abgesehen[630], seine Zuständigkeit im Vorlageverfahren bei lediglich autonomer Bezugnahme auf Gemeinschaftsrecht bejaht. Insbesondere hält er sich auch in der hier untersuchten Konstellation der Erstreckung des Regelungsgehalts einer Richtlinie auf Sachverhalte außerhalb ihres Anwendungsbereichs für zuständig[631]. Der EuGH hat in bezug auf diese Frage die Kompetenz-Kompetenz. Die nationalen Gerichte sind daher nicht berechtigt, diese Auslegung des Art. 234 EG in Frage zu stellen.

Die Bejahung der Zuständigkeit in den Fällen lediglich autonomer Bezugnahme auf Gemeinschaftsrecht überzeugt auch in sachlicher Hinsicht. Dem Zweck des Vorlageverfahrens, Einheitlichkeit des Gemeinschaftsrechts herzustellen und zu bewahren, kann auch durch die Auslegung von Gemeinschaftsrecht anläßlich von Sachverhalten außerhalb des Anwendungsbereichs des Gemeinschaftsrechts gedient werden. Die Bindungswirkung, die eine solche Auslegung für zukünftige Fälle hat, entspricht nämlich derjenigen, die eine Auslegung anläßlich von Sachverhalten im Anwendungsbereich einer Richtlinie besitzt. So ist die Auslegung der Haustürgeschäftsrichtlinie durch den EuGH in der *Heininger*-Entscheidung, die anläßlich eines Sachverhaltes erging, der außerhalb des Anwendungsbereichs der Richtlinie lag, für zukünftige Fälle genauso verbindlich wie es eine Entscheidung gewesen wäre, der ein Sachverhalt im Anwendungsbereich der Haustürgeschäftsrichtlinie zugrunde gelegen hätte. Der von den Generalanwälten propagierte Gleichlauf von un-

---

[629] EuGH, Urt. v. 26.9.1985, Rs. 166/84, *Thomasdünger GmbH/Oberfinanzdirektion Frankfurt am Main*, Slg. 1985, 3001 ff.; EuGH, Urt. v. 8.11.1990, Rs. C-231/89, *Krystyna Gmurzynska-Bscher/ Oberfinanzdirektion Köln*, Slg. 1990, I-4003 ff.; EuGH, Urt. v. 18.10.1990, verb. Rs. C-297/88 und C-197/89, *Massam Dzodzi/Belgischer Staat*, Slg. 1990, I-3763 ff.; EuGH, Urt. v. 24.1.1991, Rs. C-384/89, *Strafverfahren gegen Gérard Tomatis und Christian Fulchiron*, Slg. 1991, I-127 ff.; EuGH, Urt. 25.6.1992, Rs. C-88/91, *Federazione italiana dei consorzi agrari (Federconsorzi)/Azienda di Stato per gli interventi nel mercato agricolo (AIMA)*, Slg. 1992, I-4035 ff. EuGH, Urt. 25.6.1992, Rs. C-88/91, *Federazione italiana dei consorzi agrari (Federconsorzi)/Azienda di Stato per gli interventi nel mercato agricolo (AIMA)*, Slg. 1992, I-4035 ff.; EuGH, Urt. v. 12.11.1992, Rs. C-73/89, *Alain Fournier und Angehörige/Vaiter van Werven u. a.*, Slg. 1992, I-5621 ff.; EuGH, Urt. v. 12.11.1992, Rs. C-73/89, *Alain Fournier und Angehörige/Vaiter van Werven u. a.*, Slg. 1992, I-5621 ff.; EuGH, Urt. v. 17.7.1997, Rs. C-28/95, *A. Leur-Bloem/Inspecteur der Belastingdienst/Ondernemingen Amsterdam 2*, Slg. 1997, I-4161 ff.; EuGH, Urt. v. 14.9.1999, Rs. C-275/97, *DE + ES Bauunternehmung GmbH/Finanzamt Bergheim*, Slg. 1999, I-3175 = DStR 1999, 1645 ff.; EuGH, Urt. v. 13.12.2001, Rs. C-481/99, *Georg und Helga Heininger/ Bayerische Hypo- und Vereinsbank AG*, EuZW 2002, 84 ff.

[630] EuGH, Urt. v. 28.3.1995, Rs. C-346/93, *Kleinwort Benson Ltd/City of Glasgow District Council*, Slg. 1995, I-615 ff.

[631] EuGH, Urt. v. 17.7.1997, Rs. C-28/95, *A. Leur-Bloem/Inspecteur der Belastingdienst/Ondernemingen Amsterdam 2*, Slg. 1997, I-4161 ff.; EuGH, Urt. v. 14.9.1999, Rs. C-275/97, *DE + ES Bauunternehmung GmbH/Finanzamt Bergheim*, Slg. 1999, I-3175 = DStR 1999, 1645 ff.; EuGH, Urt. v. 13.12.2001, Rs. C-481/99, *Georg und Helga Heininger/Bayerische Hypo- und Vereinsbank AG*, EuZW 2002, 84 ff.

mittelbarer Anwendbarkeit des Gemeinschaftsrechts und Zuständigkeit besteht daher nicht.

Dem EuGH kann auch nicht vorgeworfen werden, daß er damit seine Kompetenz überschreite. Erstens ist die Zuständigkeit in den Fällen autonomer Bezugnahme auf Gemeinschaftsrecht vom Wortlaut des Art. 234 EG umfaßt, da es nach Art. 234 Abs. 2 EG darauf ankommt, daß das Gericht eines Mitgliedstaates eine Entscheidung über die Auslegung der Handlungen der Organe zum Erlaß seines Urteils für erforderlich hält. Zweitens hat der EuGH betont, daß es allein den nationalen Gerichten obliege, die vom EuGH im Vorlageverfahren ausgelegten Bestimmungen des Gemeinschaftsrechts unter Berücksichtigung der tatsächlichen und rechtlichen Umstände des bei ihnen anhängigen Rechtsstreits anzuwenden. Dadurch, daß der EuGH sich darauf beschränkt, Gemeinschaftsrecht auszulegen, ohne dem nationalen Gericht zu verbieten, aufgrund sachlicher Unterschiede doch zu einer anderen Bedeutung zu kommen, vermeidet er eine Kompetenzüberschreitung. Daß der EuGH Urteile mit Bindungswirkung erlassen kann, ohne seine Kompetenz zu überschreiten und ohne sich zum bloßen Gutachter zu degradieren, resultiert aus der besonderen Natur des Vorlageverfahrens. Diese besteht darin, daß der EuGH nie den einzelnen Fall löst - insofern ist das nationale Gericht zuständig - , sondern sich darauf beschränkt, abstrakt, also losgelöst vom einzelnen Fall, „aus Buchstaben und Geist der betreffenden Gemeinschaftsvorschriften deren Bedeutung abzuleiten."[632]

Der Zuständigkeit des EuGH in Fällen lediglich autonomer Bezugnahme auf Gemeinschaftsrecht korrespondiert keine Vorlagepflicht letztinstanzlicher Gerichte. Entgegen mancher Stellungnahmen in der Literatur hat sich der EuGH dazu bislang nicht geäußert. Da eine materiellrechtliche Pflicht zur richtlinienkonformen Auslegung nicht besteht, würde eine Vorlagepflicht zur sinnlosen Pflichtübung verkommen, wenn das nationale Gericht schon vor der Vorlage wüßte, daß im nationalen Recht aufgrund objektiv-teleologischer Gründe nur eine bestimmte Auslegung in Frage kommt. In einem solchen Fall fehlte es außerdem an dem von Art. 234 EG geforderten Tatbestandsmerkmal der Entscheidungserheblichkeit.

---

[632] EuGH, Urt. v. 18.10.1990, verb. Rs. C-297/88 und C-197/89, *Massam Dzodzi/Belgischer Staat*, Slg. 1990, I-3763, Tz. 38.

Literaturverzeichnis

Adler/Düring/Schmalz, Rechnungslegung und Prüfung der Unternehmen, Kommentar zum HGB, AktG, GmbHG, PublG und den Vorschriften des Bilanzrichtlinien-Gesetzes, Forster, Karl-Heinz u.a. (Hrsg.), Teilband 5, 6. Aufl., Stuttgart, 1997

Ahmann, Karin-Renate, Die Bilanzrichtlinie und die steuerliche Gewinnermittlung - Eine Zwangsehe?, in: Raupach, Arndt (Hrsg.), Ertragsbesteuerung: Zurechnung, Ermittlung, Gestaltung, Festschrift für L. Schmidt, München, 1993, S. 269

Bar, Christian von, Gemeineuropäisches Deliktsrecht, Bd. 1: Seine Angleichung in Europa und seine Einbettung in die Gesamtrechtsordnungen, München, 1996. Bd. 2: Schaden, und Schadenersatz, Haftung für und ohne eigenes Fehlverhalten, Kausalität und Verteidigungsgründe, München, 1999

Basedow, Jürgen, Die Klauselrichtlinie und der Europäische Gerichtshof - eine Geschichte der verpaßten Gelegenheiten, in: Schulte-Nölke, Hans/Schulze, Reiner (Hrsg.), Europäische Rechtsangleichung und nationale Privatrechte, Baden-Baden, 1999, S. 277

Bärenz, Christian, Keine gemeinschaftsrechtliche Vorlagepflicht des BFH gemäß Art. 234 EGV im Bilanzsteuerecht, DStR 2001, 692

Basedow, Jürgen, Der Bundesgerichtshof, seine Rechtsanwälte und die Verantwortung für das europäische Privatrecht, in: Pfeiffer, Gerd (Hrsg.), Festschrift für Hans Erich Brandner, Köln, 1996, S. 651

Bauer, Jobst-Hubertus/Kock, Martin, Arbeitsrechtliche Auswirkungen des neuen Verbraucherschutzrechts, DB 2002, 42

Baumbach, Adolf/Hopt, Klaus J., Handelsgesetzbuch mit GmbH & Co., Handelsklauseln, Bank- und Börsenrecht, Transportrecht (ohne Seerecht), 30. Aufl., München, 2000

Beine, Frank, Scheinkonflikte mit dem True and Fair View, WPg 1995, 467

Beisse, Heinrich, Wandlungen der Rechnungsabgrenzung, in: Förschle, Gerhart (Hrsg.), Rechenschaftslegung im Wandel, Festschrift für Wolfgang Dieter Budde, München, 1995

Beisse, Heinrich, Zehn Jahre „True and fair view“, in: Ballwieser, Wolfgang (Hrsg.), Rechnungslegung - warum und wie? Festschrift für Hermann Clemm, 1996, S. 27

Beisse, Heinrich, Wandlungen der Grundsätze ordnungsmäßiger Bilanzierung, in: Schön, Wolfgang (Hrsg.), Gedächtnisschrift für Brigitte Knobbe-Keuk, Köln, 1997, S. 385

Beisse, Heinrich, „True and fair view“ in der Steuerbilanz? - Keine Anrufung des EuGH in steuerbilanzrechtlichen Fragen, DStZ 1998, 310

Beisse, Heinrich, Gläubigerschutz - Grundprinzip des deutschen Bilanzrechts, in: Beisse, Heinrich (Hrsg.), Festschrift für Karl Beusch, Berlin, 1993

Beisse, Heinrich: Grundsatzfragen der Auslegung des neuen Bilanzrechts, BB 1990, 2007

Berger, Klaus Peter, Europäisches Gemeinrecht der Methode, ZEuP 2001, 4

Beuthien, Volker, Fragwürdige Rechtsscheingrenzen im neuen § 15 Abs. 3 HGB, NJW 1970, 2283

Beyerle, Konrad, Fragwürdige Rechtsscheinhaftung in § 15 Abs. 3 HGB n. F., BB 1971, 1482

Biener, Herbert, Bilanzierung im Spannungsfeld von Europa - Umwandlungs- und Steuerrecht, StbJb 1995/96, 29

Bird, Peter, What is a „true and fair view“?, JBL 1984, 480

Blaurock, Uwe, Europäisches Privatrecht, JZ 1994, 270

Blaurock, Uwe, Verbraucherkredit und Verbraucherleitbild in der Europäischen Union, JZ 1999, 801

Boemke, Burkhard, Höhe der Verzugszinsen für Entgeltforderungen des Arbeitsnehmers, BB 2002, 96

Bolin, Manfred, Analyse der Transformationskonzeption der 4. EG-Richtlinie in der Bundesrepublik Deutschland, Frankreich und Großbritannien - dargestellt am Beispiel der Aktivierungsbestimmungen, Krefeld, 1991

Brandner, Hans Erich, Auslegungszuständigkeit des EuGH bei der Inhaltskontrolle von Entgeltklauseln der Banken bei Verbraucherverträgen, MDR 1999, 6

***Brechmann**, Winfried,* Die richtlinienkonforme Auslegung - zugleich ein Beitrag zur Dogmatik der EG-Richtlinie, München, 1994

***Broer**, Frank,* Vorlagepflicht des BFH beim EuGH in bilanzsteuerrechtlichen Fragen, RIW 2001, 756

***Budde**, Wolfgang/**Förschle**, Gerhart,* Das Verhältnis des „True and Fair View" zu den Grundsätzen ordnungsmäßiger Buchführung und zu den Einzelrechnungslegungsvorschriften, in: Mellwig, Winfried/Moxter, Adolf/Orgelheide, Dieter (Hrsg.), Einzelabschluß und Konzernabschluß, Beiträge zum neuen Bilanzrecht, Band 1, Wiesbaden, 1988, S. 27

***Budde**, Wolfgang/**Karig**, K.P.,* Beck´scher Bilanzkommentar, 4. Aufl., München, 1999

***Bülow**, Peter/**Artz**, Markus,* Fernabsatzverträge und Strukturen eines Verbraucherprivatrechts im BGB, NJW 2000, 2049

***Bürck**, Harald,* § 15 III HGB und die Grundsätze der Haftung von fehlerhaften und entstehenden Personengesellschaften gegenüber Dritten - Zugleich ein Beitrag zum Problem des Rechtsscheins, AcP 171 (1971), 328

***Canaris**, Claus-Wilhelm* (Hrsg.), Handelsgesetzbuch, Großkommentar, Band 1, 4. Aufl., Berlin, 1995

***Canaris**, Claus-Wilhelm,* Der EuGH als zukünftige privatrechtliche Superrevisionsinstanz?, EuZW 1994, 417

***Canaris**, Claus-Wilhelm,* Die Vertrauenshaftung im deutschen Privatrecht, München, 1971

***Canaris**, Claus-Wilhelm,* Handelsrecht, 23. Aufl., München 2000

***Canaris**, Claus-Wilhelm,* Systemdenken und Systembegriff in der Jurisprudenz: entwickelt am Beispiel des deutschen Privatrechts, 2. Aufl., Berlin, 1983

***Canaris**, Claus-Wilhelm,* Wandlungen des Schuldvertragsrechts - Tendenzen zu seiner „Materialisierung", AcP 200 (2000), 273

***Claussen**, Carsten P.,* Stellenwert von § 264 Abs. 2 HGB, in: Havermann, Hans v. (Hrsg.), Bilanz- und Konzernrecht, Festschrift für Reinhard Goerdeler, Düsseldorf, 1987, S. 81

***Coester**, Michael,* AGB-rechtliche Inhaltskontrolle im Lichte des europäischen Gemeinschaftsrechts, in: Heldrich, Andreas (Hrsg.), Recht im Spannungsfeld von Theorie und Praxis, Festschrift für Helmut Heinrichs, S. 99

Dänzer-Vanotti, Wolfgang, Die richtlinienkonforme Auslegung deutschen Rechts hat keinen rechtlichen Vorrang, RIW 1991, 754

Däubler, Wolfgang, Die Auswirkungen der Schuldrechtsmodernisierung auf das Arbeitsrecht, NZA 2001, 1329

Di Fabio, Udo, Richtlinienkonformität als ranghöchstes Normauslegungsprinzip, NJW 1990, 947

Drexl, Josef, Der Bürge als deutscher und europäischer Verbraucher, JZ 1998, 1046

Drüen, Klaus-Dieter, Der Maßgeblichkeitsgrundsatz im Wechselspiel zwischen Gesetzgeber und Rechtsprechung, FR 2001, 992

Dworkin, Ronald, Bürgerrechte ernstgenommen, Frankfurt a. M., 1984

Dziadkowski, Dieter, Zur Europäisierung des Bilanzrechts, FR 1998, 865

Ehricke, Ulrich, Die richtlinienkonforme und die gemeinschaftsrechtskonforme Auslegung nationalen Rechts - Ein Beitrag zu ihren Grundlagen und zu ihrer Bedeutung für die Verwirklichung eines „europäisierten Privatrechts", RabelsZ 59 (1995), 598

Engisch, Karl, Einführung in das juristische Denken, , 8. Aufl., Stuttgart u.a., 1983

Engisch, Karl, Logische Studien zur Gesetzesanwendung, 2. Aufl., Heidelberg, 1960

Euler, Roland, Steuerbilanzielle Konsequenzen der internationalen Rechnungslegung, StuW 1998, 15

Everling, Ulrich, Zur Auslegung des durch EG-Richtlinien angeglichenen nationalen Rechts, ZGR 1992, 376

Flessner, Axel, Juristische Methode und europäisches Privatrecht, JZ 2000, 14

Franzen, Martin, Privatrechtsangleichung durch die Europäische Gemeinschaft, Berlin, 1999

Freitag, Robert, Anmerkung zu EuGH, Urt. v. 27.6.2000, Rs. C-240-244, EWiR 2000, 783

Gebauer, Martin, Grundfragen der Europäisierung des Privatrechts: Eine Untersuchung nationaler Ansätze unter Berücksichtigung des italienischen und des deutschen Rechts, Heidelberg, 1998

Gebauer, Martin, Interne Harmonisierung durch autonome Rechtsangleichung, in: Jahrbuch Junger Zivilrechtswissenschaftler 11 (2000), S. 201

Geimer, Reinhold/Schütze, Rolf A., Europäisches Zivilverfahrensrecht - Kommentar zum EuGVÜ und zum Luganer Übereinkommen, München, 1997

Gernhuber, Joachim, Bürgerliches Recht, 3. Aufl., München, 1991

Glaesner, Adrian, Die Vorlagepflicht unterinstanzlicher Gerichte im Vorabentscheidungsverfahren, EuR 1990, 143

Goerdeler, Reinhard, „A True and Fair View - or Compliance with the Law and the Company Statutes", WPg 1973, 517

Goutier, Klaus/Knopf, Rüdiger/Tulloch, Anthony, Kommentar zum Umwandlungs-recht: Umwandlungsgesetz - Umwandlungssteuergesetz, 1. Aufl., Heidelberg, 1996

Groeben, Hans von der/Thiesing, Jochen/Ehlermann, Claus-Dieter (Hrsg.), Kom-mentar zum EU/EG-Vertrag, Band 4, 5. Aufl., Baden-Baden, 1997

Groh, Manfred, Bilanzrecht vor dem EuGH, DStR 1996, 1206

Groh, Manfred, Der Fall Tomberger - Nachlese und Ausblick, DStR 1998, 813

Großfeld, Bernhard, Bilanzrecht für Juristen - Das Bilanzrichtlinien-Gesetz vom 19.12.1985, NJW 1986, 955

Großfeld, Bernhard, Bilanzrecht: Jahresabschluß, Konzernabschluß, Internationale Standards, 3. Aufl., Tübingen 1997

Grundmann, Stefan (Hrsg.), Systembildung und Systemlücken in Kerngebieten des Europäischen Privatrechts, Tübingen, 2000

Grundmann, Stefan, Richtlinienkonforme Auslegung im Bereich des Privatrechts - insbesondere: der Kanon der nationalen Auslegungsmethoden als Grenze?, ZEuP 1996, 399

Gundel, Jörg, Neue Grenzlinien für die Direktwirkung nicht umgesetzter EG-Richtlinien unter Privaten - Zur Unanwendbarkeit richtlinienwidriger nationaler Verbotsgesetze im Konflikt unter Privaten, EuZW 2001, 143

Habersack, Mathias, Europäisches Gesellschaftsrecht, München, 1999

Habersack, Mathias, Haustürgeschäfterichtlinie und Realkreditverträge, WM 2000, 981

Hartung, Werner, Unmittelbare Wirkung von Bestimmungen der EG-Bilanzrichtlinie, RIW 1988, 52

Heidenhain, Martin, Fehlerhafte Umsetzung der Spaltungs-Richtlinie, EuZW 1995, 327

Heinrichs, Helmut, Das Gesetz zur Änderung des AGB-Gesetzes, NJW 1996, 2190

Helmrich, Herbert, Gesetzgeberische Grundsatzentscheidungen beim Bilanzrichtlinien-Gesetz, in: Knobbe-Keuk, Brigitte (Hrsg.), Handelsrecht und Steuerrecht, Festschrift für Georg Döllerer, Düsseldorf, 1988, S. 219

Hennrichs, Joachim, Der steuerrechtliche sog. Maßgeblichkeitsgrundsatz gem. § 5 EStG – Stand und Perspektiven, StuW 1999, 138

Hennrichs, Joachim, Die Bedeutung der EG-Bilanzrichtlinie für das deutsche Handelsbilanzrecht, ZGR 1997, 66

Hennrichs, Joachim, Wahlrechte im Bilanzrecht der Kapitalgesellschaften – Unter besonderer Berücksichtigung der EG-Bilanz-Richtlinie, Köln, 1999

Herber, Rolf, Hat der deutsche Richter das Bilanzrichtlinien-Gesetz an den ihm zugrundeliegenden EG-Richtlinien zu messen?, in: Knobbe-Keuk, Brigitte (Hrsg.), Handelsrecht und Steuerrecht, Festschrift für Georg Döllerer, Düsseldorf, 1988, S. 225

Herlinghaus, Andreas, „Tomberger" und die Folgen – ein Beitrag zur Frage der Entscheidungskompetenz des EuGH im Handels- und Steuerbilanzrecht, IStR 1997, 529

Hermanns, Tillmann, Ist der EuGH für Fragen des deutschen Bilanzsteuerrechts zuständig? Gleichzeitig Besprechung des EuGH-Urteils v. 14.9.1999 – Rs. C-275/97, GmbHR 1999, 1123

Herrmann, Carl/Heuer, Gerhard/Raupach, Arndt (Hrsg.), Einkommenssteuer – und Körperschaftssteuergesetz Kommentar, 21. Aufl., Köln, Stand März 2000

Herzig, Norbert, Anmerkung zu BFH, Beschl. v. 7.8.2000, GrS 2/99, BB 2000, 2252

Herzig, Norbert, Dautzenberg, Norbert, Auswirkungen der Internationalisierung der Rechnungslegung auf die Steuerbilanz, BFuP 1998, 23

Herzig, Norbert/Rieck, Ulrich, Europäisierung der handels- und steuerrechtlichen Gewinnermittlung im Gefolge der Tomberger-Entscheidung, IStR 1998, 309

Herzig, Norbert: Anmerkung zu EuGH, Urt. v. 27.6.1996 – Rs. C-234/94,Tomberger/Gebr. von der Wettern GmbH, DB 1996, 1401

Heymann, Ernst, Handelsgesetzbuch, Band 1, Erstes Buch, Einleitung, 2. Aufl., Berlin, 1995

Hirsch, Günter, Das Rechtsgespräch im Europäischen Gerichtshof, ZGR 2002, 1

Hirsch, Günter, EuGH und BVerfG – Kooperation oder Konfrontation?, NJW 1996, 2457

Hirsch, Günter, Wichtige Einflüsse der EuGH-Rechtsprechung auf das deutsche Steuerrecht, DStZ 1998, 489

Hoffmann, Jochen, Realkredite im Europäischen Verbraucherschutzrecht, ZIP 2002, 145

Hoffmann, Wolf-Dieter, Anmerkung zu BFH, Urt. v. 28.2.2001, IR 48/94, DB 2001, 1067

Hoffmann, Wolf-Dieter, Der EuGH als Mentor deutschen Bilanz- und Steuerrechts – Anmerkungen zum EuGH-Urteil vom 14.9.1999, DStR 1999, 1686

Hoffmann, Wolf-Dieter, Von der phasengleichen Dividendenvereinnahmung zu den Grundsätzen ordnungsmäßiger steuerlicher Bilanzierung, DStR 2000, 1809

Hommelhoff, Peter, Die Rolle der nationalen Gerichte bei der Europäisierung des Privatrechts, in: Heldrich, Andreas/Hopt, Klaus (Hrsg.), 50 Jahre Bundesgerichtshof: Festgabe aus der Wissenschaft, Band 2, München, 2000, S. 889 [zitiert: FS BGH]

Hommelhoff, Peter/Wiedenmann, Kai-Udo, Allgemeine Geschäftsbedingungen gegenüber Kaufleuten und unausgehandelte Klauseln in Verbraucherverträgen, ZIP 1993, 562

Honsell, Heinrich, Die EU-Richtlinie über den Verbraucherkauf und ihre Umsetzung ins BGB, JZ 2001, 278

Hulle, Karel van, „True and Fair View" im Sinne der 4. Richtlinie, in: Förschle, Gerhart, (Hrsg.), Rechenschaftslegung im Wandel, Festschrift für Wolfgang Dieter Budde, München, 1995, S. 313

Hümmerich, Klaus/Holthausen, Joachim, Der Arbeitnehmer als Verbraucher, NZA 2002, 173

Ipsen, Hans Peter, Zehn Glossen zum Maastricht-Urteil, EuR 1994, 1

Isensee, Josef, Vorrang des Europarechts und deutsche Verfassungsvorbehalte - offener Dissens, in: Burmeister, Joachim (Hrsg.), Verfassungsstaatlichkeit, Festschrift für Klaus Stern, München, 1997, S. 1239

Jarass, Hans D., Richtlinienkonforme bzw. EG-rechtskonforme Auslegung nationalen Rechts, EuR 1991, 211

Jayme, Erik/Hausmann, Rainer (Hrsg.), Internationales Privat - und Verfahrens-recht, 10. Aufl., München, 2000

Joussen, Jacob, Arbeitsrecht und Schuldrechtsreform, NZA 2001, 745

Junker, Abbo, Systembildung und Systemlücken im harmonisierten Arbeitsvertragsrecht, NZA 1999, 2

Kessler, Harald, Das Vorabentscheidungsersuchen des FG Hamburg vom 22. April 1999 in Sachen Bilanzierung von Kreditrisiken: Paradebeispiel für einen mißlungenen Vorlagebeschluß - Zugleich ein Beitrag zum Verhältnis von nationalem Steuerbilanzrecht und Gemeinschaftsrecht, IStR 2000, 531

Kessler, Harald, Die Wahrheit über das Vorsichtsprinzip?!, DB 1997, 1

Kirchhof, Paul (Hrsg.), EStG KompaktKommentar, Heidelberg, 2000

Kleindiek, Detlef, Geschäftsleitertätigkeit und Geschäftsleitungskontrolle: Treuhänderische Vermögensverwaltung und Rechnungslegung, ZGR 1998, 466

Knobbe-Keuk, Brigitte, Bilanz- und Unternehmenssteuerecht, 9. Aufl., Köln, 1993

Kolb, Franz-Josef, Der Maßgeblichkeitsgrundsatz als Schleuse zum Gemeinschaftsrecht, in: Breuninger, Gottfried E., Steuerrecht und europäische Integration, Festschrift für Rädler, München, 1999, S. 377

Kort, Michael, Der Maßgeblichkeitsgrundsatz des § 5 Abs. 1 EstG - Plädoyer für dessen Aufgabe, FR 2001, 52

Kötz, Hein, Europäisches Vertragsrecht, Bd. 1: Abschluß, Gültigkeit und Inhalt des Vertrages, die Beteiligung Dritter am Vertrag, Tübingen, 1996

***Kötz**, Hein,* Rechtsvergleichung und gemeineuropäisches Privatrecht, in: Müller-Graff, Peter-Christian (Hrsg.), Gemeinsames Privatrecht in der Europäischen Gemeinschaft, Baden-Baden, 1993, S. 95

***Kropff**, Bruno,* Phasengleiche Gewinnvereinnahmung aus der Sicht des Europäischen Gerichtshofs, ZGR 1997, 115

***Kruse**, Heinrich-Wilhelm,* Grundsätze ordnungsmäßiger Buchführung: Rechtsnatur und Bestimmung, 3. Aufl., Köln, 1978

***Kübler**, Friedrich,* Institutioneller Gläubigerschutz oder Kapitalmarkttransparenz? Rechtsvergleichende Überlegungen zu den „stillen Reserven", ZHR 159 (1995), 550

***Larenz**, Karl,* Lehrbuch des Schuldrechts, Band I: Allgemeiner Teil, 14. Aufl., München, 1987

***Larenz**, Karl,* Methodenlehre der Rechtswissenschaft, 6. Aufl., Berlin, 1991

***Leffson**, Ulrich,* Die beiden Generalnormen in Bilanz- und Konzernrecht, in: Havermann, Hans (Hrsg.), Festschrift für Reinhard Goerdeler, Düsseldorf, 1987, S. 315

***Leffson**, Ulrich,* Zur Bedeutung des § 149 AktG und Art. 2 Abs. 3 der 4. EG-Richtlinie, ZfbF 1979, 213

***Leffson**, Ulrich/**Rückle**, Dieter/**Großfeld**, Bernhard* (Hrsg.), Handwörterbuch unbe-stimmter Rechtsbegriffe im Bilanzrecht des HGB, Köln, 1986

***Lingemann**, Stefan,* Allgemeine Geschäftsbedingungen und Arbeitsvertrag, NZA 2002, 181

***List**, Heinrich,* Die phasengleiche Aktivierung von Dividendenansprüchen - ein Problem zwischen EuGH, BGH und BFH, zugleich eine Besprechung des Beschlusses des Großen Senats des BFH v. 7.8.2000, GrS 2/99, WM 2001, 941

***Lorenz**, Stephan,* Richtlinienkonforme Auslegung, Mindestharmonisierung und der „Krieg der Senate", NJW 1998, 2937

***Löwisch**, Manfred,* Zweifelhafte Folgen des geplanten Leistungsstörungsrechts für das Arbeitsvertragsrecht, NZA 2001, 465

***Lutter**, Marcus* (Hrsg.), Umwandlungsgesetz - Kommentar, 2. Aufl., Köln, 2000

***Lutter**, Marcus,* Die Auslegung angeglichenen Rechts, JZ 1992, 593

Lutter, Marcus, Die erste Angleichungs-Richtlinie zu Art. 54 Abs. 3 Lit. g EWGV und ihre Bedeutung für das geltende Unternehmensrecht, EuR 1969, 1

Lutter, Marcus, Europäisches Unternehmensrecht, 4. Aufl., Berlin, 1996

Lutter, Marcus/Hommelhoff, Peter, GmbHG - Kommentar, 15. Aufl., Köln, 2000

Luttermann, Claus, Anmerkung zu BFH, Urt. v. 31.10.2000, VIII R 85/94, NZG 2001, 383

Luttermann, Claus, Zur Verneinung der phasengleichen Aktivierung von Dividendenansprüchen, FR 2000, 1131

Markwardt, Karsten, Die Rolle des EuGH bei der Inhaltskontrolle vorformulierter Verbraucherverträge, Baden-Baden, 1999

Meilicke, Wienand, Vereinbarkeit der Inhaltskontrolle des Bezugsrechtsauschlusses mit europäischem Recht, DB 1996, 513

Meilicke, Wienand, Zur Bedeutung der richtlinienkonformen Auslegung für das deutsche Steuerrecht, BB 1992, 969

Meilicke, Wienand, Zur Vorlagepflicht des BFH in Bilanzierungsfragen von Personengesellschaften und Einzelunternehmen, BB 2001, 40

Meilicke, Wienand, Zur Vorlagepflicht des BFH in Bilanzierungsfragen, BB 1999, 890

Meyer-Arndt, Lüder, Die Zuständigkeit des Europäischen Gerichtshofs für das Bilanzrecht, BB 1993, 1623

Moxter, Adolf, Die Helmrich-Konzeption des Bilanzrichtlinien-Gesetzes, Bedeutung und Bedrohung, in: Letzgus, Klaus (Hrsg.), Für Recht und Staat, Festschrift für Herbert Helmrich, München, 1994, S. 709

Moxter, Adolf, Die Jahresabschlußaufgaben nach der EG-Bilanzrichtlinie: Zur Auslegung von Art. 2 EG-Bilanzrichtlinie, AG 1979, 141

Moxter, Adolf, Zum Umfang der Entscheidungskompetenz des Europäischen Gerichtshofes im Bilanzrecht, BB 1995, 1463

Moxter, Adolf, Zum Verhältnis von handelsrechtlichen Grundsätzen ordnungsmäßiger Bilanzierung und True-and-fair-view-Gebot bei Kapitalgesellschaften, in: Förschle, Gerhart (Hrsg.), Rechenschaftslegung im Wandel, Festschrift für Wolfgang Dieter Budde, München, 1995, S. 419

Müller-Graff, Peter-Christian, Europäisches Gemeinschaftsrecht und Privatrecht, NJW 1993, 13

Müller-Graff, Peter-Christian, Gemeinsames Privatrecht in der Europäischen Gemeinschaft, 2. Aufl., Baden-Baden, 1999

Münchener Kommentar zum Bürgerlichen Gesetzbuch, Rebmann, Kurt/Säcker, Franz Jürgen (Hrsg.), Band 3, 3. Aufl., München, 1995 [zitiert: Münchener Kommentar-Bearbeiter]

Münchener Kommentar zum Handelsgesetzbuch, Schmidt, Karsten (Hrsg.), Band 1 , Erstes Buch. Handelsstand §§ 1 - 104, München, 1996

Nicolaysen, Gert/Nowak, Carsten, Teilrückzug des BVerfG aus der Kontrolle der Rechtmäßigkeit gemeinschaftlicher Rechtsakte: Neuere Entwicklungen und Perspektiven, NJW 2001, 1233

Niehus, R. J.: „True and Fair View" - in Zukunft auch ein Bestandteil der deutschen Rechnungslegung?, DB 1979, 221

Olshausen, Eberhard v.: Neuerungen im System der handelsrechtlichen Rechtsscheingrundsätze, BB 1970, 137

Palandt, Otto, Bürgerliches Gesetzbuch, 61. Aufl., München, 2002

Pfeiffer, Thomas, der Verbraucherbegriff als zentrales Merkmal im Europäischen Privatrecht, in: Schulte-Nölke, Hans/Schulze, Reiner (Hrsg.), Europäische Rechtsangleichung und nationale Privatrechte, Baden-Baden, 1999, S. 21

Pfeiffer, Thomas, Die Bürgschaft unter dem Einfluß des deutschen und europäischen Verbraucherrechts, ZIP 1998, 1129

Pietrek, André U., Verbindlichkeit von Vorabentscheidungen nach Art. 177 EWGV, Frankfurt a.M., 1989

Raiser, Thomas, Recht der Kapitalgesellschaften, 2. Aufl. München, 1991

Reich, Norbert, Zivilrechtstheorie, Sozialwissenschaften und Verbraucherschutz, ZRP 1974, 190

Reinicke, Dietrich/Tiedtke, Klaus, Schutz des Bürgen durch das Haustürwiderrufsgesetz, DB 1998, 2001

Reinicke, Dietrich/Tiedtke, Klaus, Schutz des Bürgen durch das Haustürwiderrufsgesetz, ZIP 1998, 893

Rittner, Fritz, Das Gemeinschaftsprivatrecht und die europäische Integration, JZ 1995, 849

Roth, Herbert, EG-Richtlinien und Bürgerliches Recht, JZ 1999, 529

Roth, Wulf-Henning, Europäischer Verbraucherschutz und BGB, JZ 2001, 475

Roth, Wulf-Henning, Europäisches Recht und nationales Recht, in: Andreas Heldrich/Klaus J. Hopt (Hrsg.), 50 Jahre Bundesgerichtshof: Festgabe aus der Wissenschaft, Bd. 2, Handels- und Wirtschaftsrecht, Europäisches und Internationales Recht, München 2000, S. 847 [zitiert FS BGH]

Roth, Wulf-Henning, Generalklauseln im Europäischen Privatrecht - Zur Rollenverteilung zwischen Gerichtshof und Mitgliedstaaten bei ihrer Konkretisierung, in: Basedow, Jürgen (Hrsg.), Festschrift für Ulrich Drobnig, Tübingen, 1998, S. 135

Rüffler, Friedrich, Richtlinienkonforme Auslegung nationalen Rechts, ÖJZ 1997, 121

Sagasser, Bernd/Bula, Thomas/Brünger, Thomas R., Umwandlungen: Verschmelzung - Spaltung - Formwechsel; Zivil-, Handels- und Steuerrecht, 2. Aufl., München, 2000

Schildbach, Thomas, Die neue Generalklausel für den Jahresabschluß von Kapitalgesellschaften - zur Interpretation des Paragraphen 264 Abs. 2 HGB, BFuP 1987, 1

Schildbach, Thomas, Zum Verhältnis von § 149 Abs. 1, S. 2 Aktiengesetz zu den Paragraphen 153 bis 156 AktG, WPg 1978, 617

Schilken, Eberhard, Abstrakter und konkreter Vertrauensschutz im Rahmen des § 15 HGB, AcP 187 (1987), 1

Schmidt, Karsten, Universalsukzession kraft Rechtsgeschäfts - Bewährungsproben eines zivilrechtsdogmatischen Rechtsinstituts im Unternehmensrecht, AcP 191/1990, 495

Schmidt, Karsten, Gesellschaftsrecht, 3. Aufl., Köln, 1997

Schmidt, Karsten, Handelsrecht, 4. Aufl., Köln, 1994; 5. Aufl., 1999

Schmidt, Karsten, Handelsrecht, 5. Aufl., Köln, 1999

Schmidt, Ludwig (Hrsg.), Einkommenssteuergesetz, 20. Aufl., München, 2001

Schmidt, Marek, Privatrechtsangleichende EU-Richtlinien und nationale Auslegungsmethoden, RabelsZ 59 (1995), 569

Schnorbus, York, Autonome Harmonisierung in den Mitgliedstaaten durch Inkorporation von Gemeinschaftsrecht, RabelsZ 2001, 654

Schnorbus, York, Die richtlinienkonforme Rechtsfortbildung, AcP 2001, 860

Schnorbus, York, Grundlagen zur Auslegung des allgemeinen Teils des UmwG, WM 2000, 2321

Schoch, Friedrich, Die Europäisierung des Allgemeinen Verwaltungsrechts, JZ 1995, 109

Scholz, GmbHG, I. Band, §§ 1-44, 9. Aufl. 2000, Köln

Schön, Wolfgang, Aktuelle Fragen zum europäischen Handels- und Steuerrecht, JbFStR 1996/97, 61

Schön, Wolfgang, Die Auslegung europäischen Steuerrechts - Das harmonisierte Steuerrecht zwischen nationalem Zivilrecht und europäischem Gemeinschaftsrecht, Köln, 1993

Schön, Wolfgang, Entstehung und Perspektiven des Handelsbilanzrechts: vom ADHGB zum IASC, ZHR 161 (1997), 133

Schön, Wolfgang, Steuerliche Einkünfteermittlung, Maßgeblichkeitsprinzip und europäisches Bilanzrecht, in: Klein, Franz (Hrsg.), Unternehmenssteuern, Festschrift für Hans Flick, Köln, 1997, S. 573

Schroeder, Werner, Zu eingebildeten und realen Gefahren durch kompetenzüberschreitende Rechtsakte der Europäischen Gemeinschaft, EuR 1999, 452

Schruff, Lothar (Hrsg.), Entwicklung der 4. EG-Richtlinie (Bilanzrichtlinie) - Synoptische Darstellung der Bilanzrichtlinie unter Berücksichtigung der Vorfassungen mit amtlichen Begründungen und weiteren Materialien, Düsseldorf, 1986

Schulte-Nölke, Hans/Schulze, Reiner (Hrsg.), Europäische Rechtsangleichung und nationale Privatrechte, Baden-Baden, 1999

Schulze, Reiner, Auslegung europäischen Privatrechts und angeglichenen Rechts - Einführung, in: ders. (Hrsg.), Auslegung europäischen Privatrechts und angeglichenen Rechts, Baden-Baden, 1999, S. 9

Schulze, Reiner/Zimmermann, Reinhard (Hrsg.), Basistexte zum Europäischen Privatrecht, Baden-Baden, 2000

Schulze-Osterloh, Joachim, Deutsches Bilanzrecht und Ertragssteuerrecht vor dem Europäischen Gerichtshof, DStZ 1997, 281

Schulze-Osterloh, Joachim, Handels- und Steuerbilanz, ZGR 2000, 594

Schulze-Osterloh, Joachim, Vorabentscheidungen des Europäischen Gerichtshofs zum Handelsbilanzrecht, ZGR 1995, 170

Schulze-Osterloh, Joachim, Phasengleiche Aktivierung von Dividendenansprüchen, ZGR 2001, 497

Schwarz, Günter Christian, Europäisches Gesellschaftsrecht, Baden-Baden, 2000

Schwarz, Hans-Detlef, Das neue Umwandlungsrecht, DStR 1994, 1694

Spetzler, Wolfgang, Die richtlinienkonforme Auslegung als vorrangige Methode steuerjuristischer Hermeneutik, RIW 1991, 579

Spetzler, Wolfgang, Wirkung und Einfluß des Rechts der Europäischen Gemeinschaft auf das nationale Steuerrecht, DB 1993, 553

Staub, Hermann (Begr.), Handelsgesetzbuch, Großkommentar, Erster Band, 4. Aufl., Berlin, New York, 1995

Staudinger, Julius von, Kommentar zum Bürgerlichen Gesetzbuch, Berlin; Teilband Verbraucherkreditgesetz, Haustürwiderrufsgesetz, § 13 a UWG, Teilzeit-Wohnrechtegesetz, Neubearbeitung 2001; Teilband Gesetz zur Regelung des Rechts der Allgemeinen Geschäftsbedingungen, 13. Bearbeitung, 1998

Steckhan, Hans-Werner, Zu Normzweck und Rechtsfolge des neuen § 15 Abs. 3 HGB, NJW 1971, 1594

Streck, Michael, Die phasengleiche Aktivierung von Dividendenansprüchen, AG 2001, 128

Streim, Hannes, Die Generalnorm des § 264 Abs. 2 HGB - eine kritische Analyse, in: Wolfgang Ballwieser (Hrsg.), Festschrift für Adolf Moxter, Düsseldorf, 1994, S. 391

Theile, Carsten, Zeitkongruente Aktivierung von Dividendenansprüchen und Realisationsprinzip - Konsequenzen aus der EuGH-Entscheidung im Verfahren Tomberger, IStR 1996, 395

Tipke, Klaus/Lang, Joachim, Steuerrecht, 16. Aufl., Köln, 1998

***Ulmer,** Peter,* Anmerkung zu BGH, Urt. v. 7.7.1998, XI ZR 351/97, BB 1998, 1865

***Ulmer,** Peter,* Vom deutschen zum europäischen Privatrecht?, JZ 1992, 1

***Ulmer,** Peter/**Brandner,** Hans Erich/**Hensen,** Horst Dieter,* AGB-Gesetz, 9. Aufl., Köln, 2001

***Wassermeyer,** Franz,* Auswirkungen der neueren Entscheidungen des Großen Senats zum Bilanzsteuerrecht, DB 2001, 1053

***Wassermeyer,** Franz,* Die Verpflichtung der obersten Bundesgerichte zur Vorlage von Bilanzierungsfragen an den EuGH, in: Uwe H. Schneider (Hrsg.), Festschrift für Marcus Lutter, Köln, 2000, S. 1633

***Weber-Grellet,** Heinrich,* Aktuelle Entscheidungen und Entwicklungen im Bilanzsteuerrecht, Stbg 2001, 64

***Weber-Grellet,** Heinrich,* Bilanzrecht im Lichte, Bilanzsteuerrecht im Schatten des EuGH, DB 1996, 2089

***Weber-Grellet,** Heinrich,* Bilanzsteuerrecht, 6. Aufl., Münster, 2000

***Weber-Grellet,** Heinrich,* Europäisiertes Steuerrecht? Stand und Entwicklung, StuW 1995, 336

***Weber-Grellet,** Heinrich,* Rechtsprechung des BFH zum Bilanzsteuerrecht im Jahr 2000, BB 2001, 35

***Westermann,** Harm Peter,* Das neue Kaufrecht, NJW 2002, 241

***Wolf,** Manfred/ **Horn,** Norbert/**Lindacher,** Walter F.,* AGB-Gesetz, 4. Aufl., München, 1999

***Zweigert,** Konrad/**Kötz,** Hein,* Einführung in die Rechtsvergleichung, 3. Aufl., Tübingen, 1996

Kolibri 360 GmbH
Ferdinand-Jühlke-Straße 7
99095 Erfurt, Deutschland
produktsicherheit@kolibri360.de

Druck:
CPI Druckdienstleistungen GmbH
im Auftrag der
Kolibri 360 GmbH
Ferdinand-Jühlke-Str. 7
99095 Erfurt